Plotten mit dem Cameo 5

Myriam Schlag

Plotten mit dem Cameo 5

Das Praxisbuch

Über 50 kreative Projekte und Ideen

mitp

Bibliografische Information der Deutschen Nationalbibliothek
Die Deutsche Nationalbibliothek verzeichnet diese Publikation in der Deutschen Nationalbibliografie; detaillierte bibliografische Daten sind im Internet über http://dnb.d-nb.de abrufbar.

Bei der Herstellung des Werkes haben wir uns zukunftsbewusst für umweltverträgliche und wiederverwertbare Materialien entschieden.
Der Inhalt ist auf elementar chlorfreiem Papier gedruckt.

ISBN 978-3-7475-0853-4
1. Auflage 2024

www.mitp.de
E-Mail: mitp-verlag@sigloch.de
Telefon: +49 7953 / 7189 - 079
Telefax: +49 7953 / 7189 - 082

Druckprodukt mit finanziellem
Klimabeitrag
ClimatePartner.com/18246-2404-1003

Lektorat: Sabine Schulz, Nicole Winkel
Sprachkorrektorat: Petra Heubach-Erdmann, Christine Hoffmeister
Druck: ADverts in Riga, Lettland

Inhalt

Einleitung ... 11

Über die Autorin ... 12

1 Grundlagen für den Cameo 5 ... 13
1.1 Schneideplotter für zu Hause ... 13
1.2 Wie funktioniert der Silhouette Cameo 5? ... 13
1.3 Erste Schritte mit dem Cameo 5 ... 14
1.4 Die Software Silhouette Studio ... 14
1.5 Dateiformate ... 14
1.5.1 Rastergrafiken ... 14
1.5.2 Vektorgrafiken ... 15
1.5.3 Dateiformate anwenden ... 15
1.6 Schriftarten ... 16

2 Werkzeuge und Plotter-Zubehör ... 17
2.1 Schneidematten ... 17
2.2 Werkzeuge ... 18
2.3 Stifte ... 19
2.4 Werkzeuge einsetzen und einstellen ... 20
2.5 Plotter-Zubehör ... 21

3 Material ... 23
3.1 Papier und Karton ... 23
3.1.1 Papierformat und Größe ... 23
3.1.2 Linientypen ... 23
3.1.3 Perforieren und Anritzen ... 24
3.1.4 Schrift schneiden lassen ... 24
3.2 Vinyl ... 24
3.2.1 Schneiden und Entgittern ... 24
3.2.2 Aufkleben des geschnittenen Vinyls ... 24
3.2.3 Mehrfarbige Vinylprojekte ... 25
3.3 Bügelfolie ... 25
3.3.1 Schneiden und Entgittern ... 26
3.3.2 Aufbügeln ... 26
3.3.3 Infusible Ink ... 26
3.4 Weitere Materialien verwenden ... 26

4 Hinweise zum Einsatz der Vorlagen ... 27
4.1 Erste Arbeitsschritte für alle Projekte ... 27
4.2 Texte in den Vorlagen ... 27
4.3 Projekte ohne Vorlagen ... 27

4.4 Eine Vorlage – verschiedene Variationen 28
4.4.1 Ideen zum Material Papier 28
4.4.2 Ideen zum Material Vinyl 28
4.4.3 Ideen zum Material Bügelfolie 28
4.4.4 Ideen zu Print & Cut 28
4.4.5 Weitere Ideen 28

5 Fünf Projekte für Anfängerinnen und Anfänger 29

5.1 Vorlagen herunterladen 30
5.2 Projekte speichern 31
5.3 Zuordnung der Silhouette Studio-Funktionen zu den Projekten 32
5.4 Projekt 1: Material Papier: Karte »Wimpel« 33
5.4.1 Vorlage für Karte »Wimpel« hochladen 34
5.4.2 Die Karte markieren, gruppieren und positionieren 36
5.4.3 Größe der Karte festlegen 37
5.4.4 Mit Text arbeiten 37
5.4.5 Karte herstellen 39
5.4.6 Kartenhintergrund hochladen, erstellen und herstellen 43
5.4.7 Karte falten und zusammenkleben 43
5.5 Projekt 2: Material Vinyl: Schriftzug 44
5.5.1 Mit Text arbeiten 44
5.5.2 Schriftzug herstellen 47
5.5.3 Schriftzug entgittern 49
5.5.4 Transferfolie aufkleben 49
5.5.5 Schriftzug aufkleben und Transferfolie entfernen 49
5.6 Projekt 3: Material Bügelfolie: Geschenksäckchen Vogel 50
5.6.1 Vorlage für Motiv hochladen 51
5.6.2 Das Motiv markieren und gruppieren 51
5.6.3 Größe des Motivs festlegen 52
5.6.4 Motiv herstellen 52
5.6.5 Mit Text arbeiten 55
5.6.6 Schriftzug herstellen 56
5.6.7 Motiv und Schriftzug entgittern 57
5.6.8 Motiv und Schriftzug aufbügeln 57
5.7 Projekt 4: Label mit Print & Cut 59
5.7.1 Label hochladen 59
5.7.2 Das Label markieren und gruppieren 61
5.7.3 Größe des Labels festlegen 62
5.7.4 Mit Text arbeiten 62
5.7.5 Label herstellen 64

5.8	Projekt 5: Geschenkanhänger Stern	68
	5.8.1 Seite einrichten	68
	5.8.2 Stern erstellen	70
	5.8.3 Formen erstellen	75
	5.8.4 Farben zuordnen	76
	5.8.5 Anhängerform erstellen	77
	5.8.6 Sternform erstellen	78
	5.8.7 Stern und Anhänger zusammenfügen	79
	5.8.8 Anhänger herstellen	81
5.9	Weiterführende Informationen	83
	5.9.1 Objekte neben die Matte legen und Notizen machen	83
	5.9.2 Skizzenfüllung	83
	5.9.3 Mit Farben arbeiten (Objektfarben, Schriftfarben)	84
	5.9.4 Objekte transformieren (ausrichten, drehen, verschieben, skalieren)	84
	5.9.5 Offset	86
	5.9.6 Mehrere Projekte gleichzeitig öffnen	86
	5.9.7 Seiteneinstellungen	86
	5.9.8 Linienstile zuordnen	87
	5.9.9 Flexiform	87
6	**Geschenke**	**91**
6.1	Geschenkanhänger	91
	6.1.1 Geschenkanhänger in Formen	91
	6.1.2 Monogramm-Anhänger	93
	6.1.3 Geschenkanhänger mit Namen	94
	6.1.4 Geschenkanhänger mit Schrift	96
6.2	Geschenkboxen	98
	6.2.1 Box verdreht	98
	6.2.2 Pyramide	99
	6.2.3 Korb	100
6.3	Geschenksäckchen	101
6.4	Karten	102
	6.4.1 Lichterkette	102
	6.4.2 Blumenkranz	103
	6.4.3 Konfetti-Luftballon	104
6.5	Stoffbeutel	105
6.6	Lesezeichen	106
	6.6.1 Lesezeichen-Klammer	106
	6.6.2 Lesezeichen geflochten	107
6.7	Flaschenanhänger	109
6.8	Blumen	110
	6.8.1 Blumentopf	110
	6.8.2 Blumeneinstecker	111
6.9	Geldgeschenk	112

7 Party-Dekoration 113
7.1 Teelichter 113
7.1.1 Haus 113
7.1.2 Kegel 114
7.1.3 Zylinder 115
7.2 Girlanden 116
7.3 Serviettenringe 117
7.3.1 Serviettenring »Blätter« und »Ringe« 117
7.3.2 Serviettenring mit Blüte 118
7.4 Weinglas-Anhänger 119
7.5 Tischkarten 121
7.6 Torten und Muffins 122

8 Dekoration für zu Hause 123
8.1 Bilderrahmen 123
8.2 Türanhänger 126
8.3 Ornamente 127
8.4 Kissen 128

9 Sticker 129
9.1 Allgemeines zu Stickern 129
9.1.1 Schriftzug als Sticker 129
9.1.2 Sticker in einer Form: zeichnen und schneiden 129
9.1.3 Sticker in einer Form: Mit Print & Cut 130
9.1.4 Sticker mit Offset 131
9.2 Beschriftungen und Organisation 132
9.3 Tafeln 132
9.4 Türsticker 133
9.5 Tassen 134
9.5.1 Tasse »Guten Morgen« 134
9.5.2 Tasse »Monogramm« 135
9.6 Bullet-Journals 136
9.7 Sticker-Vorlagen 137
9.8 Sticker-Bibliothek 138

10 Silhouette Studio Basic für Fortgeschrittene 139
10.1 Neuer Projekt-Assistent 139
10.2 Replizieren 139
10.3 Pop-Up-Karte 141
10.4 Kornraster 143
10.5 Nachzeichnen 144
10.6 Arbeit mit Vektoren 145
10.7 Objekte aus Bild freistellen 150
10.8 Mit Musterfüllungen und Farbverläufen arbeiten 152
10.9 Bilddateien als Musterfüllung nutzen 153

10.10 Herstellen nach Linienfarbe und Füllfarbe 153
10.11 Mit Tastenkombinationen arbeiten 155
10.12 Silhouette Studio anpassen 155
10.13 Spezialwerkzeuge und weitere Funktionen 155

11 Eigene Ideen umsetzen 157
11.1 Eigene Vorlagen erstellen mit Grafiksoftware 157
11.2 Ideen aus anderen Kreativbereichen nutzen 157
11.3 Quellen für weitere Plotter-Vorlagen 157

Index 159

Einleitung

Dieses Buch ist für alle, die ein umfassendes Praxisbuch zum Cameo 5 suchen. Das Buch richtet sich sowohl an Plotter-Anfängerinnen und Anfänger als auch an fortgeschrittene Nutzerinnen und Nutzer. Natürlich sind auch alle willkommen, die noch keinen oder einen anderen Plotter besitzen. In diesem Buch findest du viele Informationen zu deinem Cameo 5 und der dazugehörigen Software *Silhouette Studio* und darüber hinaus viele Projekte mit unterschiedlichen Schwierigkeitsstufen, die du mit Papier, Vinyl oder Bügelfolie umsetzen kannst.

Das Buch soll dir aber nicht nur dabei helfen, Projekte einfach nachzubasteln, sondern du wirst auch Fähigkeiten erwerben, um Projekte individuell anzupassen oder selbst zu gestalten. Denn das ist ja gerade das Wunderbare beim Basteln und Gestalten, du kannst deine Ideen umsetzen oder etwas Einzigartiges und Persönliches schaffen (und verschenken).

Die Anleitungen und Erklärungen in diesem Buch beziehen sich auf den Plotter Cameo 5 mit der Software *Silhouette Studio*. Wenn du jedoch einen anderen Plotter nutzt und mit diesem bereits vertraut bist, kannst du die Projekte ebenfalls umsetzen.

Das Buch besteht aus zwei Teilen. Der **erste Teil** beinhaltet alle Informationen, die du brauchst, um mit dem Plotten zu starten, und hier findest du die dafür wichtigen Grundlagen. In **Kapitel 1** erfährst du, was ein Plotter ist und wie dieser arbeitet. **Kapitel 2** informiert dich über Plotter-Werkzeuge und -Zubehör, die du bei der Umsetzung der Projekte benötigst. In **Kapitel 3** stehen die Materialien Papier, Vinyl und Bügelfolie im Fokus und du erfährst, wie du mit diesen und deinem Cameo 5 arbeiten kannst. **Kapitel 4** gibt dir Hinweise, wie du mit den Vorlagen zu diesem Buch arbeitest und wo du diese herunterladen kannst.

Im **zweiten Teil** geht es dann endlich mit den Projekten los. **Kapitel 5** beinhaltet fünf Projekte für den ersten Einstieg. Hier findest du schrittweise Erklärungen zu den Projekten und erfährst detailliert, wie du mit der Software *Silhouette Studio* arbeitest. Anstatt durch trockene theoretische Erklärungen lernst du hier die Software gleich an praktischen Beispielen kennen. Die Erläuterungen in den Projekten für Anfängerinnen und Anfänger – insbesondere auf das Arbeiten mit der Software bezogen – sind dabei stellvertretend für alle weiteren Projekte des Buches, die in allen weiteren Kapiteln nur noch sehr kurz beschrieben sind. So gibt es keine inhaltlichen Dopplungen und stattdessen noch mehr Projekte. Zu Beginn des fünften Kapitels findest du außerdem eine Übersicht über alle wichtigen Funktionen in der Software und in welchen Projekten diese ausführlich erläutert werden. So kannst du diese auch später nachschlagen. Auch wenn du kein Plotter-Neuling mehr bist, lohnt es sich sicherlich, in das Kapitel hineinzusehen, damit dir nicht gegebenenfalls bei den weiteren Projekten wichtige Informationen zur Vorgehensweise oder zum Arbeiten mit der Software fehlen. Wenn dir also bei den Erläuterungen der Projekte ab Kapitel 6 eine Information fehlt, dann sieh dir die Anfänger-Projekte in Kapitel 5 genauer an.

In **Kapitel 6** findest du viele Projekte rund um das Thema Geschenke. In **Kapitel 7** geht es weiter mit Party-Dekoration und in **Kapitel 8** stehen Dekorationsideen für zu Hause im Mittelpunkt. In **Kapitel 9** dreht sich dann alles um das Thema Sticker, egal ob du diese zum Dekorieren, Organisieren oder für Kalender oder Bullet Journals nutzen möchtest. Zu all diesen Kapiteln findest du nicht nur Projekte, die du mit Vorlagen umsetzt, sondern lernst an kleinen Projekten immer wieder, auch eigenständig Vorlagen zu erstellen.

In **Kapitel 10** findest du Informationen und Projekte für fortgeschrittene Nutzerinnen und Nutzer zum Thema Vektorgrafiken und weiteren Funktionen des *Silhouette Studio Basic*.

Kapitel 11 beinhaltet noch viele weiterführende Anregungen zum Einsatz von Grafiksoftware und zur Verbindung zwischen dem Plotten und anderen Kreativbereichen. So kannst du eigene Ideen noch besser umsetzen und noch kreativer werden.

Über die Autorin

Hallo liebe Leserin und lieber Leser, ich bin Myriam Schlag und begrüße dich herzlich in diesem Buch.

Ich bastle und male schon seit dem Kindergarten mit großer Freude und habe seitdem eigentlich nie mehr damit aufgehört. Als ich zum ersten Mal einen Hobbyplotter gesehen habe, war ich sofort begeistert. Die Bastelmöglichkeiten sind damit fast grenzenlos und man erhält perfekte Ergebnisse.

Ich hatte unglaublich viel Spaß, die Bastelprojekte für dieses Buch zu erstellen. Mein Wissen zum Thema Grafikdesign konnte ich nutzen, um eigene Vorlagen zu entwerfen, die ich hier mit dir und allen anderen Leserinnen und Lesern teilen kann. Für mich ist mit diesem Buch ein Basteltraum in Erfüllung gegangen. Ich hoffe, dieses Buch mit all seinen Projekten bereitet dir Freude und regt deine Kreativität an.

Mehr von mir und meinen kreativen Projekten findest du auf meiner Seite:

www.buntstift-bar.de

Wenn ich nicht gerade bastle, arbeite ich freiberuflich als promovierte Psychologin und Fachjournalistin zum Thema Lernen. Meine Seite:

www.myriamschlag.de

1 Grundlagen für den Cameo 5

Wenn du noch keine Erfahrungen mit deinem Cameo 5 hast oder erst überlegst, ob ein Plotter das Richtige für dich wäre, dann sieh dir dieses Kapitel genauer an. Hier erfährst du die Grundlagen zum Einsatz des Cameo 5. Solltest du bereits ausreichend Erfahrung mit dem Cameo 5 haben, lies bei Bedarf nur einzelne Abschnitte oder springe einfach zu den Kapiteln mit den Projekten.

1.1 Schneideplotter für zu Hause

Ein Plotter oder auch Hobbyplotter ist eine digitale Schneidemaschine für zu Hause und funktioniert ähnlich wie ein Drucker. Auf dem Computer oder Endgerät bereitet man Vorlagen (bzw. Dateien) vor, die der Plotter dann bearbeitet. Dazu wird das Material, das bearbeitet werden soll, auf eine leicht klebende Schneidematte aufgebracht. Der Plotter bewegt die eingezogene Schneidematte, während er ein Messer, einen Stift oder ein anderes Werkzeug über die Schneidematte zieht.

Hobbyplotter vereinen verschiedene Funktionen, wie beispielsweise Schneiden, Zeichnen, Perforieren, Prägen oder Arbeiten mit Heißtransfer-Folie. Dafür können sie verschiedene Materialien wie beispielsweise Papier, Folie, Stoff oder Kunststoff bearbeiten. Darüber hinaus kann der Plotter auch mit einem Drucker »zusammenarbeiten«, sodass Bilder erst gedruckt und anschließend geschnitten werden. Somit bietet dir der Hobbyplotter eine Menge kreative Möglichkeiten.

1.2 Wie funktioniert der Silhouette Cameo 5?

Um mit dem Cameo 5 zu arbeiten, brauchst du nicht nur den Plotter selbst, sondern auch die dazugehörige Software *Silhouette Studio* auf einem Computer als Desktop-Version.

Der Computer kann dabei über ein Kabel oder per Bluetooth mit dem Cameo 5 verbunden werden.

Wenn du wissen möchtest, welche Systemanforderungen dein Computer für die Software erfüllen muss, findest du dies auf der Seite der Silhouette-America:

https://silhouetteamerica.freshdesk.com/support/solutions/articles/35000206199-software-minimum-system-requirements

Gesteuert wird dein Cameo 5 über die Software *Silhouette Studio*, daher hat er auch ein kleines Display mit wenigen Tasten. Wenn du ein Projekt erstellen möchtest, musst du immer am PC in der Software *Silhouette Studio* beginnen. Diese »sagt« deinem Cameo 5 dann, was er tun soll und weist dich zum entsprechenden Zeitpunkt auf die notwendigen manuellen Arbeitsschritte (z.B. Einlegen der Schneidematte) hin.

1.3 Erste Schritte mit dem Cameo 5

Nachdem du deinen Cameo 5 gekauft und ausgepackt hast, musst du die ersten Schritte durchführen: Software installieren, den Plotter anschließen und dich ggf. bei Silhouette America mit deinem Cameo 5 registrieren (*www.silhouetteamerica.com/setup*). Anleitung dazu findest du bei Silhouette America (*www.silhouetteamerica.com/setup/de/0/19/steps*) oder im Benutzerhandbuch für den Cameo 5 (*www.silhcdn.com/m/d/user-guides/cameo-5-de.pdf*).

Die Software *Silhouette Studio Basic* und die Registrierung bei Silhouette sind kostenfrei. *Silhouette Studio* bietet dir unzählige Möglichkeiten, damit dein Projekt Gestalt annehmen kann.

> *Hinweis*
>
> **Mit zusätzlichen (kostenpflichtigen) Upgrades lässt sich der Funktionsumfang der Silhouette-Software sogar noch erweitern.**

Um mit deinem Cameo 5 zu arbeiten, benötigst du aber auch Materialien und Werkzeuge, die nicht im Lieferumfang des Cameo 5 enthalten sind und die du vermutlich auch nicht zu Hause hast, wenn du gerade erst mit dem Plotten beginnst. Mehr Informationen dazu, welche Materialien, Werkzeuge und Zubehör du benötigst, findest du in den nachfolgenden Kapiteln 2 und 3 sowie in der Materialliste des jeweiligen Projekts.

1.4 Die Software Silhouette Studio

Der Cameo 5 arbeitet mit der Software *Silhouette Studio* zusammen, die als Desktop-Version verfügbar ist. Eine ausführliche Einführung in die Arbeit mit der Software findest du in Kapitel 5. Damit es nicht zu theoretisch wird, lernst du alle wichtigen Funktionen am Beispiel von fünf Projekten für Anfänger kennen, in denen alle Arbeitsschritte ausführlich beschrieben sind.

Zusätzlich zur Desktop-Software gibt es von Silhouette auch die App *Silhouette Go*. Diese hat jedoch nicht den gleichen Funktionsumfang wie die Desktop-Software, sondern ist vielmehr dazu gedacht, bereits fertig designte und gespeicherte Projekte zu plotten.

1.5 Dateiformate

Der Cameo 5 arbeitet mit Vorlagen in verschiedenen Dateiformaten. Dabei sind zwei Gruppen von Dateiformaten zu unterscheiden: Rastergrafiken und Vektorgrafiken.

1.5.1 Rastergrafiken

Rastergrafiken bestehen aus Bildpunkten (Pixel) und können, je nach Auflösung des Bildes, bei zu starker Vergrößerung unscharf werden. Diesen Effekt kennst du vielleicht von Fotos, die mit geringer Auflösung aufgenommen und dann stark vergrößert wurden. Die einzelnen Bildpunkte wurden dabei einfach vergrößert und sind dann sichtbar. Unscharfe Bilder können von dem Cameo 5 jedoch nicht mehr gut bearbeitet werden.

Dateiformate für Rastergrafiken haben üblicherweise die folgenden Endungen:

.jpg, .bmp, .png, .tiff, .gif

Diese Formate sind gut und problemlos geeignet, wenn du Vorlagen verwendest, die du in der Größe nicht mehr verändern willst. Ist dies doch notwendig oder gewünscht, solltest du Vektorgrafiken verwenden.

1.5.2 Vektorgrafiken

Vektorgrafiken bestehen nicht aus Bildpunkten, sondern aus Linien und Formen, die mit Koordinaten festgelegt wurden. Sie können daher beliebig in der Größe verändert werden und die Form und Bildschärfe bleiben dabei erhalten (z.B. bei einem PDF-Dokument). Dateien, die auf Vektorgrafiken basieren, können somit vom Schneideplotter immer gut bearbeitet werden und liefern glatte Schnitte und Linien.

Verbreitete Dateiformate für Vektorgrafiken haben die folgenden Endungen:

.svg, .dxf, .pdf, .eps

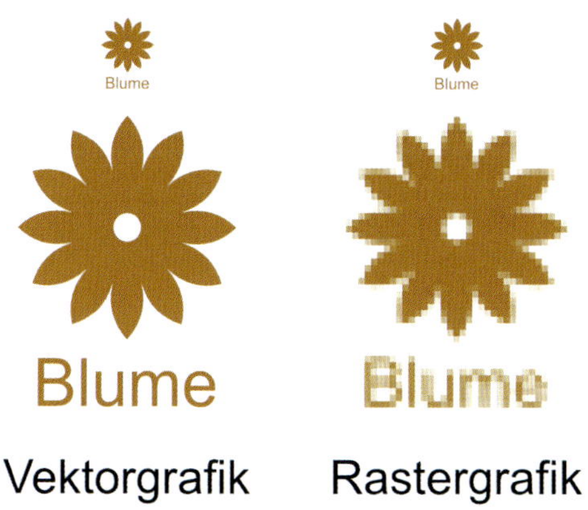

Zu diesem Buch findest du alle Vorlagen in den Dateiformaten:

- .pdf (nur zur schnellen Übersicht der Projekte) und
- .dxf (Vektorgrafiken zum Bearbeiten mit dem Plotter) oder
- .studio3 (eigenes Dateiformat von *Silhouette Studio*)

Du kannst im *Silhouette Studio Basic* folgende Dateitypen in der Software bearbeiten:

Vektor-Dateien: .dxf, .studio3

Bild-Dateien: .jpg, .gif, .png, .bmp

Hinweis

Du kannst weitere Dateiformate (z.B. .svg, .pdf, .eps. .ai) in das *Silhouette Studio* importieren, wenn du ein kostenpflichtiges Software-Upgrade vornimmst.

Hinweis

Du kannst (selbsterstellte) Projekte aus dem *Silhouette Studio Basic* herunterladen und z.B. auf deinem Computer speichern. Dazu verwendet die Software das Silhouette-Dateiformat mit der Endung .studio3.

1.5.3 Dateiformate anwenden

Um die Projekte in diesem Buch umzusetzen, kannst du die bereitgestellten Dateien im studio3-Format verwenden. Wie du diese herunterladen kannst, erfährst du in Kapitel 4.

Im Allgemeinen eignen sich Vektorgrafiken besser als Rastergrafiken, wenn du sie mit dem Cameo 5 umsetzen möchtest. Du kannst die Größe von Vektorgrafiken beliebig verändern und erhältst immer glatte Schnitte und Linien.

Wenn dein Wunschmotiv jedoch nicht als Vektorgrafik verfügbar ist, kannst du auch eine Rastergrafik verwenden. Diese solltest du jedoch nicht zu stark vergrößern. Rastergrafiken kannst du auch dann gut einsetzen, wenn ein Motiv erst vom Drucker gedruckt werden soll und anschließend nur die Umrisse mit dem Cameo 5 geschnitten werden sollen. Diese Bearbeitung heißt Print & Cut (dt. Drucken & Schneiden).

> **Tipp**
>
> **Informiere dich regelmäßig bei Silhouette America über Neuerungen in der Software und unterstützte Dateiformate.**

1.6 Schriftarten

In der *Silhouette Studio*-Software hast du die Möglichkeit, mit Schriftarten zu arbeiten, die auf deinem Computer gespeichert sind. Im Internet und im *Silhouette Design Store* findest du weitere kostenfreie und kostenpflichtige Schriftarten, die du für deine Projekte nutzen kannst. Beachte dabei die Lizenzbestimmungen der Schriftarten – vor allem, wenn du diese kommerziell nutzen möchtest. Die in den Projekten verwendeten Schriftarten sind an entsprechender Stelle angegeben, falls du sie ebenfalls nutzen möchtest.

Wenn du Schriftzüge aus Papier oder anderen Materialien herausschneiden möchtest, solltest du *Stencil*-Schriftarten verwenden, damit alle Buchstaben vollständig erkennbar sind.

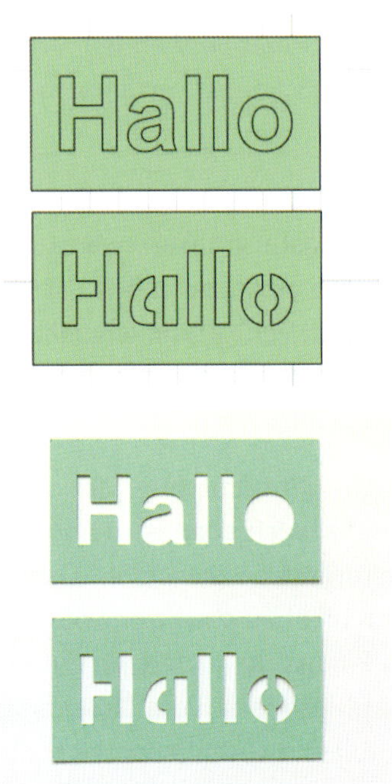

Du findest kostenfreie Schriftarten (engl. *Fonts*) im Internet, z.B. bei DaFont, 1001freefonts und anderen Anbietern.

Schriftarten installieren für PC oder Laptop:

Lade die Schriftarten herunter und entpacke den Ordner. Wähle im Download-Ordner die Schrift-Datei aus (zum Beispiel .ttf, .otf, .fon) und installiere sie (Rechtsklick und Installieren oder Öffnen und dann Installieren).

> **Tipp**
>
> **Während der Cameo 5 bei normalen Schriftarten nur die Außenkontur der Schrift zeichnet, gibt es Schriftarten, die nur aus einer einzelnen Linie bestehen (genannt Monoline, Single Line oder Sketch Fonts). Sketch Fonts sind z.B. kostenpflichtig im *Silhouette Design Store* erhältlich.**

> **Tipp**
>
> **Bei einem kostenpflichtigen Upgrade auf die Version *Silhouette Studio Business* kannst du auch eigene Schriftarten erstellen.**

2 Werkzeuge und Plotter-Zubehör

Um die Projekte in diesem Buch umsetzen zu können, benötigst du allgemein:

- einen Schneideplotter mit Software
- eine Schneidematte ca. 30 cm x 30 cm
- ein Schneidemesser für Papier, Vinyl, Bügelfolie
- einen Stift, den du mithilfe eines Stiftehalters in den Plotter einsetzen kannst
- Spatel, Pinzette, Entgitterhaken, Rakel
- Papier, Vinyl (und Transferfolie), Bügelfolie
- ein Bügeleisen oder eine Heißpresse für Projekte mit Bügelfolie

Die Projekte sind so ausgelegt, dass du nicht viele Zusatzwerkzeuge zu deinem Cameo 5 benötigst, sondern mit der Grundausstattung und einem Stift (und ggf. einem Stiftehalter) starten kannst. Dennoch gibt es ein paar Werkzeuge und etwas Zubehör, die das Arbeiten an den Projekten erleichtern. Diese lernst du in den nachfolgenden Abschnitten kennen.

2.1 Schneidematten

Zu deinem Cameo 5 erhältst du eine Schneidematte im Format 30 x 30 cm:

- Eine Schneidematte mit **Standard-Haftung (Standard Tack)**. Diese eignet sich für Tonpapier, Vinyl und Bügelfolie.

Darüber hinaus gibt es noch weitere Schneidematten von Silhouette (oder auch anderen Anbietern):

- Schneidematte mit **leichter Haftung (Light Tack)** für dünnere Materialien und Kopierpapier
- Schneidematte mit **starker Haftung (Strong Tack)** für festen Karton und Stoff

Die Schneidematten für Standard-Haftung gibt es außerdem auch im Format 30 x 60 cm für größere Projekte.

Weitere Spezialmatten gibt es für die Funktionen PRÄGEN (Embossing) und PIXSCAN. Als zusätzliches Werkzeug ist auch die elektrostatische Matte für den Cameo 5 erhältlich, die vor allem empfindliches Material durch elektrostatische Anziehung beim Plotten in Position hält.

Um deine Schneidematte länger nutzen zu können, kannst du diese auch reinigen. Wichtig ist es dabei, nicht über die Schneidematte zu kratzen. Größere Materialreste kannst du mit einer Pinzette, einem Schaber oder einer Fusselrolle (für Stoffreste und -fasern) entfernen.

Rollenhalter

Im Lieferumfang deines Cameo 5 ist ein *Rollenhalter* enthallten. Diesen benötigst du, wenn du Materialien mit Trägerfolie (Vinyl oder Bügelfolie) direkt von der Materialrolle schneiden lassen möchtest (z.B. für Projekte, die länger als die Schneidematte sind). Möchtest du Designs ohne Schneidematte herstellen, musst du dieses in der *Silhouette Studio*-Software einstellen (in der linken Seitenleiste unter SEITENEINSTELLUNGEN im Menüfester SEITENEINSTELLUNGEN > SCHNEIDEMATTE einstellen und im Menü KEINE auswählen). Um den Rollenhalter zu installieren, musst du die Verriegelung an der Unterseite des Cameo 5 öffnen und die entsprechende Leiste lösen. Dann kannst du denn Rollenhalter fest mit dem Cameo 5 verbinden. Stelle dann den vorderen Teil (mit dem Materialschneider) auf, ziehe die vordere Abdeckung nach hinten und stelle die Rollenhalter auf.

Tipp

Wenn du den Rollenhalter geschlossen lässt, kannst du ihn auch nutzen, um die Schneidematte vor dem Einzug und während der Bearbeitung besser positionieren und ablegen zu können.

Andrückrollen

Während die linke Andrückrolle beim Cameo 5 fest ist, kannst du die rechte individuell verschieben. Dazu ziehst du die kleine Lasche oben nach oben und kannst die Andrückrolle beliebig platzieren. Die beiden kleineren Zusatzrollen kannst du ebenfalls beliebig verschieben. Somit kannst du Material mit und ohne Schneidematte in verschiedenen Größen laden. Achte vor allem bei Schneidematten darauf, dass die Andrückrollen über den Rand der Schneidematte rollen, der nicht klebend ist.

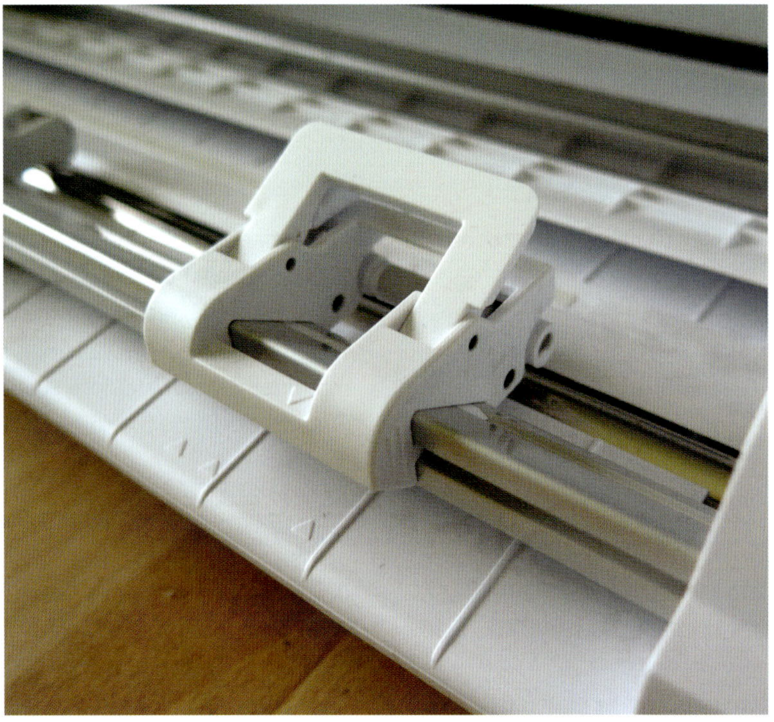

2.2 Werkzeuge

Silhouette bietet für den Cameo 5 verschiedene **Messer** an:

- Das **Automatikmesser (Autoblade)** ist im Lieferumfang des Cameo 5 enthalten. Die Klinge dieses Messers stellt sich automatisch ein und kann zum Schneiden von Papier, Bastelkarton, Tonpapier, Sticker-Papier und Folien (z.B. Vinylfolie, Bügelfolie) benutzt werden.
- Die **Kraftklinge 3 mm (Kraft Blade)** kann mit dem Cameo 5 verwendet werden, um Materialien wie z.B. Acetat (Windradfolie), Bastelschaum (Moosgummi), Stoff (stabilisiert mit Bügeleinlage) und Leder sowie (nicht zu dicke) Graupappe zu schneiden.

- Die **Rollklinge (Rotary Blade)** rollt wie ein Rollschneider über das Material. Diese Klinge eignet sich besonders für das Schneiden von Leder, Filz, Wolle und Krepppapier. Außerdem kann damit Stoff auch ohne Stabilisierung direkt geschnitten werden.

Darüber hinaus gibt es noch weitere Messer, die manuell eingestellt werden können.

Weitere Werkzeuge, die du zusätzlich zum Cameo 5 kaufen kannst, sind:

- Heißfolien-Werkzeug (Heatfoil Tool)
- Präge-Werkzeug (Embossing Tool)
- Stanzwerkzeug (Punch Tool) zum Entgittern

Eine Übersicht (auf Englisch), welche Werkzeuge für deinen Cameo 5 geeignet sind, findest du hier:

www.silhouetteamerica.com/tools

Zu deinem Cameo 5 erhältst du einen *Messerreiniger und -einsteller*. Dieser hat zwei Öffnungen. Mit der ersten Öffnung (mit den zwei Einbuchtungen) kannst du das Automatikmesser öffnen. Dabei kannst du die Kappe des Messers abschrauben und die Klinge reinigen. Nimm ggf. einen Pinsel zu Hilfe, um diese zu reinigen. Verschließe die Klinge anschließend wieder vorsichtig. Mit der zweiten Öffnung kannst du die Klingentiefe von manuellen Messern einstellen.

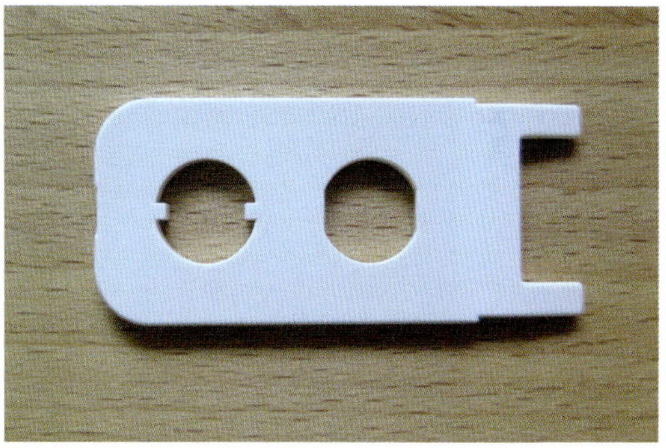

2.3 Stifte

Im Lieferumfang des Cameo 5 ist kein Stift oder Stiftehalter enthalten. Für den Cameo 5 gibt es zwei Universal-Stiftehalter, mit denen du handelsübliche Fineliner und Filzstifte in deinen Plotter einsetzen kannst. Den *Universal-Stiftehalter Typ B* kannst du im Werkzeughalter 1 verwenden und den *Universal-Stiftehalter Typ C* im Werkzeughalter 2.

Zum Stiftehalter von Silhouette erhältst du drei verschiedene Adapter in unterschiedlichen Größen, die für dünne (S), mittlere (M) und dicke (L) Stifte geeignet sind. Probiere aus, welcher Adapter zu deinem Stift passt, und schraube diesen in den Stiftehalter. Schiebe den Stift so weit in den Stiftehalter, dass die Miene leicht die untere Kappe berührt und ziehe die Kappe anschließend ab. Setzte nun deinen Stiftehalter in den entsprechenden Werkzeughalter.

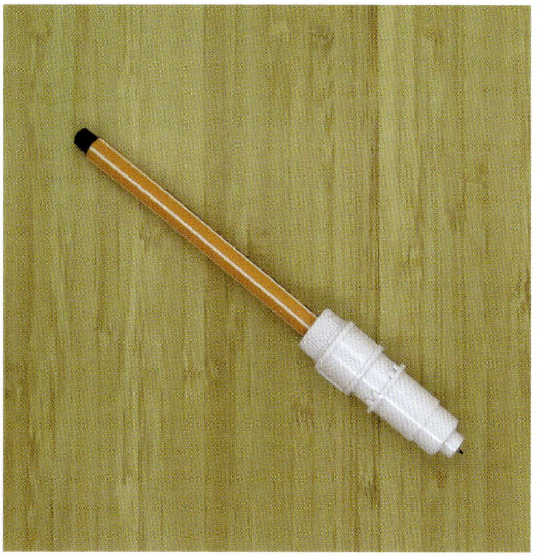

2.4 Werkzeuge einsetzen und einstellen

Werkzeuge einsetzen

Um Werkzeuge einzusetzen oder zu wechseln, musst du immer zuerst den entsprechenden Werkzeughalter öffnen. Dafür ziehst du einfach die Klemme nach vorne und das eingesetzte Werkzeug nach oben raus. Der Cameo 5 verfügt über zwei Werkzeughalter. Dies ermöglicht es dir, zwei unterschiedliche Vorgänge in nur einem Arbeitsschritt zu erledigen, z.B. kann in einem Vorgang geschnitten und anschließend gezeichnet werden.

Die Werkzeughalter sind mit den Zahlen 1 und 2 gekennzeichnet. Die meisten Werkzeuge sind ebenfalls mit den Zahlen 1 und 2 markiert, sodass die Zuordnung zum richtigen Werkzeughalter problemlos funktioniert.

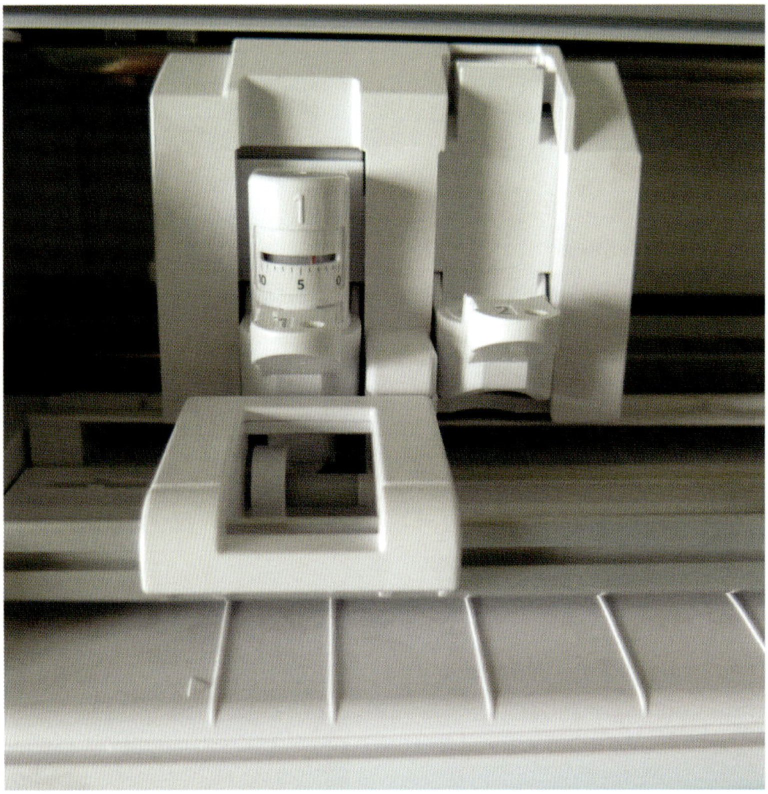

Werkzeuge einstellen

Um die Werkzeuge in deinem Cameo 5 richtig anzuwenden, kannst du im *Silhouette Studio* im Bereich SENDEN Materialien-Voreinstellungen nutzen, Einstellungen zu eigenen Materialien speichern oder Einstellungen ganz individuell anpassen.

Dazu kannst du für jedes Werkzeug folgende Parameter einstellen:

- **Klingentiefe** (für Messer und Klingen) gibt an, wie weit die Klinge aus dem Messer herausragt.
- **Durchgänge** gibt an, wie oft der Plotter über dieselbe Stelle fährt.
- **Anpressdruck** gibt an, wie stark das Werkzeug (z.B. Messer) in das Material gedrückt wird.
- **Geschwindigkeit** gibt an, wie schnell sich das das Werkezeug (z.B. Messer) über das Material bewegt.

Zusätzlich kannst du im Bereich SENDEN unter der Schaltfläche MEHR noch weitere Einstellungen vornehmen:

- **Acceleration** (Beschleunigung) gibt an, wie schnell sich der Plotter bei Richtungswechseln bewegt (z.B. beim Schneiden von Ecken).
- **Überschnitt**: Der Plotter schneidet über das Ende der Eckpunkte hinaus – für das bessere Schneiden von Ecken (z.B. bei zarten Papierprojekten).
- **Spurverstärkung** für Materialien, die bei der Bearbeitung nicht in Position bleiben – diese werden mit der Funktion mehrmals vom Plotter vor- und zurückgefahren.
- **Intelligent Path Technology** optimiert die Reihenfolge der Schneideschritte, damit das Material beim Plotten nicht reißt.

Als Anfängerin oder Anfänger kannst du dich erst einmal an die Voreinstellungen halten, die automatisch bei der Materialauswahl vorgegeben sind. Solltest du mit dem Ergebnis des Tests bzw. Plottens nicht zufrieden sein, kannst du die Einstellungen individuell anpassen. Achte dabei darauf, dass deine Matte nicht beschädigt (z.B. vom Messer zerschnitten) wird.

2.5 Plotter-Zubehör

Folgendes Plotter-Zubehör kann dir beim Umsetzen der Projekte in verschiedenen Arbeitsschritten helfen:

Aufbringen von Material auf die Schneidematte:

- Rakel mit Filzkante
- Gummiroller

Lösen von ausgeschnittenen Objekten von der Schneidematte:

- kleine Spatel
- Pinzette (rund oder spitz)

Entfernen von Resten von der Schneidematte:

- Schaber
- Rakel ohne Filzkante

Entgittern beim Arbeiten mit Vinyl und Bügelfolie:

- Entgitterhaken (oder auch Scalarinstrument)

Du kannst das Zubehör einzeln, als Set von *Silhouette* oder anderen Anbietern kaufen.

3 Material

In diesem Abschnitt findest du allgemeine Hinweise zu Materialien und wie du mit ihnen umgehst. Eine genaue Materialliste für die einzelnen Projekte findest du an entsprechender Stelle im Buch.

Hinweis

Mache beim ersten Einsatz von neuen Materialien immer Probeschnitte oder teste die entsprechende Funktion mit dem Material, um die Einstellungen des Cameo 5 zu prüfen und kein Material zu verschwenden.

3.1 Papier und Karton

Es ist nicht notwendig, Papier oder Karton von einem bestimmten Anbieter zu kaufen, da Materialien aus der Schreibwarenabteilung oder einem Bastelladen ausreichend sind. Bevor du mit dem Papier oder Karton arbeitest, informiere dich, wie stark (g/m²) das Material ist, damit du deinen Plotter entsprechend einstellen kannst.

Für die Projekte in diesem Buch habe ich meist Tonpapier (130 g/m²) und Fotokarton (300 g/m²) verwendet und mit anderen Papieren ergänzt. Zum Ausprobieren von Projekten nutze z.B. stärkeres weißes Druckerpapier (160 g/m²).

3.1.1 Papierformat und Größe

Vermutlich nutzt du für die Papier-Projekte Papier in DIN A4. Natürlich sind auch andere Formate möglich, solange sie auf deine Schneidematte passen. Die angegebene Größe der Projekte bezieht sich immer auf die Herstellung mit DIN A4. Solltest du also größeres Papier oder eine längere Schneidematte zur Verfügung haben, kannst du die Projekte eventuell auch größer herstellen.

3.1.2 Linientypen

In den Vorlagen, die du zu diesem Buch herunterladen kannst, findest du bis zu drei verschiedene Linientypen, die verschiedenen Plotter-Funktionen zugeordnet sind:

- **Schneidelinien**, die schwarz angezeigt werden.
- **Perforationslinien**, die gestrichelt angezeigt werden. (Alternativ dazu kannst du diese Linien auch in durchgehende Linien umwandeln und durch den Plotter leicht anritzen lassen.)
- **Zeichenlinien**, die blau angezeigt und mit einem Stift gezeichnet werden können.

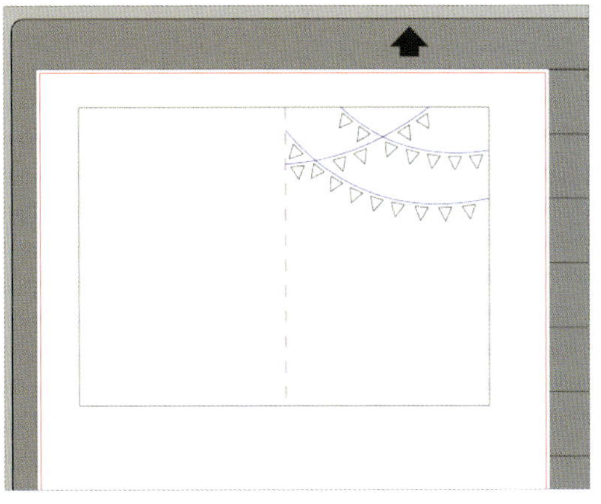

Hinweis

Die blauen Zeichenlinien bedeuten nicht, dass du auch einen blauen Stift einsetzen sollst. Du kannst diese Linien mit einem Stift in beliebiger Farbe zeichnen lassen, z.B. in Schwarz. Wenn du weitere Zeichenlinien oder gezeichnete Schrift (z.B. in Schwarz) eingefügt hast, kannst dennoch alles in einer Farbe zeichnen lassen. Alternativ kannst du die Linienfarbe aller Zeichenlinien und der gezeichneten Schrift auch vor dem Herstellen in einer einheitlichen Farbe einstellen.

3.1.3 Perforieren und Anritzen

Um Kanten besser falzen zu können, kannst du Linien vom Cameo 5 vorbereiten lassen, indem du sie vom Plotter perforieren (gestrichelte Linie) oder anritzen lässt.

3.1.4 Schrift schneiden lassen

Wenn du Schrift aus Papier herausschneiden lassen möchtest, nutze eine Stencil-Schriftart, damit die Form der Buchstaben vollständig erhalten bleibt. Wähle die Schriftgröße nicht zu klein, damit die Buchstaben sauber geschnitten werden können. Teste gegebenenfalls Schriftart, Schriftgröße und Material, bevor du dein Projekt erstellst.

3.2 Vinyl

Auch hier gibt es sehr viele verschiedene Arten von Vinyl und du solltest dir vorher gut überlegen, für welche Zwecke du die Materialien benötigst. Benötigst du Vinyl für den Innen- oder Außenbereich? Soll es permanent oder wieder ablösbar sein? Überlege einfach, welchen Anforderungen das Vinyl gerecht werden soll, und suche dann entsprechendes Material aus. Auch hier ist kein Material eines bestimmten Anbieters notwendig. Vinyl gibt es in verschiedenen Stärken und Ausführungen. Beachte daher die Hinweise des Herstellers und mache immer erst einen Test, bevor du ein neues Material in einem Projekt verwendest.

3.2.1 Schneiden und Entgittern

Achte darauf, dass du das Vinyl richtig herum auf deine Schneidematte aufbringst. Die farbige Seite muss nach oben zeigen, das Vinyl wird also mit seiner Trägerschicht auf die Schneidematte aufgeklebt.

In der Software musst du geeignete Einstellungen für das Vinyl wählen. Der Plotter schneidet dann durch das Vinyl, jedoch nicht durch die Trägerschicht.

Nach dem Herstellen musst du dein Projekt mit einem Entgitterhaken oder einer spitzen Pinzette entgittern. Das bedeutet, dass du alle Folienstücke entfernst, die nicht benötigt werden.

3.2.2 Aufkleben des geschnittenen Vinyls

Um das geschnittene Vinyl auf deine (saubere und fettfreie) Oberfläche zu übertragen, musst du eine Transferfolie verwenden. Diese wird von oben auf das Vinyl aufgeklebt und hält das Projekt nach dem Entfernen der Trägerschicht zusammen. Das ist besonders dann notwendig, wenn es unzusammenhängende Bereiche in deinem Projekt gibt, z.B. einzelne Buchstaben oder einen i-Punkt. Wenn die Transferfolie liniert ist, hilft dir dies außerdem beim späteren Ausrichten des Projekts. Die Klebkraft der Transferfolie muss zu dem verwendeten Vinyl passen.

Die Transferfolie muss von oben auf das Vinyl aufgeklebt werden und du solltest sie gut an das Vinyl andrücken (nutze hierzu eine Rakel). Ziehe anschließend vorsichtig die Trägerschicht vom Vinyl ab und platziere dein Projekt auf der gewünschten Oberfläche. Drücke das Vinyl gut an die Oberfläche an (nutze erneut eine Rakel) und ziehe dann die Transferfolie vorsichtig ab.

3.2.3 Mehrfarbige Vinylprojekte

Um mehrfarbige Projekte mit Vinyl umzusetzen, gibt es zwei mögliche Vorgehensweisen. Zunächst müssen die verschiedenfarbigen Vinylobjekte getrennt geplottet und entgittert werden. Ein mehrfarbiges Projekt mit Vinyl ist beispielsweise das Projekt Tasse »Guten Morgen«.

Möglichkeit 1: Verschiedene Farben auf Transferfolie zusammenfügen

Um die verschiedenen Farben auf der Transferfolie zusammenzufügen, ordne die Vinylobjekte nach und nach auf der Transferfolie an. Wenn sich Farben überschneiden, musst du als Erstes die oberste Vinylschicht auf die Transferfolie übertragen und dann die weiteren Schichten der Reihenfolge nach bis zur untersten hinzufügen. Anschließend kannst du das gesamte Projekt auf der Oberfläche auftragen.

Möglichkeit 2: Verschiedene Farben nacheinander auf Oberfläche aufbringen

Bringe die verschiedenen Vinylschichten mithilfe von Transferfolie nach und nach auf der Wunschoberfläche an und richte sie dabei zueinander aus. Wenn sich Farben überschneiden, musst du als Erstes die unterste Vinylschicht auf die Oberfläche übertragen und dann die weiteren Schichten der Reihenfolge nach bis zur obersten darüber kleben.

3.3 Bügelfolie

Auch hier gibt es sehr viele Anbieter und du solltest dir vorher gut überlegen, für welche Zwecke du die Materialien benötigst. Es gibt verschiedene Sorten von Bügelfolie:

- Flexfolie mit glatter Oberfläche (auch *Thermotransfer*, *Flexfolie*, *Heat Transfer Vinyl* (HTV) oder *Iron-on* genannt)
- Flockfolie mit samtiger Oberfläche

Überlege einfach, welchen Anforderungen die Folie gerecht werden soll, und suche dann entsprechendes Material aus. Auch hier ist kein Material eines bestimmten Anbieters notwendig. Mache auch hier immer erst einen Test, bevor du eine neue Bügelfolie in einem Projekt verwendest, und orientiere dich an den Hinweisen des Herstellers.

Bügelfolien können sowohl mit Heißpressen als auch mit Haushaltsbügeleisen aufgebracht werden. Beachte auch, auf welche Materialien du deine Folie aufbringen möchtest, z.B. Baumwolle oder Kunstfaser. Achte darauf, dass deine Folie dafür geeignet ist. Anbieter von Bügelfolie liefern zur Bügelfolie auch oft noch einen speziellen Papierbogen oder eine Teflon-Bügelfolie mit, die zwischen Bügelfolie und Heißpresse bzw. Bügeleisen gelegt werden muss. Diese dient als Schutzschicht, um ein Ankleben deines Materials am Bügeleisen bzw. an der Heißpresse zu vermeiden.

3.3.1 Schneiden und Entgittern

Achte darauf, dass du die Bügelfolie richtig herum auf deine Schneidematte aufbringst (Herstellerhinweise beachten) und anschließend die richtige Seite abziehst bzw. entgitterst.

Schrift und Motive werden durch das Aufbügeln meistens spiegelverkehrt abgebildet. Daher musst du deine Projekte in der Software bereits spiegeln, damit du sie dann nach dem Aufbügeln richtig herum siehst (siehe dazu Abschnitt 5.6.4). Besonders wichtig ist das vor allem bei Schrift.

Nachdem du dein Wunschmotiv gedruckt hast, musst du es anschließend mit einem Entgitterhaken entgittern. Das bedeutet, dass du alle Folienstücke entfernst, die nicht aufgebügelt werden sollen.

3.3.2 Aufbügeln

Suche dir zum Aufbügeln einen geeigneten Untergrund (Herstellerhinweise beachten), z.B. eine Bügeldecke. Platziere dann dein Projekt auf dem Stoff, der glatt aufliegen und fusselfrei sein sollte. Wenn du kleinere Objekte genau platzieren möchtest, kannst du diese auch mit wärmeresistentem Klebeband befestigen. Lege dann die Schutzschicht (z.B. Teflon-Bügelfolie) über das Projekt und nutze deine Heißpresse oder dein Bügeleisen zum Aufbügeln. Hinweise zur Einstellung deines Geräts findest du wieder beim Hersteller der Bügelfolie.

3.3.3 Infusible Ink

Infusible Ink unterscheidet sich etwas von anderer Bügelfolie, da es sich um einen sogenannten Sublimationsdruck handelt. Das bedeutet, dass sich die Farbe durch das Aufbügeln mit dem Material verbindet. So ist das Motiv länger haltbar und es entstehen beispielsweise keine Risse und kein Ablösen. Dafür muss das Material, auf das Infusible Ink aufgebügelt wird, bestimmte Kriterien erfüllen. Es sollte hell sein und mindestens 65 % Polyester enthalten, da sich die Farbe unter Hitze mit dem Polyester verbindet. Andere Sublimations-Rohlinge (z.B. Untersetzer, Anhänger) sind von verschiedenen Anbietern erhältlich. Infusible Ink kann sowohl als Transferbogen geschnitten als auch als Stift verwendet werden. Die Arbeit mit dem Infusible-Ink-Transferbogen ist dabei ähnlich wie die Arbeit mit der Bügelfolie.

3.4 Weitere Materialien verwenden

Du möchtest die Vorlagen aus diesem Buch mit anderen Materialien, z.B. Leder oder Filz, umsetzen? Dann beachte die Anweisungen des Herstellers Silhouette und verwende geeignete Werkzeuge für deinen Cameo 5.

4 Hinweise zum Einsatz der Vorlagen

4.1 Erste Arbeitsschritte für alle Projekte

Lade die entsprechende Vorlage aus dem Internet herunter. Um die Vorlagen für die Projekte herunterzuladen, gehe zur URL *https://mitp.code-load.de/* und gib diesen Code ein:

c9x3bcde35

Lade die Vorlage (enthaltene Dateiformate .studio3, .dxf und .pdf) in deine *Silhouette Studio*-Version (eine Anleitung dazu findest du in Kapitel 5).

4.2 Texte in den Vorlagen

In einigen Projekten bzw. Vorlagen ist Text enthalten. Dieser kann jedoch nicht editiert werden.

Jedoch kannst du diese Texte z.B. verschieben, in der Größe verändern, ersetzen, löschen und ausrichten. Eigene Textfelder, z.B. für Namen kannst du den Projekten allerdings hinzufügen und anpassen. Verwendete Schriftarten findest du in der Beschreibung des jeweiligen Projekts.

Tipp

Wie du mit Text in deinen Projekten arbeiten kannst, erfährst du in Kapitel 5 in verschiedenen Projekten.

4.3 Projekte ohne Vorlagen

In den nachfolgenden Kapiteln findest du auch immer mal wieder Projekte ohne Vorlagen. Diese erkennst du unter anderem an den nummerierten Arbeitsschritten.

In den Anleitungen wird auf wichtige Funktionen der *Silhouette Studio Basic*-Software verwiesen. Diese sind in Kapitälchen dargestellt. Erklärungen zu diesen Funktionen findest du in Kapitel 5.

Hinweis

Die Farben in den Abbildungen zu diesen Projekten sind frei gewählt und dienen nur der besseren Sichtbarkeit. Es ist nicht notwendig, dass du diese genauso wählst oder umsetzt.

4.4 Eine Vorlage – verschiedene Variationen

In diesem Buch findest du viele Ideen, wie du Projekte aus Vorlagen erstellen kannst. Doch tatsächlich gibt es zu vielen Vorlagen verschiedene Umsetzungsmöglichkeiten. Dieser Abschnitt gibt dir dazu ein Beispiel und soll dich inspirieren, die Vorlagen aus diesem Buch nach deinen Wünschen zu verwenden und viel Schönes zu gestalten.

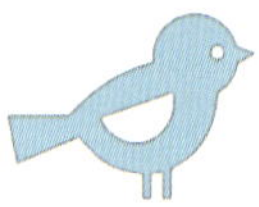

Aus dieser Vorlage kannst du ganz verschiedene Projekte erstellen. Hier findest du ein paar Anregungen dazu.

4.4.1 Ideen zum Material Papier

Du kannst den Vogel aus Papier herstellen.

- Wenn du am Kopf noch ein kleines Loch hinzufügst, kannst du ihn als Anhänger oder Geschenkanhänger nutzen.
- Ebenfalls möglich ist es, ihn als Blumeneinstecker mit einem Holzstab zu verwenden.
- Du kannst ihn mit einem Rechteck verbinden und ihn als Platzkarte oder als Lesezeichen verwenden.
- Du kannst ihn auf eine Karte kleben.
- Du kannst auch mehrere Vögel in verschiedenen Farben schneiden lassen und daraus eine Girlande zusammenstellen oder sie untereinander aufreihen.

Du kannst den Vogel mit einem Stift zeichnen lassen, z.B. auf einer Karte oder einem Briefumschlag.

4.4.2 Ideen zum Material Vinyl

Du kannst den Vogel aus Vinyl herstellen und diesen z.B. auf

- eine Tasse, eine Trinkflasche oder ein Glas,
- Untersetzer, Boxen, Vorrats- oder Brotdosen,
- einen Blumentopf,
- einen Briefkasten,
- ein Heft, Notizbuch oder einen Kalender,
- einen Koffer,
- Handy- oder Tablet-Hüllen oder auf den Laptop,
- Spiegel, Bilderrahmen, Möbel oder Tafel,
- Fenster oder an die Wand kleben.

4.4.3 Ideen zum Material Bügelfolie

Du kannst den Vogel aus Bügelfolie herstellen und diesen z.B. auf

- T-Shirts,
- Taschen oder Geschenksäckchen,
- Kissen, Decken oder Gardinen,
- Tücher aufbügeln.

4.4.4 Ideen zu Print & Cut

Du kannst den Vogel zusammen mit einem Namen oder einem Spruch auch als runden oder eckigen Sticker drucken und dann schneiden lassen.

4.4.5 Weitere Ideen

Natürlich gibt es auch noch Möglichkeiten, mit zusätzlichen Werkzeugen zu arbeiten, die in diesem Buch keine Anwendung finden. Einige der Vorlagen kannst du dennoch dafür nutzen.

Du kannst die Vorlage:

- aus Stoff, Leder oder Filz schneiden und aufnähen,
- aus dünnem Holz oder Karton schneiden,
- prägen oder mit Metallic-Folie übertragen lassen.

5 Fünf Projekte für Anfängerinnen und Anfänger

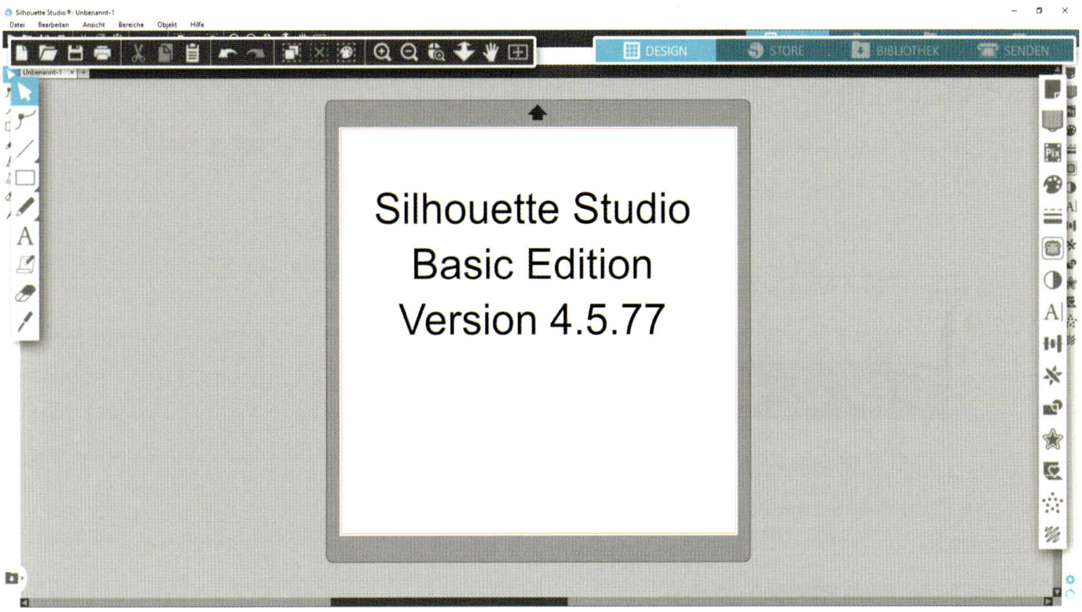

In diesem Kapitel findest du Projekte, die besonders für Plotter-Anfängerinnen und Anfänger geeignet sind. Anhand dieser Projekte lernst du, mit der Software *Silhouette Studio Basic* umzugehen, da viele wichtigen Funktionen ausführlich anhand der Praxisbeispiele beschrieben sind. Jeder Arbeitsschritt ist dabei detailliert erklärt. Zu jedem Material, das im Buch verwendet wird, sowie zu der speziellen Bearbeitung Print & Cut (Drucken & Schneiden) findest du ein Projekt. Die Projekte sind somit stellvertretend für alle weiteren Projekte in diesem Buch, da die grundlegenden Arbeitsschritte immer gleich sind und so nicht bei jedem Projekt erneut erklärt werden müssen. Gleichzeitig lernst du in diesem Kapitel viele Funktionen der Software *Silhouette Studio Basic* kennen. Eine Übersicht des Designbereichs findest du hier ebenfalls.

Tipp

Es wird nicht jede einzelne Funktion der Software erklärt, da einige selbsterklärend sind bzw. auch in anderen Programmen so verwendet werden oder im Rahmen des Buches nicht relevant sind.

Die Beschreibung der Software bezieht sich auf *Silhouette Studio Basic* in der Version 4.5.770. Am Ende des Buches in Kapitel 10 werden weitere Funktionen der Software für fortgeschrittene Nutzerinnen und Nutzer erklärt.

Eine Übersicht über Silhouette Studio Basic

Links oben findest du verschiedene Bereiche des *Silhouette Studios Basic*:

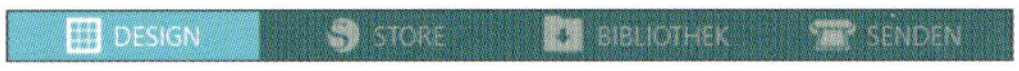

- Designbereich, um Vorlagen zu erstellen
- Store, um Vorlagen und Schriften im *Silhouette Design Store* kaufen zu können
- Bibliothek, um Vorlagen (oder im *Design Store* gekaufte Projekte) zu speichern
- Senden, um deine Projekte mit dem Plotter herstellen zu können

Weitere allgemeine Funktionen bzw. Schaltflächen im oberen Menü (dunkelgrau unterlegt):

- (Neues Dokument, Öffnen, Speichern, Drucken)

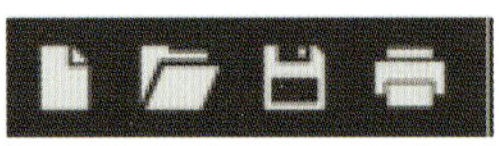

- Standardwerkzeuge für die Bearbeitung (Ausschneiden, Kopieren, Einfügen, Rückgängig, Wiederholen)

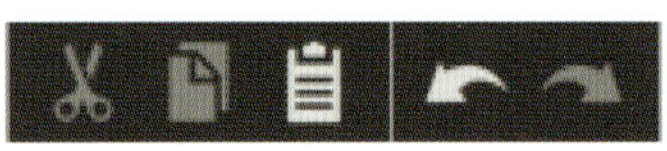

- Auswahlwerkzeuge (Alles auswählen, Auswahl aufheben, Nach Farben auswählen)

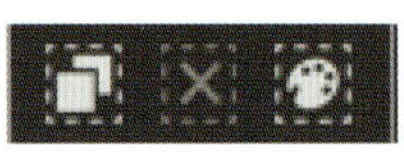

- Zoom-Werkzeuge (Vergrössern, Verkleinern, Zum Zoomen über eine Form ziehen, Zoomen mit Maus, Schwenken mit der Maus, An Fenster anpassen)

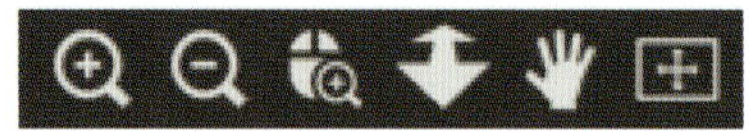

Tipp

Wenn du mit dem Cursor länger auf einer Schaltfläche verweilst, wird deren Funktion eingeblendet.

Du kannst das Layout des Designbereiches von Hell nach Dunkel umstellen, indem du unten rechts auf Motiv Ändern klickst. Nochmaliges Klicken macht die Einstellung rückgängig.

Weitere spezielle Einstellungen zum *Silhouette Studio* findest du bei der Schaltfläche Einstellungen (siehe dazu auch Abschnitt 10.12).

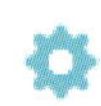

Das Benutzerhandbuch zum *Silhouette Studio* findest du hier:

www.silhcdn.com/m/d/software-guides/ss-de.pdf

5.1 Vorlagen herunterladen

Als Erstes solltest du die Vorlagen für dein gewünschtes Projekt herunterladen. Den Link und den Code dazu findest du in Abschnitt 4.1.

5.2 Projekte speichern

Wenn du erstellte Projekte speichern möchtest, um sie später noch einmal zu verwenden oder weiterzubearbeiten, dann hast du im *Silhouette Studio Basic* die Möglichkeit, die Projekte auf deinem PC oder in der *Silhouette Bibliothek* (kostenfreie Anmeldung erforderlich) abzulegen.

Projekte auf dem PC speichern

Klicke im oberen Menü links auf Datei > Sichern Als und wähle dann den Speicherort Auf der Festplatte Speichern aus. Nun bist du im Explorer deines PCs und kannst die Datei in deinem Wunschordner mit deinem Wunschnamen als Datei mit der Endung *.studio3* ablegen.

Aufrufen kannst du die Projekte wieder über Datei > Öffnen und Auswahl der entsprechenden Datei auf deinem PC.

Projekte in der Silhouette-Bibliothek speichern

Klicke im oberen Menü links auf Datei > Sichern Als und wähle dann den Speicherort In der Bibliothek Speichern aus. (Ggf. musst du dich nun mit deinem *Silhouette*-Kennwort anmelden.)

Es erscheint ein Fenster, in dem du unten in der Leiste deinem Projekt einen Namen geben kannst. Anschließend klickst du auf OK und speicherst dein Projekt im Ordner *Benutzer-Designs*.

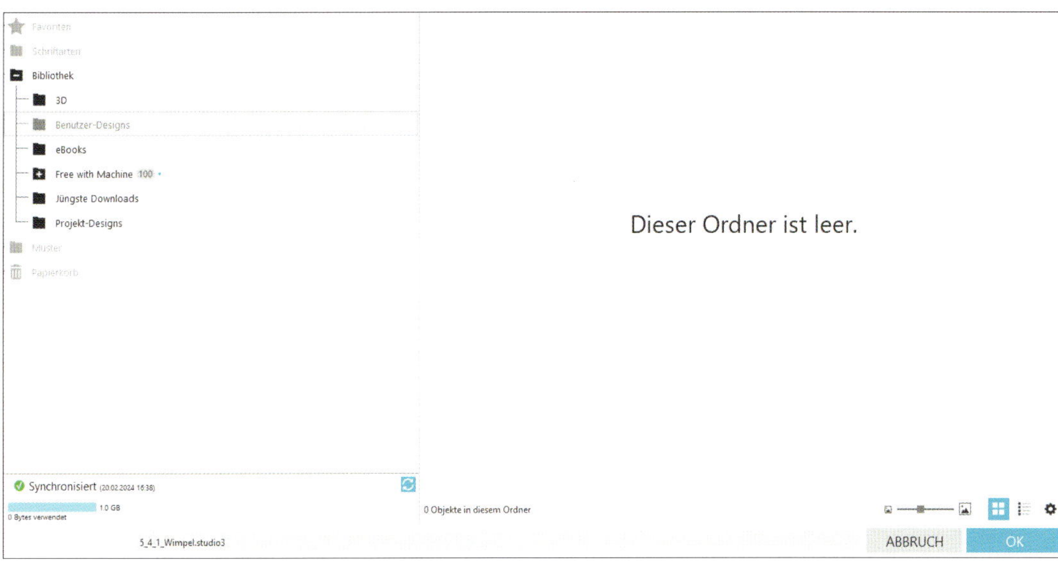

Aufrufen kannst du die Projekte wieder über die Schaltfläche Bibliothek oben links und Auswahl der entsprechenden Datei im Ordner *Benutzer-Designs*. Klicke doppelt auf das Wunschprojekt, das du im Designbereich bearbeiten möchtest.

Tipp

Mit dem kleinen Ordnersymbol am linken Rand kannst du ebenfalls auf die *Silhouette-Bibliothek* zugreifen. Dabei wird dein Bildschirm geteilt und du siehst weiterhin den Designbereich. Damit kannst du Projekte aus der Bibliothek einfach auf die Matte im Designbereich ziehen. Um die Funktion zu beenden, klicke erneut auf das Ordnersymbol.

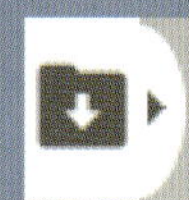

5.3 Zuordnung der Silhouette Studio-Funktionen zu den Projekten

Hier findest du eine Liste mit wichtigen Funktionen aus der Software *Silhouette Studio Basic* und dazu die Projekte, in denen die Funktion verwendet und erklärt werden.

- Projekte hochladen
  - Abschnitt 5.4
  - Abschnitt 5.6
  - Abschnitt 5.7
- Objekte markieren
  - Abschnitt 5.4
  - Abschnitt 5.6
  - Abschnitt 5.7
  - Abschnitt 5.8.
- Objekte gruppieren
  - Abschnitt 5.4
  - Abschnitt 5.6
  - Abschnitt 5.7
  - Abschnitt 5.8
- Größe von Objekten anpassen
  - Abschnitt 5.4
  - Abschnitt 5.6
  - Abschnitt 5.7
  - Abschnitt 5.8
- Mit Text arbeiten (Schriftart und Schriftgröße anpassen)
  - Abschnitt 5.4
  - Abschnitt 5.5
  - Abschnitt 5.6
  - Abschnitt 5.7
- Objekte spiegeln
  - Abschnitt 5.6
- Objekte anordnen
  - Abschnitt 5.4
  - Abschnitt 5.8
- Print & Cut
  - Abschnitt 5.7
- Funktion Offset
  - Abschnitt 5.8
- Material auswählen & Werkzeuge festlegen
  - Abschnitt 5.4
  - Abschnitt 5.5
  - Abschnitt 5.6
  - Abschnitt 5.7
  - Abschnitt 5.8

5.4 Projekt 1: Material Papier: Karte »Wimpel«

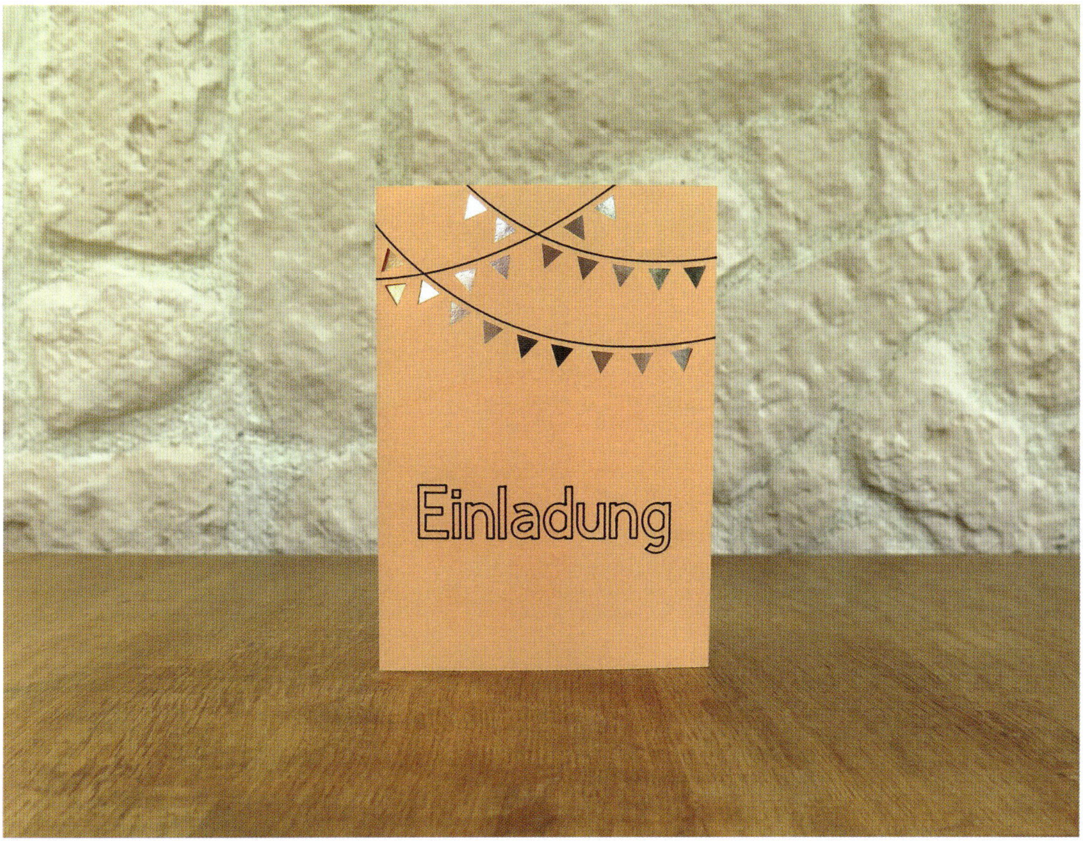

In diesem Projekt lernst du folgende Arbeitsschritte:

- eine Vorlage in den Designbereich hochladen
- eine Vorlage markieren, gruppieren und positionieren
- die Größe einer Vorlage verändern
- mit Text arbeiten
- Plotterwerkzeuge festlegen
- Material auswählen
- Linien Funktionen zuordnen
- Werkzeuge wechseln
- eine Vorlage mit Schrift aus Papier herstellen

Material

- Cameo 5 mit Autoblade, Schneidematte (im Lieferumfang enthalten)
- PC bzw. Laptop mit *Silhouette Studio*-Software
- Stiftehalter mit Stift
- Tonpapier für die Karte
- Papier für den Hintergrund (z.B. mit Muster, Glitzer oder irisierend)
- Rakel
- Kleber
- Vorlage 5_4_1_Wimpel
- Vorlage 5_4_1_Hintergrund_rechteckig

Dieses Projekt besteht aus zwei Teilen: einer Karte, die geschnitten, beschriftet und perforiert wird, und einem Kartenhintergrund, der nur geschnitten wird.

Du beginnst zuerst mit der Karte und erstellst anschließend den Kartenhintergrund.

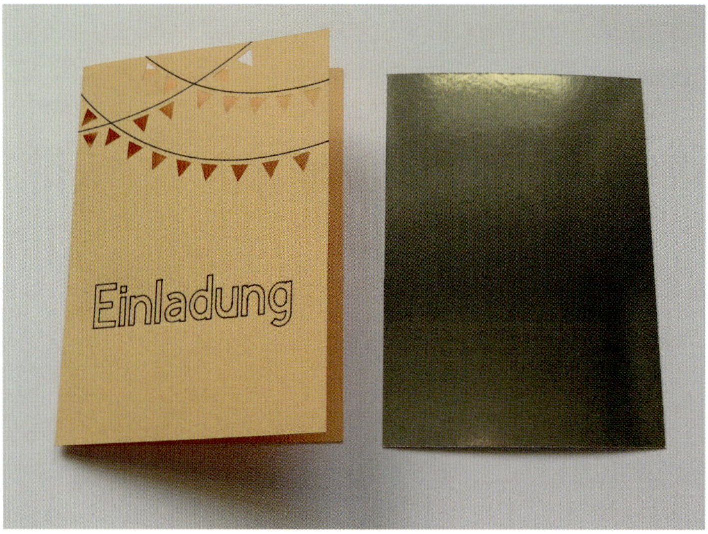

5.4.1 Vorlage für Karte »Wimpel« hochladen

1. Lade die Vorlage aus dem Internet herunter (siehe Abschnitt 4.1) und speichere diese in einem Ordner auf deinem PC.
2. Starte das *Silhouette Studio*-Programm. Du befindest dich automatisch im Designbereich.

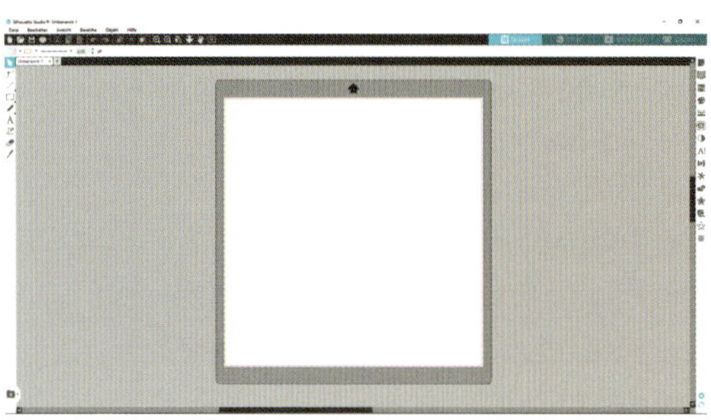

3. Klicke nun im Menü oben links auf das Symbol mit dem geöffneten Ordner. Wähle dann auf deinem PC unter den eben heruntergeladenen Dateien die Datei Vorlage 5_4_1_Wimpel aus. Diese sollte die Dateiendung *.studio3* haben.

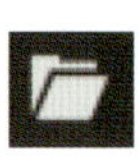

Tipp

Alternativ kannst du eine Datei auch per Drag & Drop (Ziehen und Ablegen) von deinem Ordner in den Designbereich ziehen oder im oberen Menü über Datei > Öffnen die entsprechende Datei auf deinem PC auswählen.

4. Das Projekt Vorlage 5_4_1_Wimpel wird dir nun in deinem *Silhouette Studio*-Designbereich angezeigt. Die Position ist zunächst nicht relevant.
5. Klicke in der rechten Seitenleiste oben auf Seitenwerkzeuge. Wähle dort unter Punkt 4 Mediengrösse, das Format A4 aus. Nun siehst du im Designbereich ein weißes A4-Blatt auf deiner Matte.

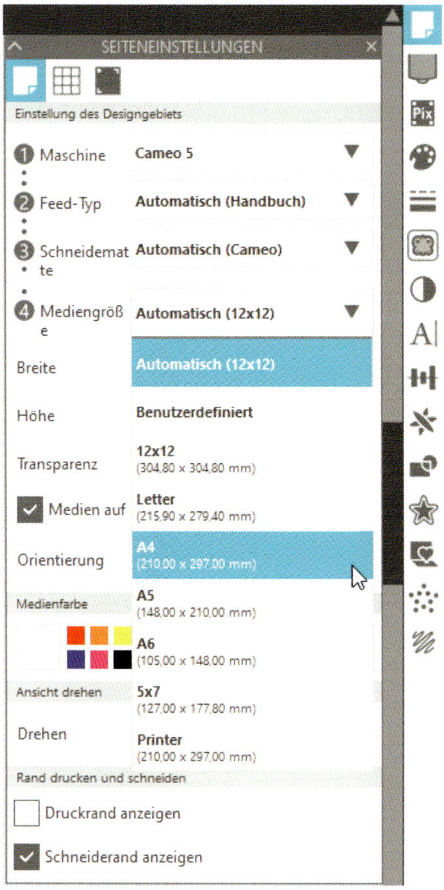

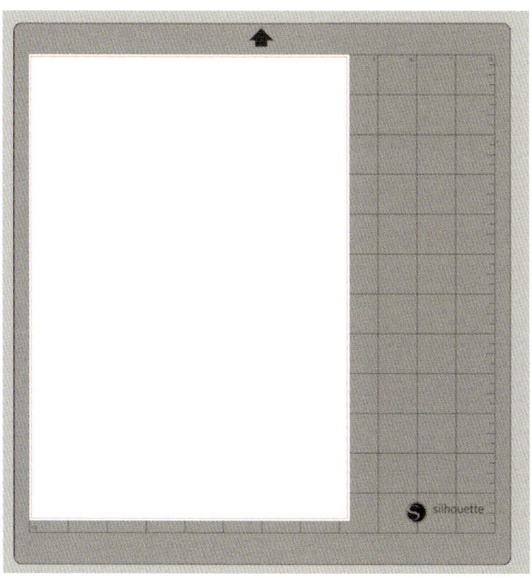

Hinweis

Die Einstellung der Mediengröße auf deiner Matte hilft dir, das Objekt passend zu deinem Material zu positionieren. Dabei kannst du am rechten Rand unter SEITENWERKZEUGE > EINSTELLUNG DES DESIGNGEBIETS auch eigene Formate eingeben und deren Orientierung verändern.

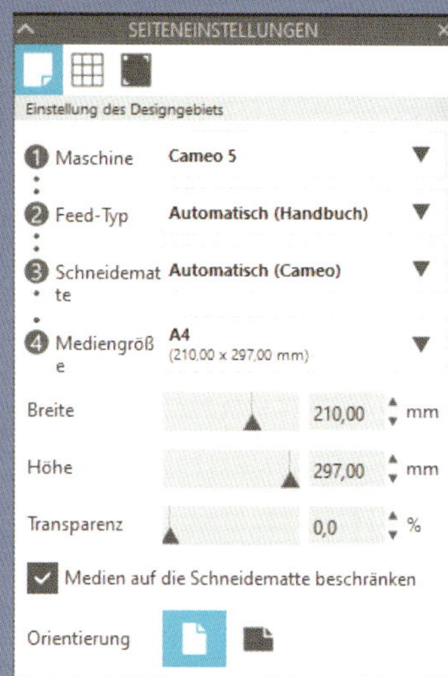

5.4.2 Die Karte markieren, gruppieren und positionieren

1. Um die Vorlage der Karte mit allen darin enthaltenen Linien und Objekten zu markieren und zu positionieren, ziehe mit gedrückter linker Maustaste ein Rechteck um die gesamte Karte. Die Karte und alle Objekte in der Karte sind nun durch Rechtecke markiert.

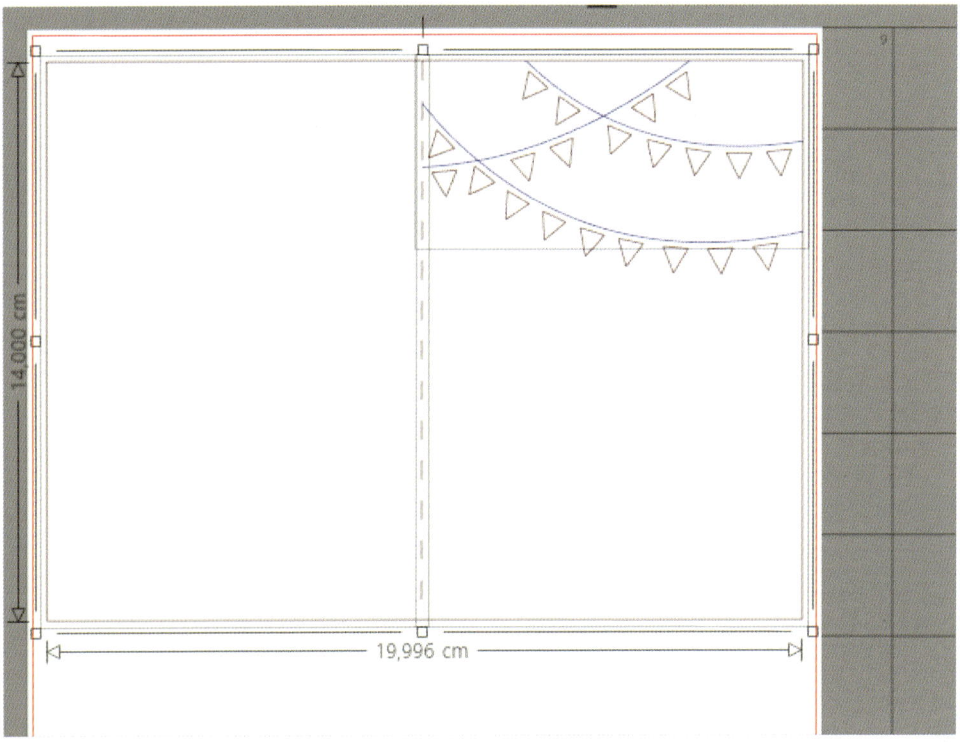

2. Um nun die Karte mit all ihren Objekten einfacher bearbeiten zu können, gruppiere diese, indem du im oberen Menü die Schaltfläche Gruppieren auswählst. Anschließend sind nur noch die Außenkanten der Karte markiert.

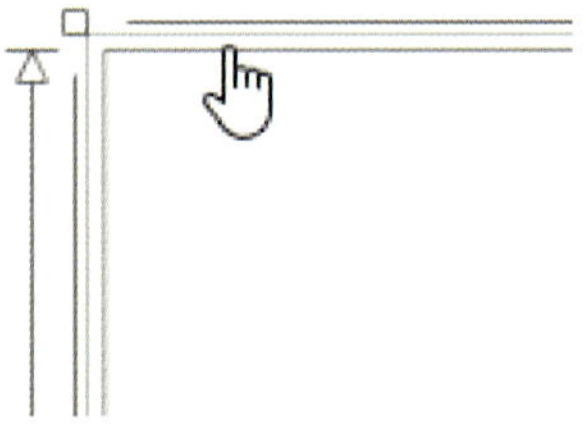

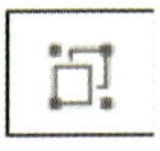

3. Wenn du die Position der Karte verändern möchtest, bewege den Cursor über den Rand der Karte, sodass sich der Cursor in ein Handsymbol verwandelt. Nun kannst du bei gedrückter linker Maustaste die Karte an eine beliebige Position verschieben. Beachte dabei, dass dein Objekt innerhalb der roten Linien am Rand liegen sollte, da es sonst nicht vom Plotter geschnitten werden kann.

Hinweis

Beachte, dass der Plotter nur Objekte und Schrift bearbeitet, die auf der Matte positioniert sind. Um Objekte oder Schrift erst in einem späteren Arbeitsschritt zu plotten, kannst du diese neben der Matte „zur Seite legen".

5.4.3 Größe der Karte festlegen

Lege nun die Größe für deine Karte fest. Ein oft genutztes Kartenformat ist 10 cm x 14 cm. Da es sich hier um eine Klappkarte handelt, brauchst du dafür eine Höhe von 14 cm und eine Breite von 20 cm.

4. Markiere die Karte, indem du den Cursor über den Rand der Karte bewegst, sodass sich der Cursor in ein Handsymbol verwandelt, und dann die Karte mit der linken Maustaste anklickst.
5. Im oberen Menü findest du Eingabefenster für die Größeneinstellung. Dort kannst du die Breite (W) und Höhe (H) in Millimetern eingeben, indem du den Wert markierst, überschreibst und ihn anschließend mit der `Enter`-Taste bestätigst. (Eventuell musst du die Karte neu auf deinem A4-Blatt ausrichten.)

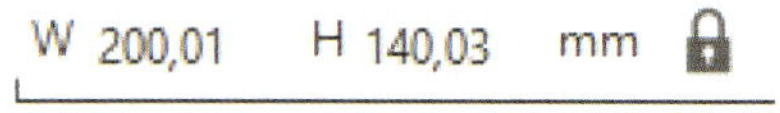

Hinweis

Wenn das kleine Vorhängeschloss-Symbol hinter Breite und Höhe geschlossen ist, verändert sich die jeweils andere Größe proportional mit. Bei geöffnetem Vorhängeschloss-Symbol ist dies nicht der Fall.

Tipp

Alternativ hast du die Möglichkeit, die Größe direkt am Objekt zu verändern. Dazu musst du in der Ecke der markierten Karte mit dem Cursor an den kleinen Quadraten ziehen (Cursor wird zum Doppelpfeil), um die Objektgröße proportional zu verändern. Wenn du an den kleinen Quadraten in der Mitte der Seiten ziehst, verändert sich nur die Höhe bzw. Breite.

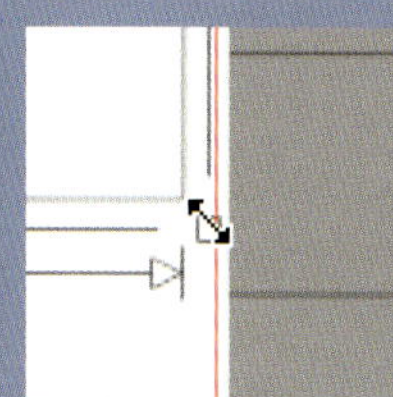

5.4.4 Mit Text arbeiten

1. Klicke in der linken Seitenleiste auf die Schaltfläche mit dem A und anschließend auf die Stelle in deiner Karte, wo dein Text geschrieben werden soll. Nun erscheint ein blau blinkender Cursor und du kannst deinen Wunschtext einfügen. Du befindest dich dabei im Schreibmodus des Textfeldes, das einen grünen Rahmen und einen blau blinkenden Cursor hat.

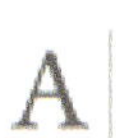

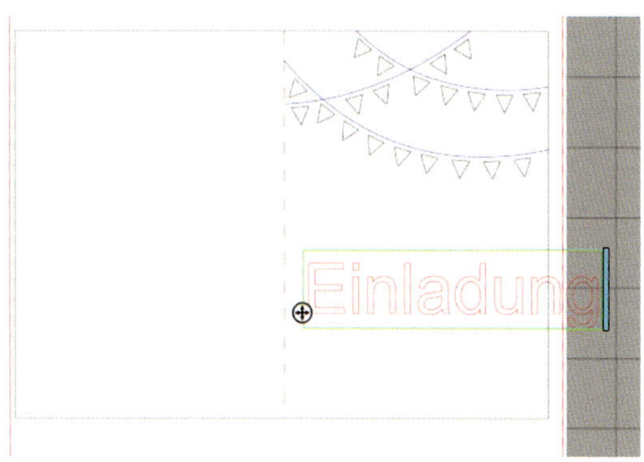

2. Um den Text zu verschieben, verlasse den Schreibmodus, indem du mit der linken Maustaste einmal außerhalb des Textfel-

des klickst. Markiere dann das Textfeld durch Anklicken mit der linken Maustaste und ziehe es dann mit gedrückter linker Maustaste an die gewünschte Stelle.

3. Klicke auf die Schaltfläche mit dem A in der rechten Seitenleiste. Mithilfe des Fensters TEXTSTIL kannst du den Text formatieren. Wähle deine Wunschschriftart aus. (Du kannst dabei aus Schriftarten auswählen, die du auf deinem Computer zur Verfügung hast.) In diesem Beispiel wurde mit der Schriftart Arial gearbeitet.

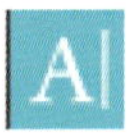

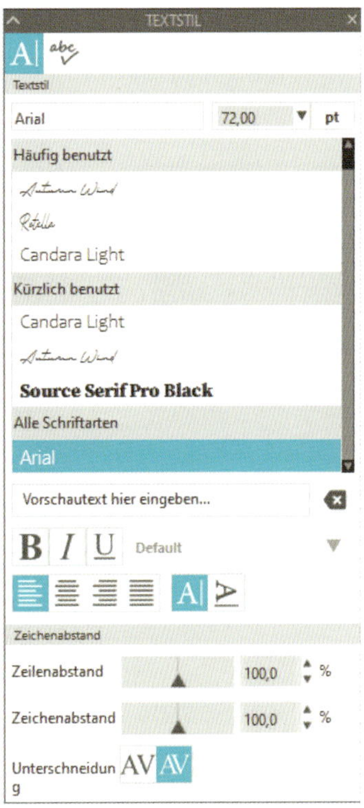

4. Die Schriftgröße kannst du ebenfalls im Auswahlfenster TEXTSTIL anpassen. Alternativ kannst du die Schriftgröße auch verändern, indem du Breite und Höhe des Textfeldes anpasst. Ziehe dazu an einer Ecke des Markierungsrahmens (Cursor wird zum Doppelpfeil), um Höhe und Breite proportional zu verändern. Ziehst du an den kleinen Quadraten an den Seiten, veränderst du nur die Höhe bzw. Breite der Schrift und verzerrst diese.

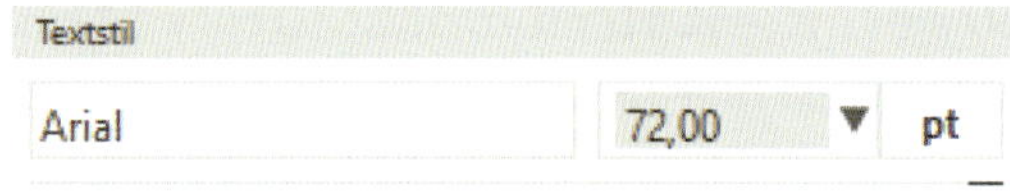

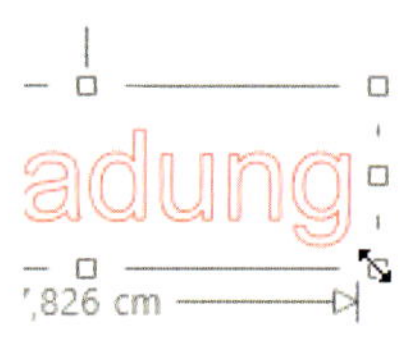

Tipp

Du kannst einige Eigenschaften der Schrift auch über das obere Menü verändern, wenn der Text markiert ist.

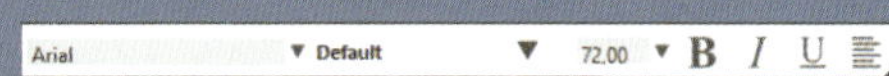

Hinweis

Beachte, dass der Stift später nur die Außenkontur der Schrift nachzeichnet. Je nach Schriftgröße kannst du die Schrift noch per Hand ausmalen. Beim Universal-Stiftehalter kannst du auch einen dickeren Filzstift einsetzen. Um Schrift zu füllen, siehe Abschnitt 5.9.2.

Tipp

Du kannst folgende Merkmale der Schrift verändern:

- Schriftart
- Schriftgrad bzw. -größe
- Schriftschnitt (fett, kursiv, unterstrichen)
- Ausrichtung des Textes
- Zeilenabstand
- Zeichenabstand
- Unterschneidung

5.4.5 Karte herstellen

1. Wenn deine Karte fertig gestaltet ist, markiere die zuvor gruppierte Karte (ohne Schrift), indem du den Rand der Karte anklickst, und hebe mit der Schaltfläche im oberen Menü die Gruppierung auf.

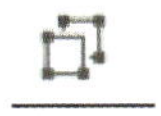

2. Klicken nun oben rechts auf Senden.

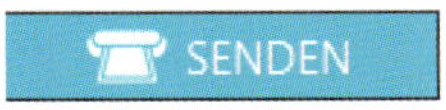

3. Schalte deinen Cameo 5 ein und achte darauf, dass der Plotter und das *Silhouette Studio* verbunden sind.

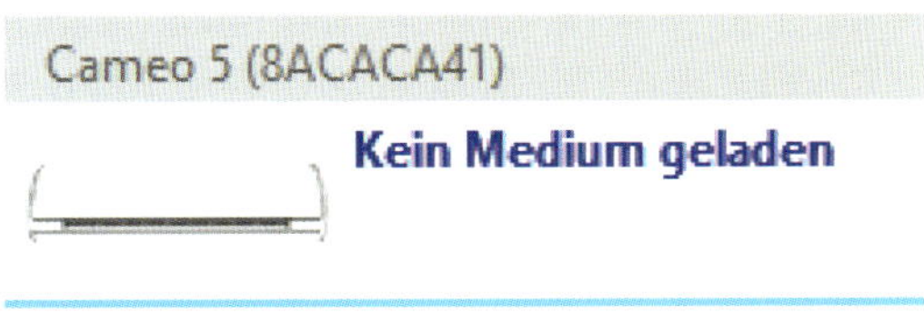

4. Setzte im Werkzeughalter 1 das Automatikmesser ein.

5. Nimm jetzt im rechten Menü im Reiter Einfach im Abschnitt Schlitten 1 Einstellungen vor. Unter dem Punkt Material wähle Fotokarton, einfach aus, um Tonpapier zu verwenden. Bei Aktionen wähle Schneiden aus. Beim Werkzeug wähle die Automatische Klinge aus, die vom Plotter bereits erkannt sein sollte.

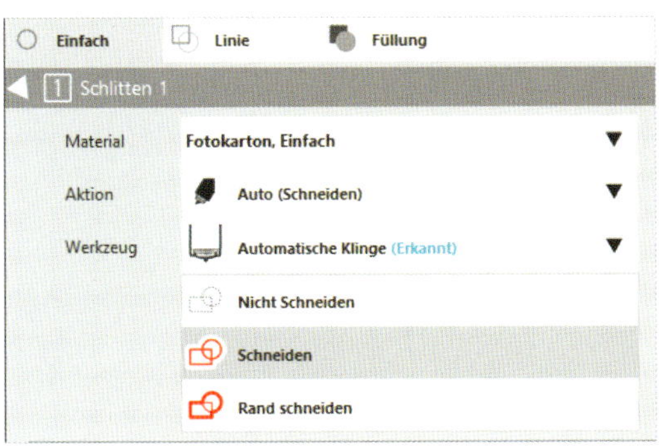

6. Nun musst du einstellen, welche Elemente der Karte im ersten Herstellungsschritt geschnitten werden sollen. Markiere zunächst alle Elemente, indem du mit dem Cursor einen Rahmen über die gesamte Karte ziehst. Anschließend wähle im Abschnitt Schlitten 1 die Funktion Schneiden aus. Klicke dann einmal mit der linken Maustaste außerhalb der Karte, sodass nichts mehr markiert ist. Klicke dann auf den Text, sodass dieser mit einem dünnen grauen Rahmen markiert ist. Wähle dann im Abschnitt Schlitten 1 die Funktion Nicht schneiden aus. Die Umrandung der Schrift wird daraufhin blasser und dünner rot angezeigt und das Element wird nun nicht mehr vom Plotter geschnitten. Wiederhole den Schritt für die Schnur der Wimpelkette (die drei Bögen sind bereits ein verbundenes Element). Es sollten jetzt die Außenkante der Karte, die Wimpel und die gestrichelte Linie in der Mitte der Karte fett rot markiert sein.

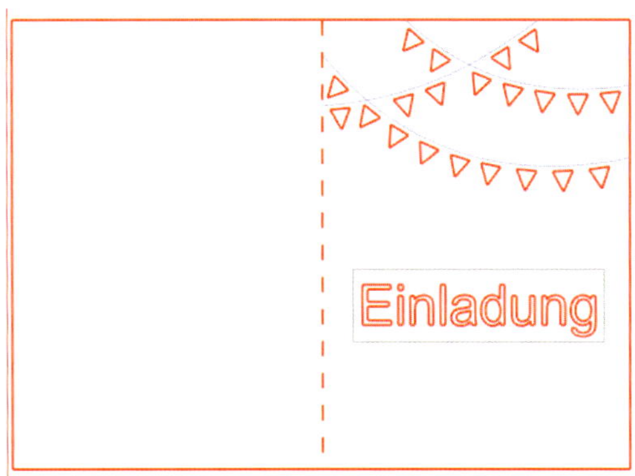

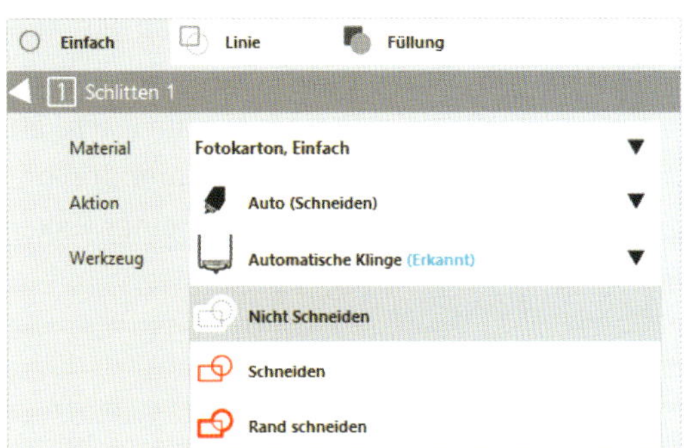

Hinweis

Wenn du mit einem neuen Material arbeitest, kannst du zuerst einen Test durchführen. Dabei wird ein kleines Quadrat (1 cm) mit einem Dreieck links oben in der Ecke der Matte geschnitten oder gezeichnet. Klebe für den Test ein kleines Stück Material auf die Matte, wähle unten rechts den entsprechenden Schlitten aus und klicke auf TEST.

TEST

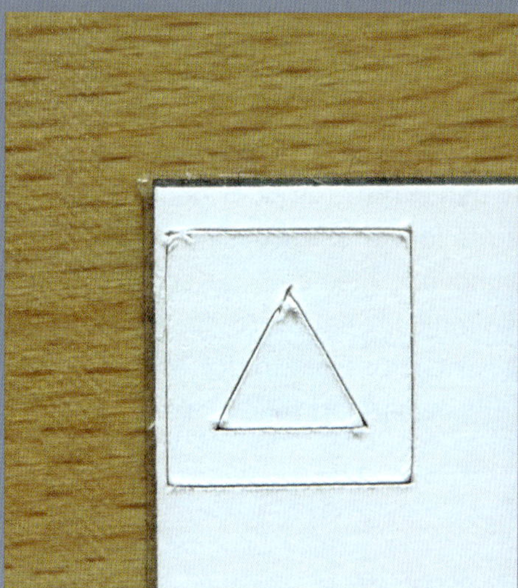

Vorbereiten und Laden der Schneidematte

1. Klebe nun dein Tonpapier auf die Schneidematte. Das Tonpapier sollte am besten ein bis zwei Zentimeter größer sein als die Karte. Wenn du Papier in der Größe DIN A4 benutzt, klebe das Papier so auf die Matte, wie du es in der Software siehst. So kannst du sicher sein, dass die Karte an der richtigen Stelle auf dem Papier geplottet wird. Drücke das Papier mit einer Rakel oder deiner Handfläche gut fest.

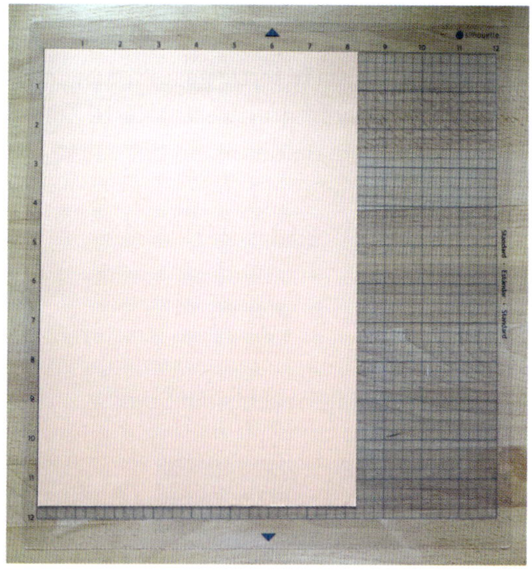

2. Lege nun die Schneidematte an der Markierungslinie des Cameo 5 an. Beachte dazu das kleine Dreieck am linken Rand. Drücke dann im Bedienfeld des Cameo 5 auf den rechten Pfeil, der nach oben zeigt, um die Matte vom Plotter einziehen zu lassen.

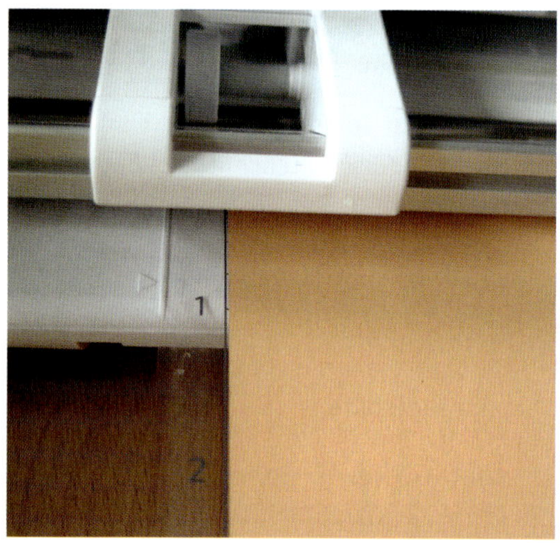

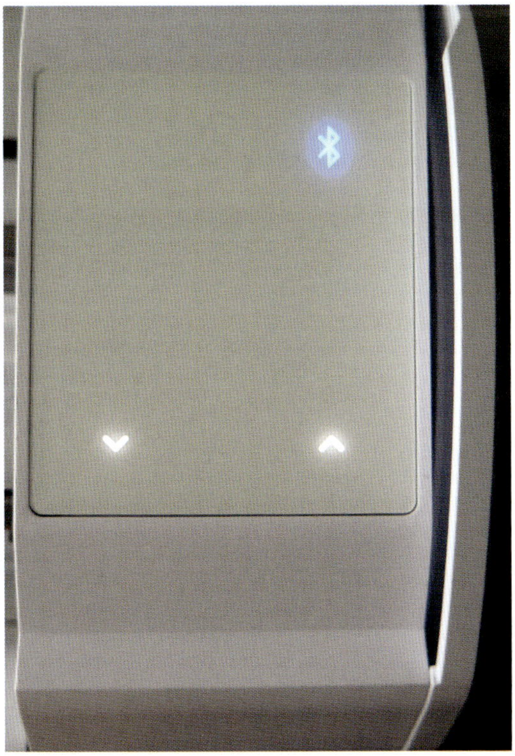

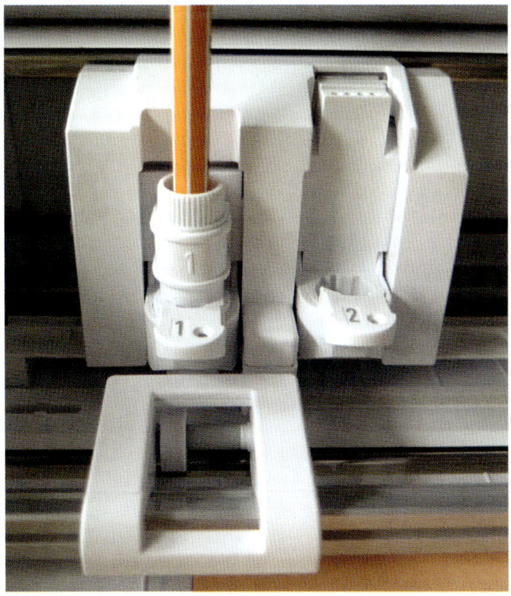

3. In der Software siehst du, ob die Matte erfolgreich vom Cameo 5 geladen wurde.

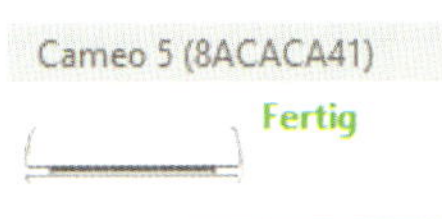

4. Klicke nun im *Silhouette Studio* unten rechts auf Senden. Der Cameo 5 schneidet jetzt das Tonpapier. Wichtig ist, dass du die Schneidematte nach dem Schneiden im Plotter lässt und diese nicht auswerfen lässt. Der Werkzeugschlitten fährt nach dem Schneiden wieder zurück in die Ausgangsposition.

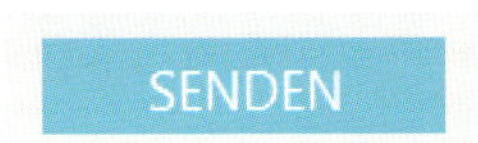

Werkzeug wechseln und Zeichnen

5. Entnimm nun das Automatikmesser aus dem Werkzeughalter bzw. Schlitten 1. Setze dort nun einen Stift in den Universal-Stiftehalter ein.

6. Im *Silhouette Studio* änderst du nun die Einstellungen für den Schlitten 1. Wähle unter Aktion die Funktion Skizze aus. Unter Werkzeug sollte bereits der Stift oder der Stift-Halter erkannt worden sein.

7. Nun musst du einstellen, welche Elemente der Karte im nächsten Herstellungsschritt gezeichnet werden sollen. Markiere zunächst alle Elemente, indem du mit dem Cursor einen Rahmen über die gesamte Karte ziehst. Anschließend wähle im Abschnitt Schlitten 1 die Funktion Keine Skizzenlinie aus. Klicke dann einmal mit der linken Maustaste außerhalb der Karte, sodass nichts mehr markiert ist. Klicke dann auf den Text, sodass dieser mit einem dünnen grauen Rahmen markiert ist. Wähle dann im Abschnitt Schlitten 1 die Funktion Skizze aus. Die Umrandung der Schrift wird daraufhin deutlicher und fett rot angezeigt und das Element wird im nächsten Herstellungsschritt vom Plotter gezeichnet. Wiederhole den Schritt für die Schnur der Wimpelkette (die drei Bögen sind bereits ein verbundenes Element). Es sollten jetzt die Schrift und die Schnüre der Wimpelkette fett rot markiert sein.

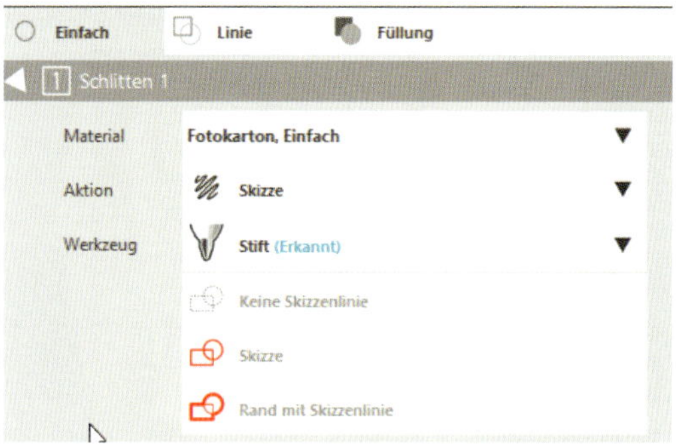

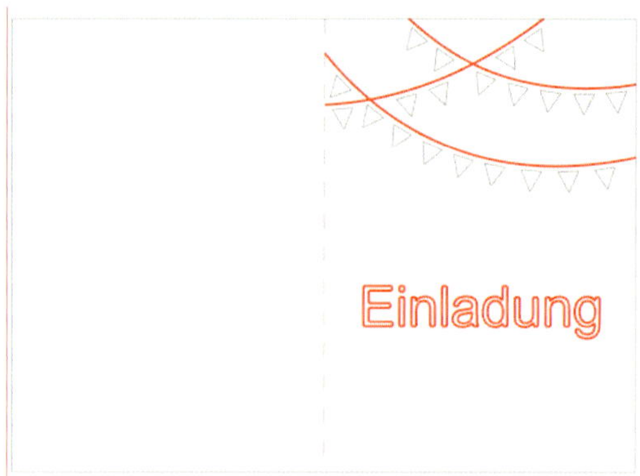

8. Klicke anschließend unten rechts auf SENDEN. Der Cameo 5 zeichnet jetzt die ausgewählten Elemente auf die bereits geschnittene Karte.

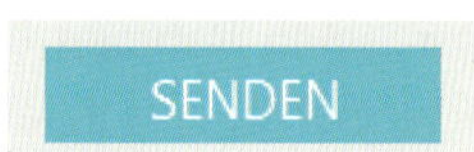

Nach dem Plotten

1. Nachdem der Cameo 5 alle Arbeitsschritte ausgeführt hat, kannst du die Schneidematte wieder aus dem Plotter auswerfen lassen, indem du im Bedienfeld des Cameo 5 auf den linken Pfeil drückst, der nach unten zeigt.

2. Um das Papier von der Schneidematte zu lösen, drehe diese so, dass das Papier nach unten und die Schneidematte nach oben zeigt, und löse die Schneidematte vorsichtig vom Papier ab. So wird das Papier nicht unnötig gewellt. Ein kleiner Spatel kann beim Ablösen hilfreich sein.

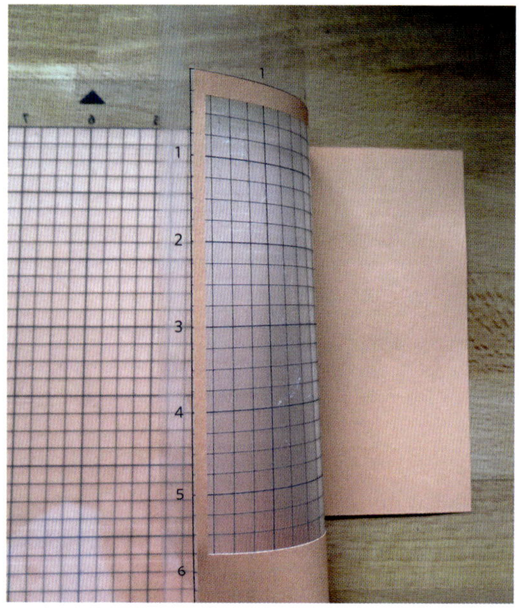

3. Entferne alle übrigen Papierreste von der Schneidematte (z.B. mit dem Spatel oder einer Pinzette).

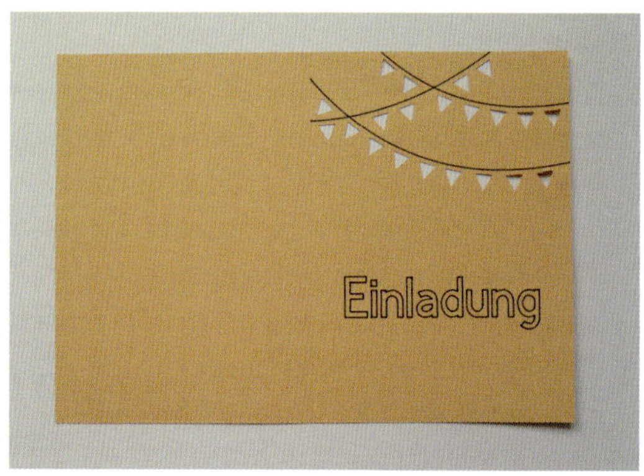

5.4.6 Kartenhintergrund hochladen, erstellen und herstellen

1. Auf die gleiche Weise, wie du eben die Karte erstellt hast, kannst du auch den Kartenhintergrund mit der dazugehörigen Vorlage 5_4_1_Hintergrund_rechteckig erstellen. Dieser muss nur geschnitten werden. Er sollte etwas kleiner als deine zusammengefaltete Karte sein. Passe die Einstellungen des Materials an die Eigenschaften deines Papiers an.
2. Lade die Vorlage 5_4_1_Hintergrund_rechteckig in das *Silhouette Studio*.
3. Passe die Größe des Hintergrunds an deine geplottete Karte an.
4. Stelle den Kartenhintergrund her.

5.4.7 Karte falten und zusammenkleben

1. Falte die Karte in der Mitte entlang der Perforierung.
2. Klebe den Hintergrund mit der Oberseite hinter die Kartenvorderseite.

Hinweis

Wenn du mit dem Stiftehalter Typ C für den Cameo 5 arbeitest, kannst du die Stifte in den Werkzeughalter 2 einsetzen und musst das Werkzeug während der Herstellung der Karte nicht wechseln. Setzte dazu das Automatikmesser in den Werkzeughalter 1 und den Stiftehalter in den Werkzeughalter 2 ein. Wähle dann für den Werkzeughalter 1 alle Linien aus, die geschnitten werden sollen – diese erscheinen in Rot. Für den Werkzeughalter 2 wählst du dann die die Linien, die gezeichnet werden sollen – diese werden in der Farbe Blau angezeigt.

Tipp

Du kannst die Mittellinie der Karte auch ritzen anstatt perforieren (siehe dazu Abschnitt 5.9.12).

5.5 Projekt 2: Material Vinyl: Schriftzug

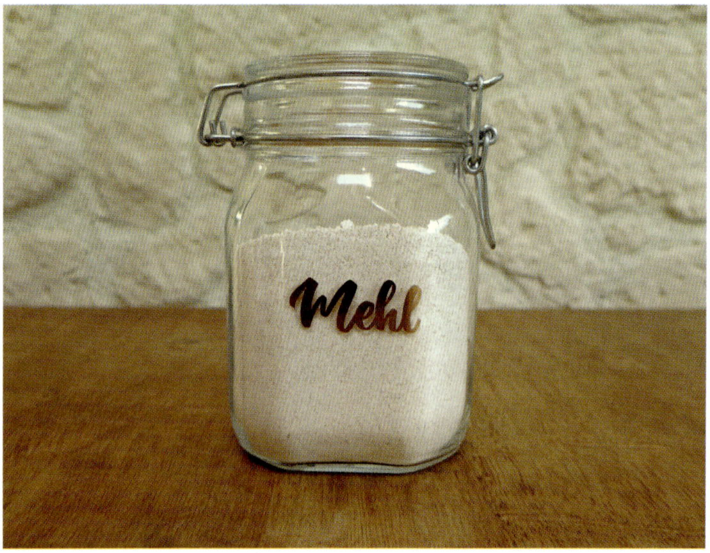

In diesem Projekt lernst du folgende Arbeitsschritte:

- mit Text arbeiten
- Material auswählen
- Plotterwerkzeuge festlegen
- eine Vorlage mit Vinyl herstellen und entgittern
- Transferfolie für Vinyl verwenden

Material

- Cameo 5 Plotter mit Autoblade, Schneidematte (im Lieferumfang enthalten)
- PC bzw. Laptop mit *Silhouette Studio*-Software
- Vinyl in deiner gewünschten Farbe
- Rakel
- Transferfolie
- Entgitterhaken

5.5.1 Mit Text arbeiten

1. Starte das *Silhouette Studio*-Programm. Du befindest dich automatisch im Designbereich.
2. Klicke in der linken Seitenleiste auf die Schaltfläche mit dem A und anschließend in den weißen Bereich auf deiner Matte. Dort erscheint ein blau blinkender Cursor und du kannst deinen Wunschtext eingeben.

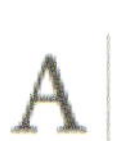

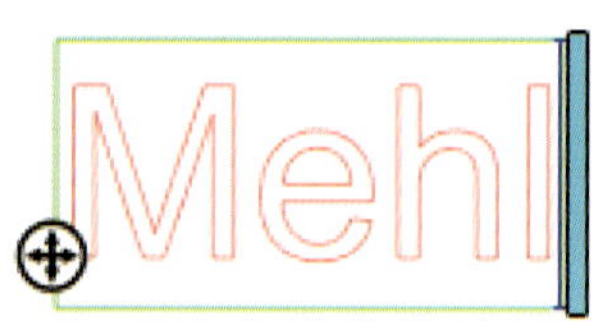

3. Um den Text zu verschieben, verlasse den Schreibmodus, indem du mit der linken Maustaste einmal außerhalb des Textfeldes klickst. Markiere dann das Textfeld durch Anklicken mit der linken Maustaste und ziehe es mit gedrückter linker Maustaste an die gewünschte Stelle.

4. Klicke auf die Schaltfläche mit dem A in der rechten Seitenleiste. Mithilfe des Fensters TEXTSTIL kannst du den Text formatieren. Wähle deine Wunschschriftart aus. (Du kannst dabei aus Schriftarten auswählen, die du auf deinem Computer zur Verfügung hast.) Für dieses Projekt wurde die Schriftart Ontel verwendet.

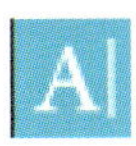

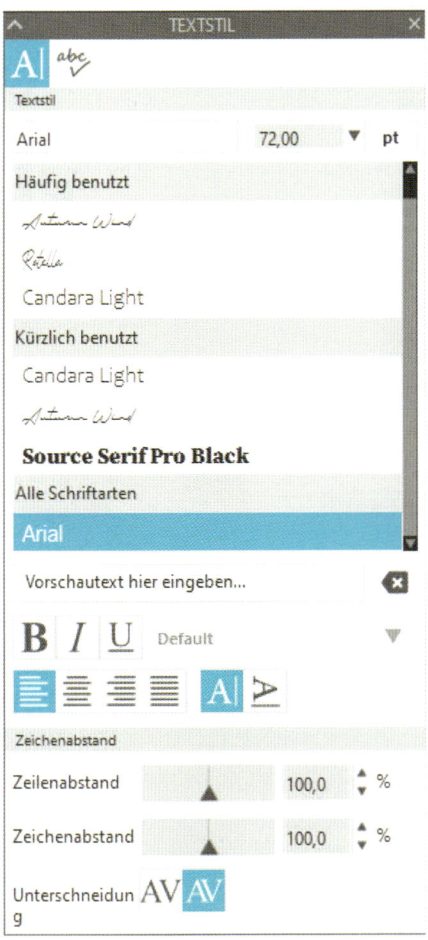

5. Die Schriftgröße kannst du ebenfalls im Auswahlfenster TEXTSTIL anpassen. Alternativ kannst du die Schriftgröße auch verändern, indem du Breite und Höhe des Textfeldes anpasst. Ziehe dazu an einer Ecke des Markierungsrahmens (Cursor wird zum Doppelpfeil), um Höhe und Breite proportional zu verändern. Ziehst du an den kleinen Quadraten an den Seiten, veränderst du nur die Höhe bzw. Breite der Schrift und verzerrst diese.

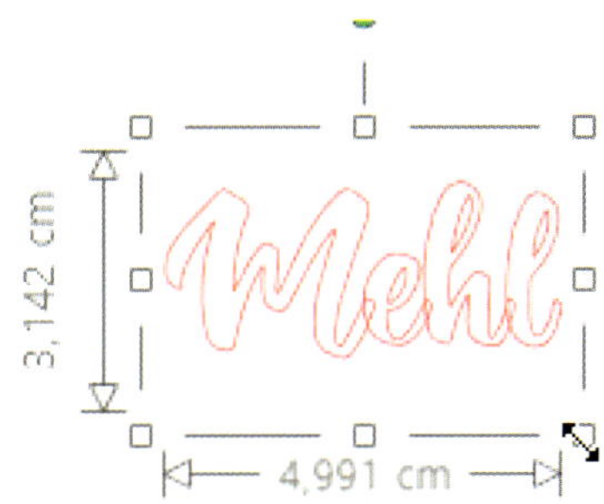

Tipp

Du kannst einige Eigenschaften der Schrift auch über das obere Menü verändern, wenn der Text markiert ist.

Hinweis

Wenn du eine Schreibschrift gewählt hast, bei der sich die Buchstaben überschneiden, musst du die Buchstaben erst verschweißen, da sonst jeder Buchstabe einzeln geschnitten wird. Markiere dazu das Wort und klicke in der rechten Menüleiste auf die Schaltfläche MODIFIZIEREN und dann auf VERSCHWEISSEN.

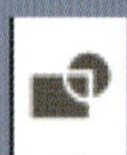

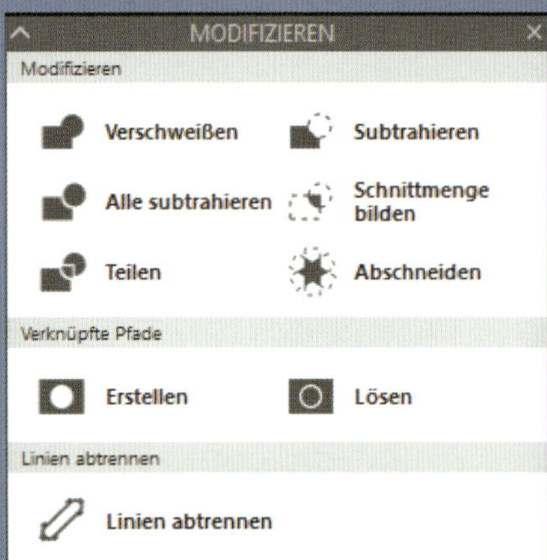

Alternativ kannst du das Wort auch markieren und dann mit der linken Maustaste anklicken. Dann erscheint ein Auswahlmenü, das ebenfalls die Funktion VERSCHWEISSEN beinhaltet. In der oberen Menüleiste findest du ebenfalls die Schaltfläche VERSCHWEISSEN.

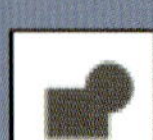

Hinweis

Wenn du mehrere Textfelder zueinander ausrichten möchtest, musst du sie zuerst alle markieren. Ziehe dazu mit gedrückter linker Maustaste ein Rechteck über die Objekte. Alternativ kannst du mit gedrückter `Shift`-Taste nacheinander jedes Textfeld anklicken und somit markieren.

Um die markierten Textfelder dann zueinander auszurichten, klicke im oberen Menü auf die Schaltfläche AUSRICHTEN und wähle die gewünschte Ausrichtung per Mausklick aus.

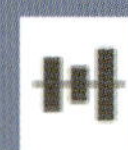

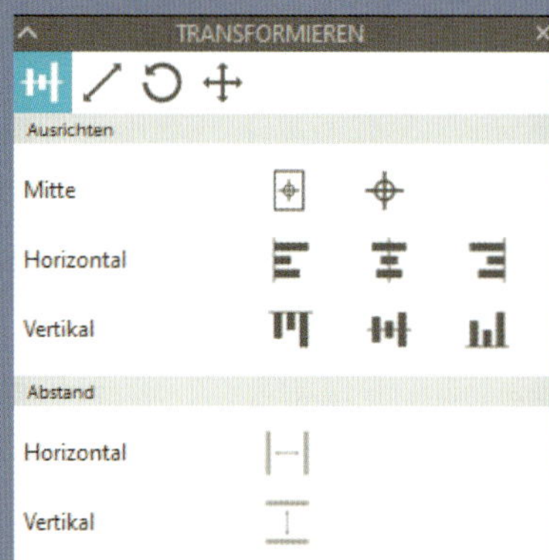

Tipp

Du kannst folgende Merkmale der Schrift verändern:

- Schriftart
- Schriftgrad bzw. -größe
- Schriftschnitt (fett, kursiv, unterstrichen)
- Ausrichtung des Textes
- Zeilenabstand
- Zeichenabstand
- Unterschneidung

5.5.2 Schriftzug herstellen

1. Klicke nun oben rechts auf SENDEN.

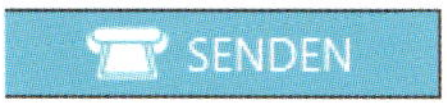

2. Schalte deinen Cameo 5 ein und achte darauf, dass der Plotter und das *Silhouette Studio* verbunden sind.

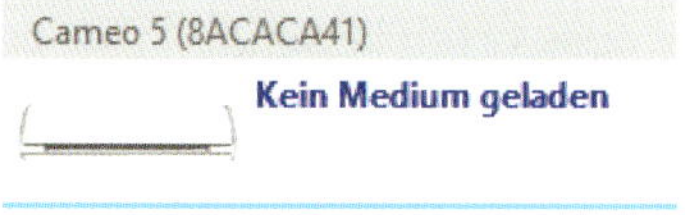

3. Setze im Werkzeughalter 1 das Automatikmesser ein.

4. Nimm jetzt im rechten Menü im Reiter EINFACH im Abschnitt SCHLITTEN 1 Einstellungen vor. Unter dem Punkt MATERIAL wähle VINYL, GLÄNZEND oder ein anderes Vinyl aus, das zu deinem Material passt. Bei AKTIONEN wähle SCHNEIDEN aus. Beim WERKZEUG wähle die AUTOMAISCHE KLINGE aus, die vom Plotter bereits erkannt sein sollte.

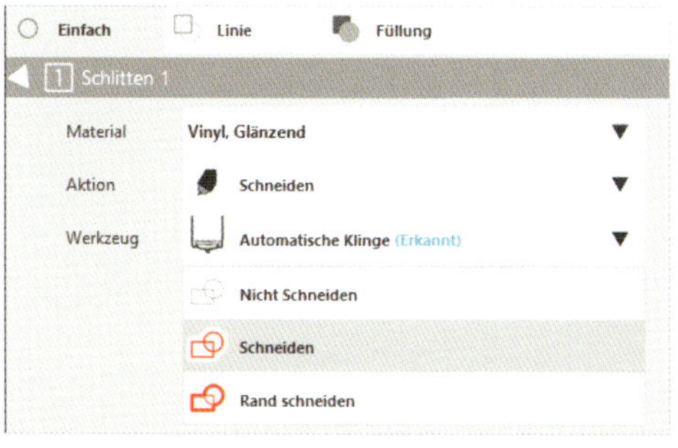

Hinweis

Wenn du mit einem neuen Material arbeitest, kannst du zuerst einen Test durchführen. Dabei wird ein kleines Quadrat (1 cm) mit einem Dreieck links oben in der Ecke der Matte geschnitten oder gezeichnet. Klebe für den Test ein kleines Stück Material auf die Matte, wähle unten rechts den entsprechenden Schlitten aus und klicke auf TEST.

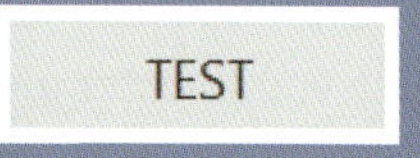

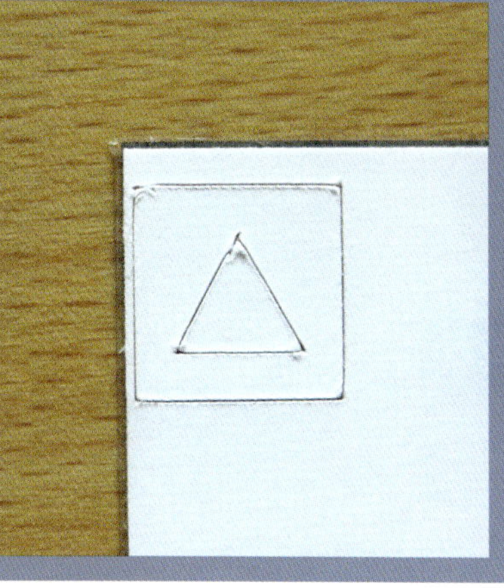

Vorbereiten und Laden der Schneidematte

1. Klebe nun dein Vinyl auf die Schneidematte. Drücke das Vinyl mit einer Rakel oder deiner Handfläche gut fest. Das Vinyl sollte am besten ein bis zwei Zentimeter größer sein als dein Schriftzug. Du kannst den Schriftzug in der Software auch jetzt noch verschieben. Dein Schriftzug sollte dort platziert sein, wo du dein Vinyl auf der Matte aufgebracht hast.

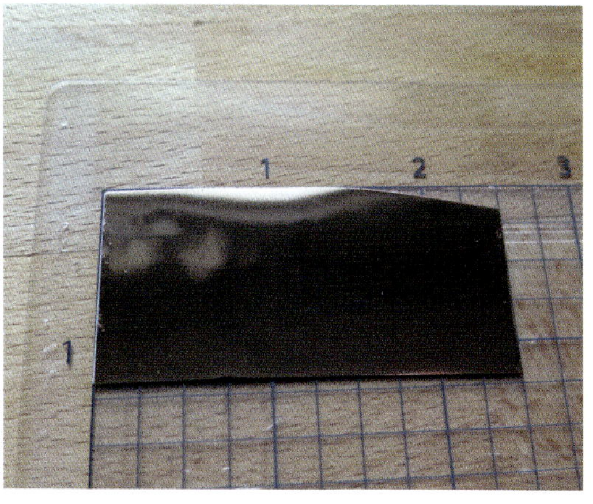

2. Lege nun die Schneidematte an der Markierungslinie des Cameo 5 an. Beachte dazu das kleine Dreieck am linken Rand. Drücke dann im Bedienfeld des Cameo 5 auf den rechten Pfeil, der nach oben zeigt, um die Matte vom Plotter einziehen zu lassen.

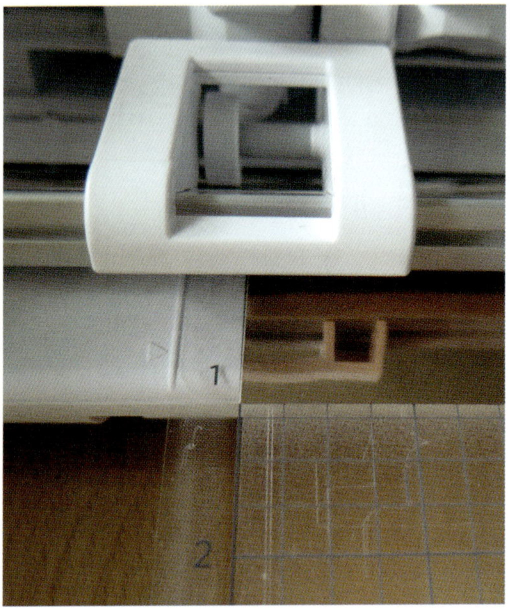

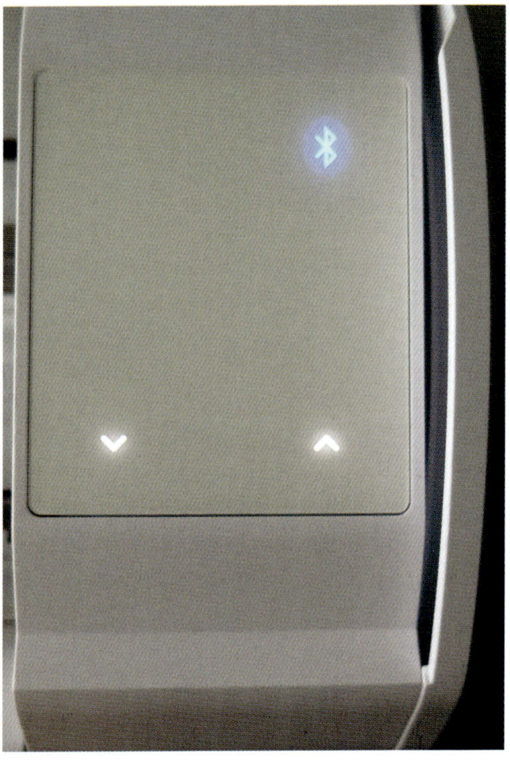

3. In der Software siehst du, ob die Matte erfolgreich vom Cameo 5 geladen wurde.

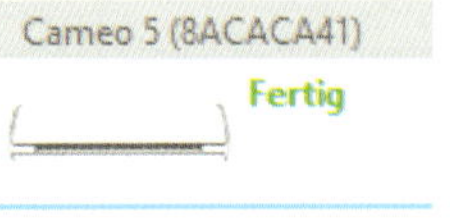

4. Klicke nun im *Silhouette Studio* unten rechts auf SENDEN. Der Cameo 5 schneidet jetzt das Vinyl. Anschließend kannst du die Matte auswerfen lassen.

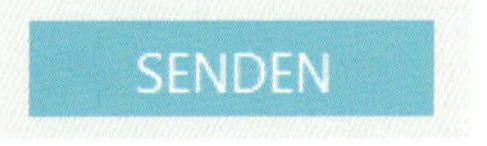

Nach dem Plotten

Wenn der Cameo 5 alle Arbeitsschritte ausgeführt hat und du die Schneidematte wieder entnommen hast, löse das Vinyl mit seiner Trägerschicht vorsichtig von der Schneidematte ab.

5.5.3 Schriftzug entgittern

Entferne mit einem Entgitterhaken alle Vinylteile, die nicht zu deinem Schriftzug gehören und die du nicht aufkleben möchtest.

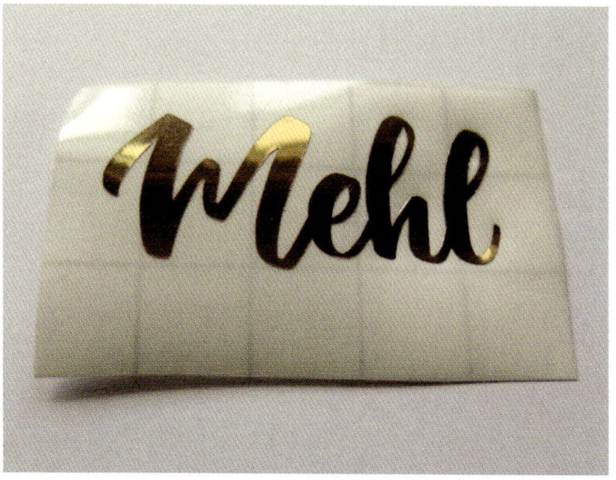

5.5.4 Transferfolie aufkleben

1. Schneide ein Stück Transferfolie in passender Größe zu deinem Schriftzug aus. Achte darauf, dass die Klebestärke der Transferfolie zu deinem Vinyl passt.

2. Löse die Unterseite der Transferfolie ab und platziere die durchsichtige Transferfolie auf deinem Schriftzug. Drücke die Transferfolie mit einer Rakel an den Schriftzug an.

3. Löse die Unterseite (Trägerschicht) des Vinyls ab und achte darauf, dass der Vinylschriftzug an der Transferfolie kleben bleibt.

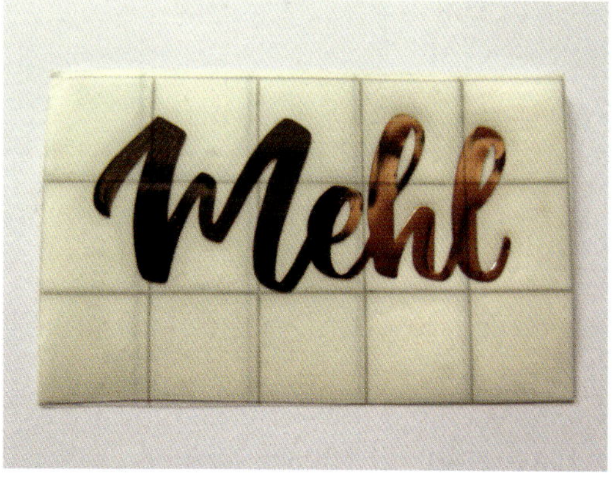

5.5.5 Schriftzug aufkleben und Transferfolie entfernen

1. Positioniere den Schriftzug mit der Transferfolie auf deinem Wunschuntergrund. Dieser sollte fettfrei, glatt, trocken und sauber sein.

2. Drücke den Schriftzug mit der Rakel fest und löse die Transferfolie vorsichtig ab, sodass der Schriftzug auf dem Untergrund kleben bleibt.

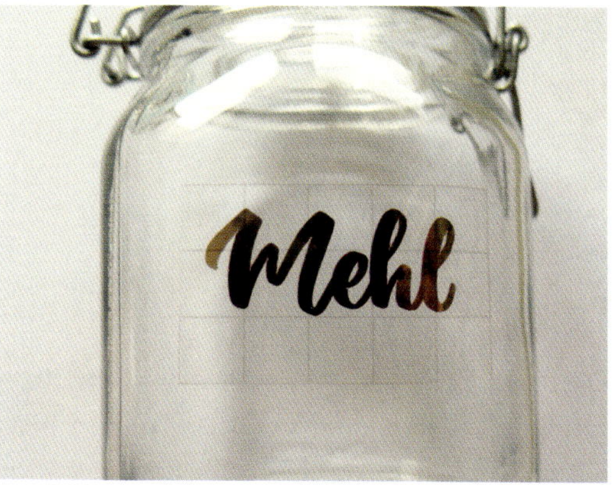

5.6 Projekt 3: Material Bügelfolie: Geschenksäckchen Vogel

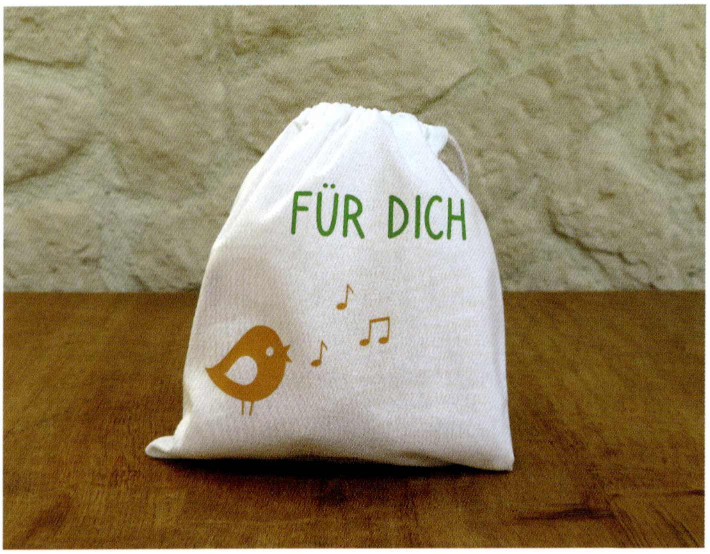

In diesem Projekt lernst du folgende Arbeitsschritte:

- eine Vorlage in den Designbereich hochladen
- eine Vorlage markieren und gruppieren
- die Größe einer Vorlage verändern
- mit Text arbeiten
- Material auswählen
- Plotterwerkzeuge festlegen
- Motive und Schriftzüge entgittern
- Motive und Schriftzüge aufbügeln

Material

- Cameo 5 mit Automatikmesser, Schneidematte (im Lieferumfang enthalten)
- PC bzw. Laptop mit *Silhouette Studio*-Software
- Bügelfolie in deiner Lieblingsfarbe
- Geschenksäckchen z.B. in der Größe 28 cm x 19 cm. Das Material sollte sich dabei für deine Bügelfolie eignen (z.B. 100 % Baumwolle)
- Rakel
- Entgitterhaken
- Haushaltsbügeleisen oder eine Heißpresse und geeignete Unterlage (kein Bügelbrett, besser z.B. Bügeldecke oder -kissen)
- Backpapier oder Teflon-Bügelfolie
- Vorlage 5_6_Geschenksaeckchen_Vogel

Dieses Projekt besteht aus zwei verschiedenfarbigen Teilen: einem Motiv und einem Text. Diese werden in dieser Anleitung getrennt bearbeitet. Natürlich ist es auch möglich, Motiv und Schrift zusammen im Designbereich zu bearbeiten, wenn du mit der Arbeit mit verschiedenen Farben vertraut bist.

5.6.1 Vorlage für Motiv hochladen

1. Lade die Vorlage aus dem Internet herunter (siehe Abschnitt 4.1) und speichere diese in einem Ordner auf deinem PC.
2. Starte das *Silhouette Studio*-Programm. Du befindest dich automatisch im Designbereich.
3. Klicke nun im Menü oben links auf das Symbol mit dem geöffneten Ordner. Wähle dann auf deinem PC unter den eben heruntergeladenen Dateien die Datei Vorlage 5_6_Geschenksaeckchen_Vogel aus. Diese sollte die Dateiendung *.studio3* haben

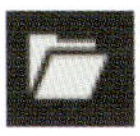

Tipp

Alternativ kannst du eine Datei auch per Drag & Drop von deinem Ordner in den Designbereich ziehen oder im oberen Menü über Datei > Öffnen die entsprechende Datei auf deinem PC auswählen.

4. Das Projekt Vorlage 5_6_Geschenksaeckchen_Vogel wird dir nun in deinem *Silhouette Studio*-Designbereich angezeigt. Die Position ist zunächst nicht relevant.

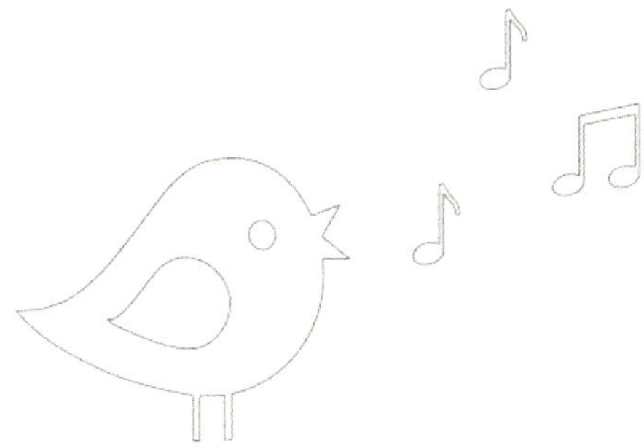

5.6.2 Das Motiv markieren und gruppieren

1. Um die Vorlage des Vogels zu markieren und zu positionieren, ziehe mit gedrückter linker Maustaste ein Rechteck um die gesamte Karte. Die Karte und alle Objekte in der Karte sind nun durch Rechtecke markiert.
2. Klicke in der oberen Menüleiste auf Gruppieren.

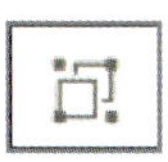

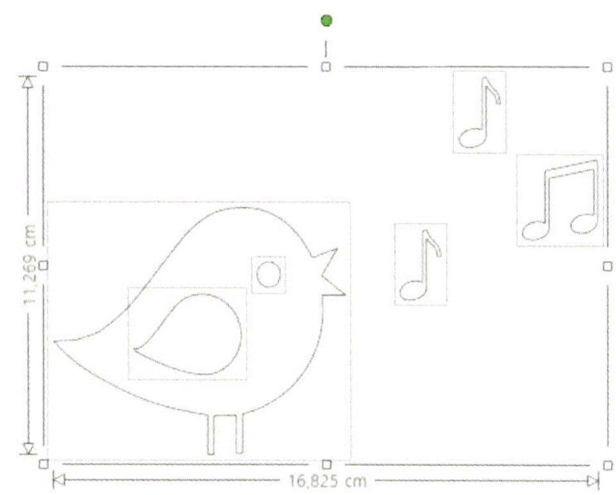

5.6.3 Größe des Motivs festlegen

Lege nun die Größe des Motivs fest. Miss dazu dein Geschenksäckchen aus und überlege dir, wie groß das Motiv sein soll.

1. Markiere das Motiv.
2. Im oberen Menü findest du Eingabefenster für die Größeneinstellung. Dort kannst du die Breite (W) und Höhe (H) in Millimetern eingeben, indem du den Wert markierst, überschreibst und anschließend den Wert mit der `Enter`-Taste bestätigst. (Eventuell musst du das Motiv neu auf der Matte ausrichten.)

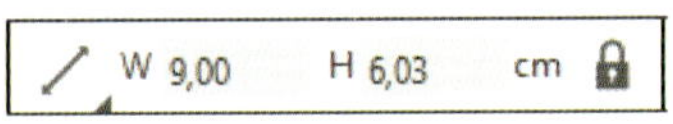

Hinweis

Wenn das kleine Vorhängeschloss-Symbol hinter Breite und Höhe geschlossen ist, verändert sich die jeweils andere Größe proportional mit. Bei geöffnetem Vorhängeschloss-Symbol ist dies nicht der Fall.

Tipp

Alternativ hast du die Möglichkeit, die Größe direkt am Objekt zu verändern. Dazu musst du in der Ecke des markierten Motivs mit dem Cursor an den kleinen Quadraten ziehen (Cursor wird zum Doppelpfeil), um die Objektgröße proportional zu verändern. Wenn du an den kleinen Quadraten in der Mitte der Seiten ziehst, verändert sich nur die Höhe bzw. Breite.

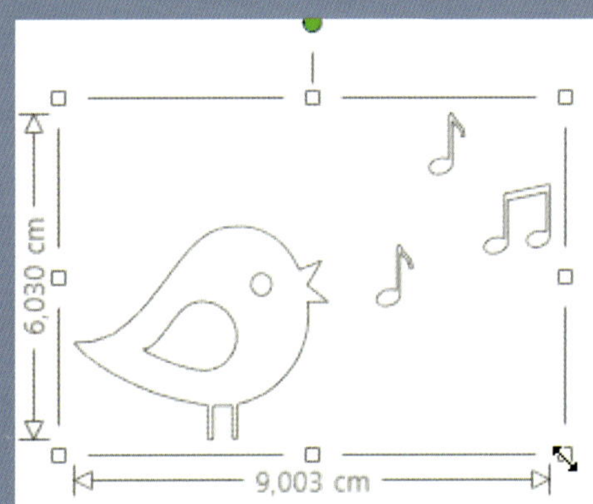

5.6.4 Motiv herstellen

1. Wenn das Motiv so aufgebügelt werden soll, wie du es im Designbereich siehst, musst du es zuerst noch spiegeln. Markiere das Motiv und klicke dazu in der rechten Seitenleiste auf Replizieren > Spiegeln (vertikale Achse). Das Original-Motiv (nicht gespiegelt) kannst du anschließend löschen.

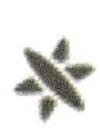

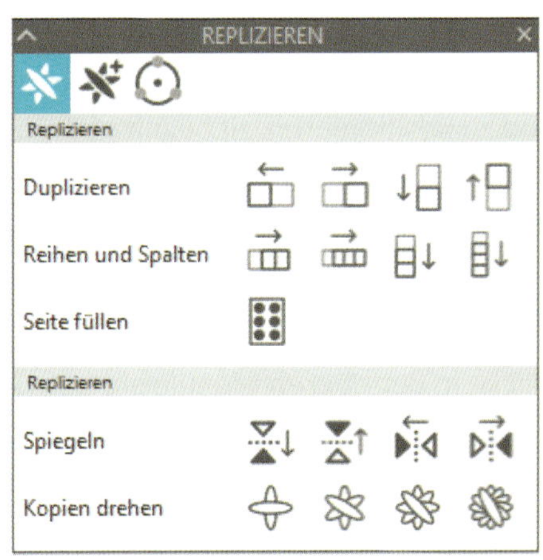

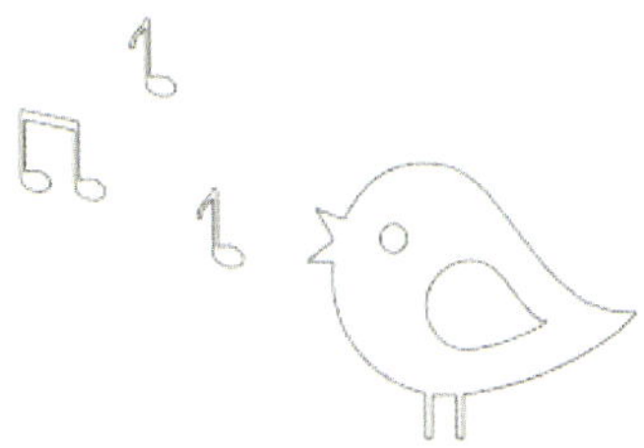

Tipp

Du hast auch die Möglichkeit, dein Motiv zu markieren und dann mit der rechten Maustaste aus dem Menü HORIZONTAL WENDEN auszuwählen.

2. Klicke nun oben rechts auf SENDEN.

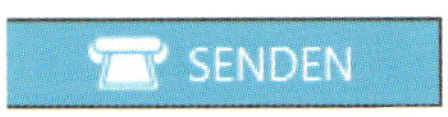

3. Schalte deinen Cameo 5 ein und achte darauf, dass der Plotter und das *Silhouette Studio* verbunden sind.

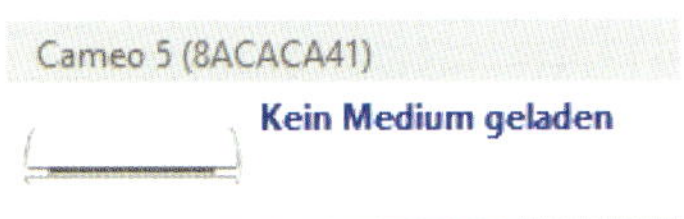

4. Setze im Werkzeughalter 1 das Automatikmesser ein.

5. Nimm jetzt im rechten Menü im Reiter EINFACH im Abschnitt SCHLITTEN 1 Einstellungen vor. Unter dem Punkt MATERIAL wähle WÄRMEÜBERTRAGUNGSFOLIE, GLATT oder eine andere Wärmeübertragungsfolie aus, das zu deinem Material passt. Bei AKTIONEN wähle SCHNEIDEN aus. Beim WERKZEUG wähle die AUTOMATISCHE KLINGE aus, die vom Plotter bereits erkannt sein sollte.

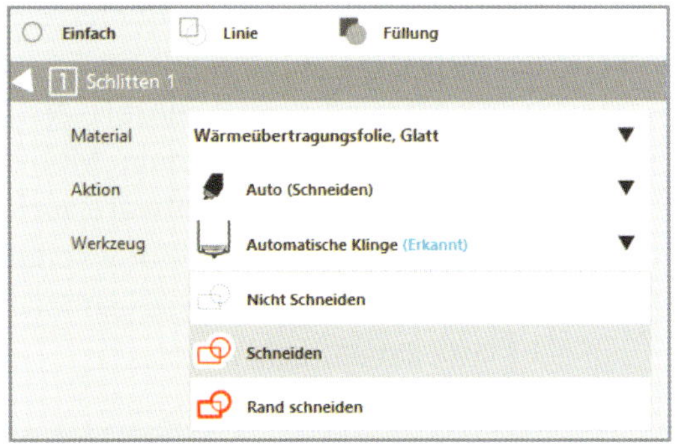

Hinweis

Wenn du mit einem neuen Material arbeitest, kannst du zuerst einen Test durchführen. Dabei wird ein kleines Quadrat (1 cm) mit einem Dreieck links oben in der Ecke der Matte geschnitten oder gezeichnet. Klebe für den Test ein kleines Stück Material auf die Matte, wähle unten rechts den entsprechenden Schlitten aus und klicke auf TEST.

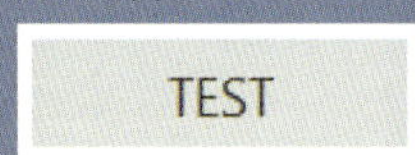

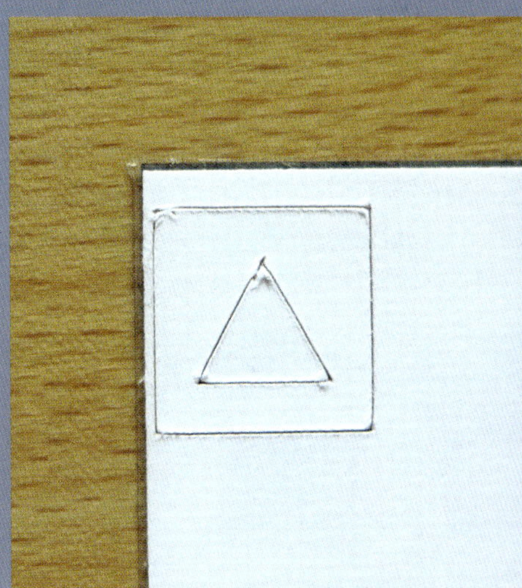

Vorbereiten und Laden der Schneidematte

1. Klebe nun deine Bügelfolie bzw. Wärmeübertragungsfolie mit der farbigen Seite nach unten auf die Schneidematte (beachte die Hinweise des Herstellers der Bügel-

folie). Drücke die Bügelfolie mit einer Rakel oder deiner Handfläche gut fest. Die Bügelfolie sollte am besten ein bis zwei Zentimeter größer sein als dein Motiv. Du kannst das Motiv in der Software auch jetzt noch verschieben. Dein Motiv sollte dort platziert sein, wo du deine Bügelfolie auf der Matte aufgebracht hast.

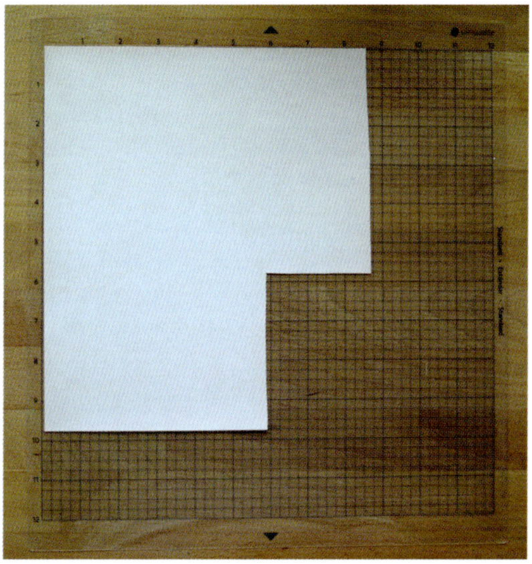

2. Lege nun die Schneidematte an der Markierungslinie des Cameo 5 an. Beachte dazu das kleine Dreieck am linken Rand. Drücke dann im Bedienfeld des Cameo 5 auf den rechten Pfeil, der nach oben zeigt, um die Matte vom Plotter einziehen zu lassen.

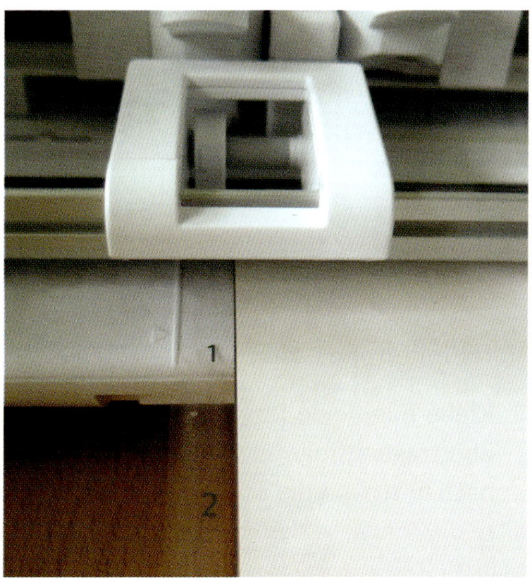

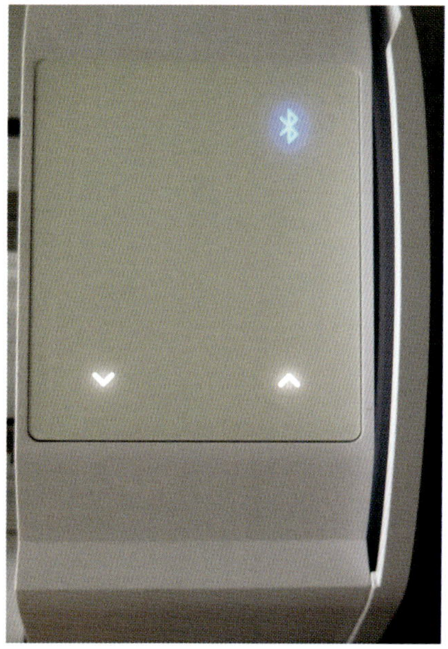

3. In der Software siehst du, ob die Matte erfolgreich vom Cameo 5 geladen wurde.

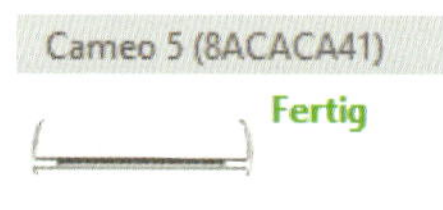

4. Klicke nun im *Silhouette Studio* unten rechts auf SENDEN. Der Cameo 5 schneidet jetzt die Bügelfolie. Anschließend kannst du die Matte auswerfen lassen.

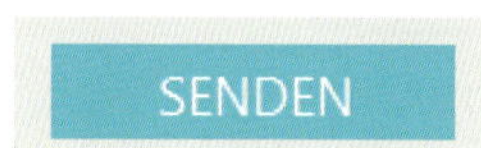

Nach dem Plotten

1. Wenn der Cameo 5 alle Arbeitsschritte ausgeführt hat und du die Schneidematte wieder entnommen hast, löse die Bügelfolie mit ihrer Trägerschicht vorsichtig von der Schneidematte.

2. Lege die bearbeitete Bügelfolie zunächst zur Seite. Diese bearbeitest du in einem späteren Schritt weiter.

3. Gehe zurück in den Designbereich. Markiere und dort das Motiv und ziehe es neben die Schneidematte (oder lösche es) für eine leeren Schneidematte.

5.6.5 Mit Text arbeiten

Miss dein Geschenksäckchen aus und überlege dir, wie groß der Schriftzug sein soll. Anschließend fügst du den gewünschten Text in die *Silhouette Studio*-Software ein.

1. Klicke in der linken Seitenleiste auf die Schaltfläche mit dem A und anschließend auf die Schneidematte, wo dein Text geschrieben werden soll. Nun erscheint ein blau blinkender Cursor und du kannst deinen Wunschtext einfügen. Du befindest dich dabei im Schreibmodus des Textfeldes, das einen grünen Rahmen und einen blau blinkenden Cursor hat.

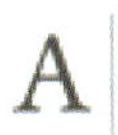

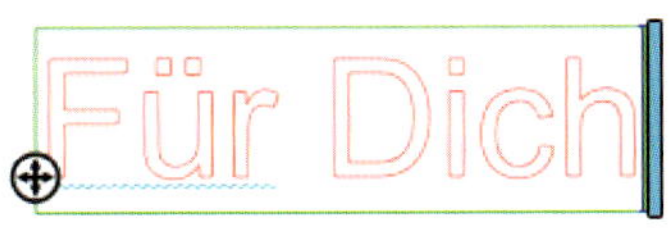

2. Um den Text zu verschieben, verlasse den Schreibmodus, indem du mit der linken Maustaste einmal außerhalb des Textfeldes klickst. Markiere dann das Textfeld durch Anklicken mit der linken Maustaste und ziehe es mit gedrückter linker Maustaste an die gewünschte Stelle.

3. Klicke auf die Schaltfläche mit dem A in der rechten Seitenleiste. Mithilfe des Fensters Textstil kannst du den Text formatieren. Wähle deine Wunschschriftart aus. (Du kannst dabei aus Schriftarten auswählen, die du auf deinem Computer zur Verfügung hast.) In diesem Beispiel wurde mit der Schriftart Lumie gearbeitet.

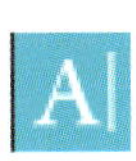

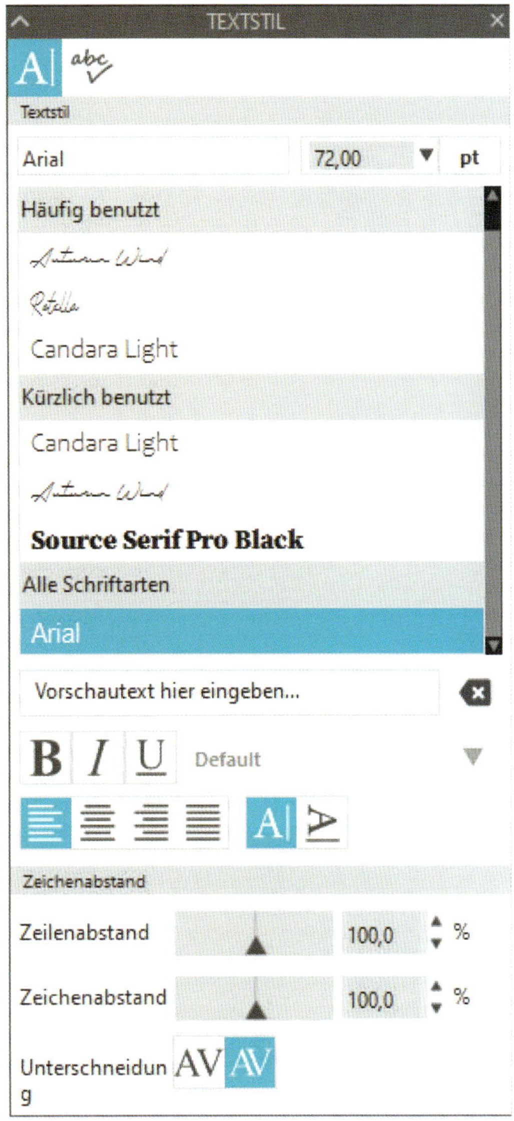

4. Die Schriftgröße kannst du ebenfalls im Auswahlfenster Textstil anpassen. Alternativ kannst du die Schriftgröße auch verändern, indem du Breite und Höhe des Textfeldes anpasst. Ziehe dazu an einer Ecke des Markierungsrahmens (Cursor wird zum Doppelpfeil), um Höhe und Breite proportional zu verändern. Ziehst du an den kleinen Quadraten an den Seiten, veränderst du nur die Höhe bzw. Breite der Schrift und verzerrst diese.

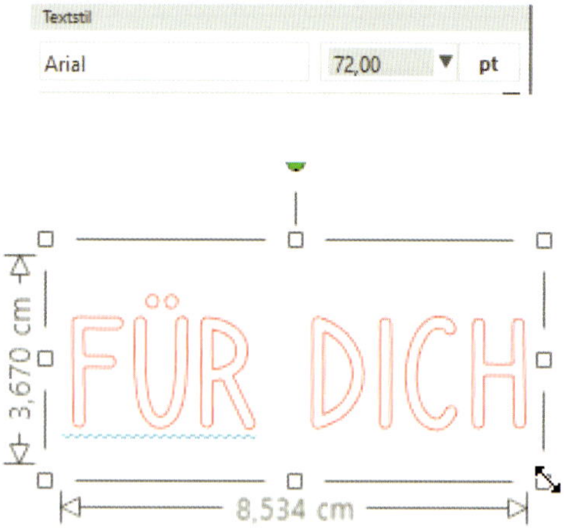

Tipp

Du kannst einige Eigenschaften der Schrift auch über das obere Menü verändern, wenn der Text markiert ist.

Tipp

Du kannst folgende Merkmale der Schrift verändern:

- Schriftart
- Schriftgrad bzw. -größe
- Schriftschnitt (fett, kursiv, unterstrichen)
- Ausrichtung des Textes
- Zeilenabstand
- Zeichenabstand
- Unterschneidung

Hinweis

Wenn du eine Schreibschrift gewählt hast, bei der sich die Buchstaben überschneiden, musst du die Buchstaben erst verschweißen, da sonst jeder Buchstabe einzeln geschnitten wird. Markiere dazu das Wort und klicke in der rechten Menüleiste auf die Schaltfläche MODIFIZIEREN und dann auf VERSCHWEISSEN.

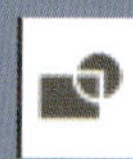

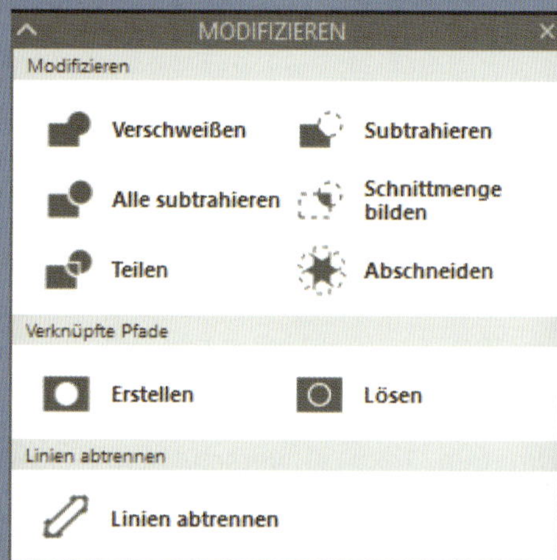

Alternativ kannst du das Wort auch markieren und dann mit der linken Maustaste anklicken. Dann erscheint ein Auswahlmenü, das ebenfalls die Funktion VERSCHWEISSEN beinhaltet.

5.6.6 Schriftzug herstellen

Um den Schriftzug herzustellen, sind die gleichen Arbeitsschritte notwendig wie zum Herstellen des Motivs. Vergiss dabei das Spiegeln nicht.

5.6.7 Motiv und Schriftzug entgittern

Entferne mit einem Haken alle Folienteile, die nicht zu deinem Motiv oder Schriftzug gehören und die du nicht aufbügeln möchtest.

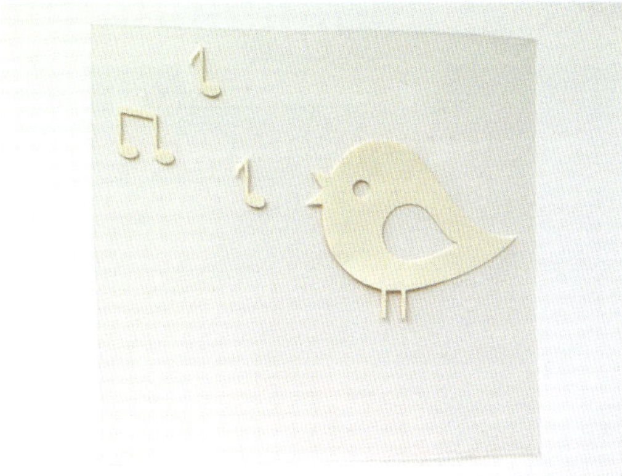

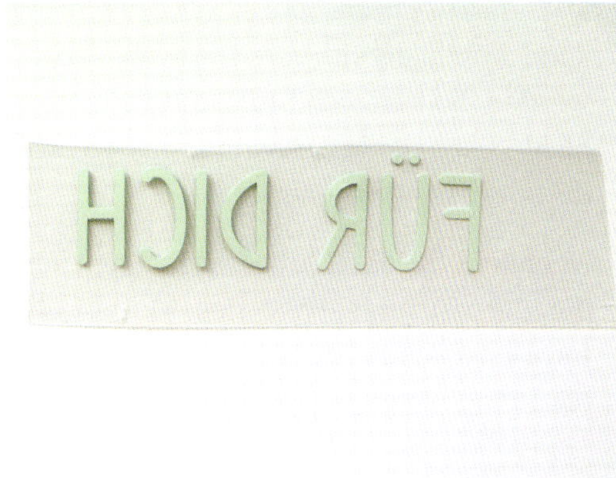

5.6.8 Motiv und Schriftzug aufbügeln

Hinweis

Du kannst zum Aufbügeln eine spezielle Heißpresse oder ein Haushaltsbügeleisen verwenden. Wenn du ein Bügeleisen benutzt, verwende kein Bügelbrett, sondern eine Bügeldecke, ein Bügelkissen oder eine andere geeignete Unterlage. Informationen zu der passenden Bügeltemperatur und -dauer findest du teilweise in den Angaben des Bügelfolien-Herstellers. Generell sollte die Temperatur passend zum Stoff gewählt werden und das Bügeleisen ca. 10 bis 15 Sekunden lang aufgepresst werden.

1. Klebe zuerst das Motiv mit der überstehenden Klebefolie (farbige Seite nach oben) auf den glatten, sauberen und fusselfreien Stoff.

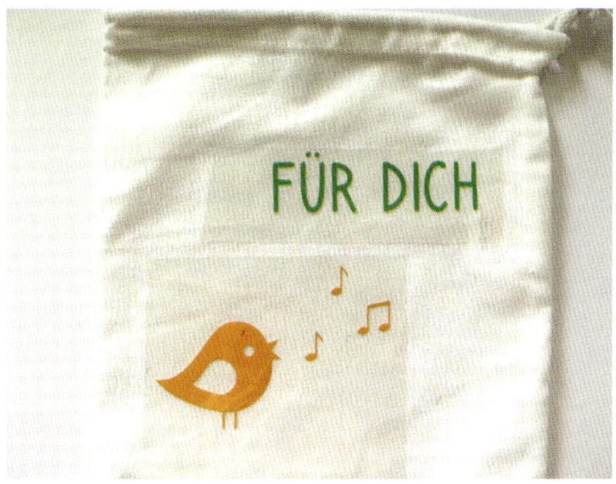

2. Lege Backpapier oder Teflon-Bügelfolie darüber.

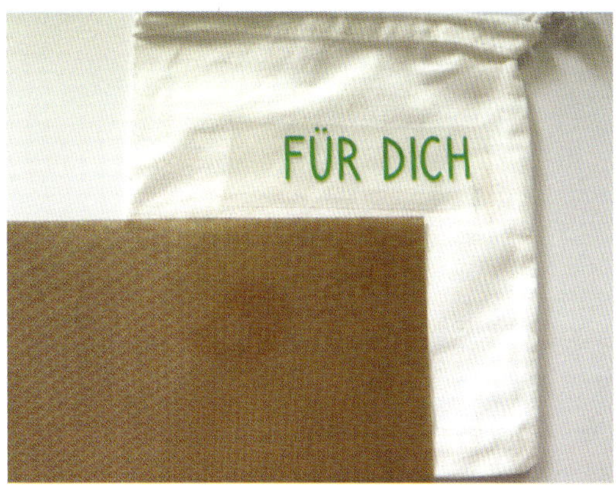

3. Presse das aufgeheizte Bügeleisen für die passende Dauer an den Stellen des Motivs auf das Backpapier. Durch die Hitze verbindet sich die Bügelfolie mit dem Stoff.

4. Die durchsichtige Folie (Trägerschicht) kann anschließend vorsichtig abgezogen werden. Sollten sich Stoff und Folie noch nicht ausreichend verbunden haben, wiederhole das Aufpressen.

5. Nachdem du das Motiv aufgebügelt und die durchsichtige Folie des Motivs entfernt hast, klebe den Schriftzug an die gewünschte Position und wiederhole den Vorgang. Achte dabei darauf, dass auch das bereits aufgedruckte Motiv nicht ohne Backpapier oder Teflon-Bügelfolie mit dem Bügeleisen in Kontakt kommt.

Hinweis

Falls du das erste Mal Motive aus einer neuen Bügelfolie aufbügelst, teste die Bügelfolie am besten auf einem alten Stoffrest, um das passende Vorgehen herauszufinden.

5.7 Projekt 4: Label mit Print & Cut

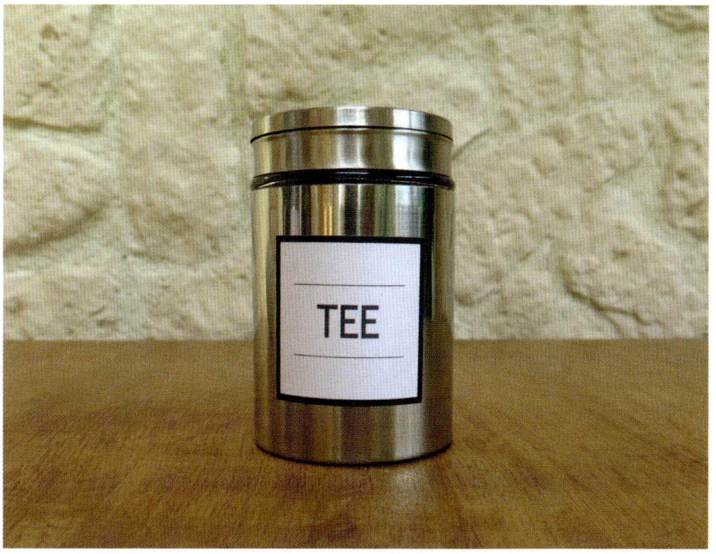

Print & Cut (Drucken & Schneiden) beinhaltet, dass Schrift oder Objekte zuerst mit dem Drucker gedruckt und anschließend Umrisse von dem Cameo 5 ausgeschnitten werden. So kannst du z.B. Labels (Etiketten), Sticker oder Papierformen erstellen.

Um diese Funktion nutzen zu können, benötigst du einen Drucker, der mit dem Endgerät verbunden ist, auf dem du auch mit der *Silhouette Studio*-Software arbeitest.

In diesem Projekt lernst du folgende Arbeitsschritte:

- eine Vorlage in den Designbereich hochladen
- eine Vorlage markieren und gruppieren
- die Größe einer Vorlage verändern
- mit Text arbeiten
- mit Print & Cut arbeiten
- Material auswählen
- Plotterwerkzeuge festlegen

Material

- Cameo 5 mit Automatikmesser, Schneidematte (im Lieferumfang enthalten)
- PC bzw. Laptop mit *Silhouette Studio*-Software
- Drucker, der mit dem Endgerät verbunden ist, auf dem du auch mit der *Silhouette Studio*-Software arbeitest
- Bedruckbares Vinyl oder bedruckbares Etikettenpapier (ganzseitig, nicht unterteilt)
- Vorlage 5_7_ Label

5.7.1 Label hochladen

1. Lade die Vorlage aus dem Internet herunter (siehe Abschnitt 4.1) und speichere diese in einem Ordner auf deinem PC.
2. Starte das *Silhouette Studio*-Programm. Du befindest dich automatisch im Designbereich.

3. Klicke nun im Menü oben links auf das Symbol mit dem geöffneten Ordner. Wähle dann auf deinem PC unter den eben heruntergeladenen Dateien die Datei Vorlage 5_7_ Label aus. Diese sollte die Dateiendung *.studio3* haben.

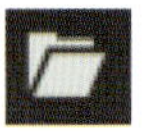

Tipp

Alternativ kannst du eine Datei auch per Drag & Drop von deinem Ordner in den Designbereich ziehen oder im oberen Menü über Datei > Öffnen die entsprechende Datei auf deinem PC auswählen.

4. Das Projekt Vorlage 5_7_ Label wird dir nun in deinem *Silhouette Studio*-Designbereich angezeigt. Die Position ist zunächst nicht relevant.

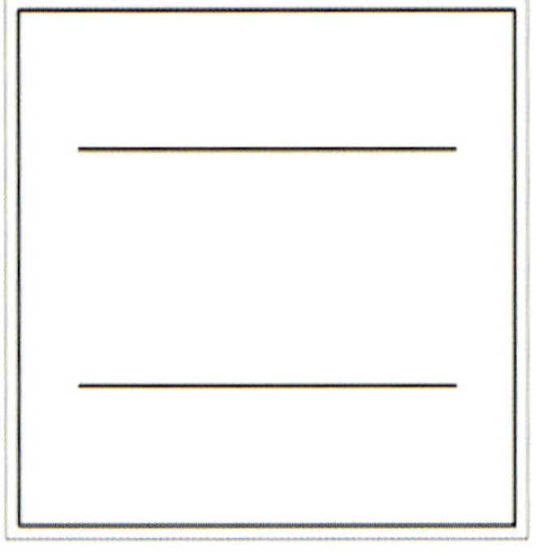

5. Klicke in der rechten Seitenleiste oben auf Seitenwerkzeuge. Wähle dort unter Punkt 4 Mediengrösse, z.B. das Format A4 aus. Nun siehst du die gewählte Vorlage auf deiner Matte im Designbereich.

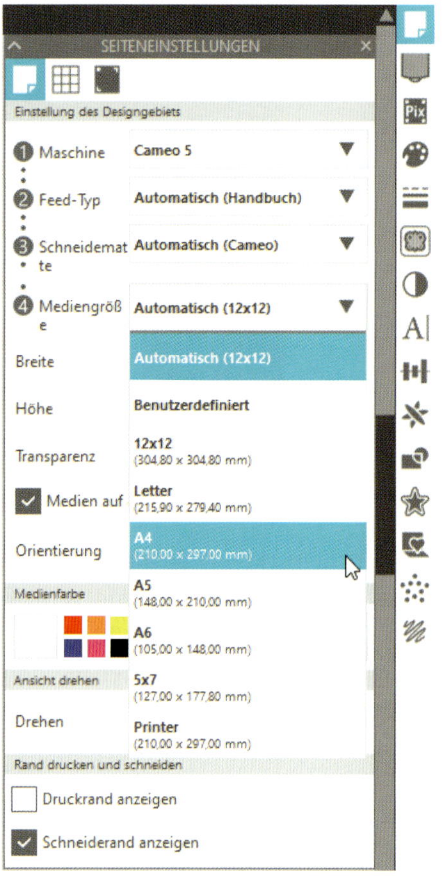

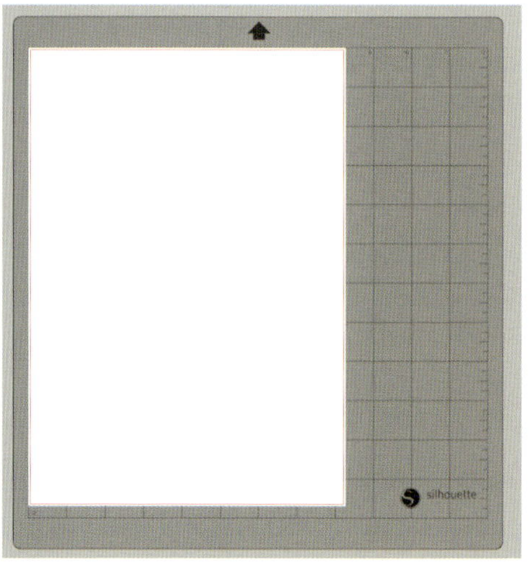

Hinweis

Die Einstellung der Mediengröße auf deiner Matte hilft dir, das Objekt passend zu deinem Material zu positionieren. Dabei kannst du am rechten Rand unter SEITENWERKZEUGE > EINSTELLUNG DES DESIGNGEBIETS auch eigene Formate eingeben und deren Orientierung verändern.

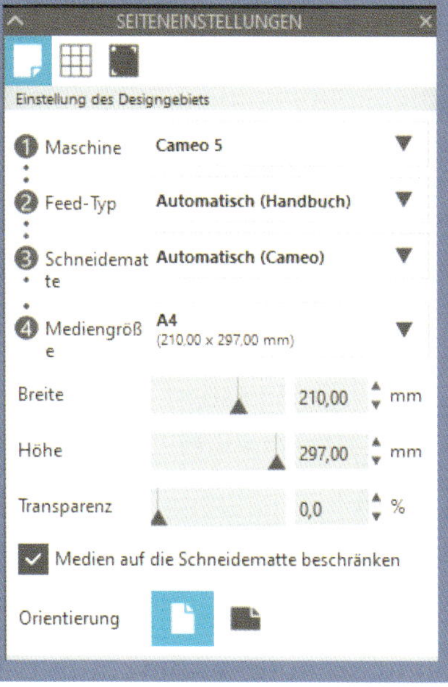

5.7.2 Das Label markieren und gruppieren

1. Um die Vorlage des Labels mit allen darin enthaltenen Linien und Objekten zu markieren und zu positionieren, ziehe mit gedrückter linker Maustaste ein Rechteck um die gesamte Karte. Die Karte und alle Objekte in der Karte sind nun durch Rechtecke markiert.

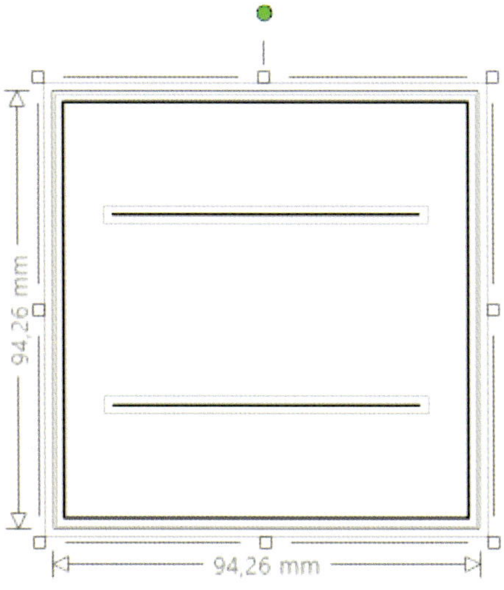

2. Um nun die Karte mit all ihren Objekten einfacher bearbeiten zu können, gruppiere diese, indem du im oberen Menü die Schaltfläche GRUPPIEREN auswählst. Anschließend sind nur noch die Außenkanten der Karte markiert.

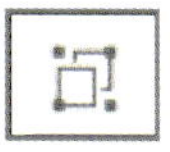

3. Wenn du die Position des Labels verändern möchtest, bewege den Cursor über den Rand des Labels, sodass der Cursor sich in ein Handsymbol verwandelt. Nun kannst du das Label mit gedrückter linker Maustaste an eine beliebige Position verschieben. Beachte dabei, dass dein Objekt innerhalb der roten Linien am Rand liegen sollte, da es sonst nicht vom Plotter geschnitten werden kann.

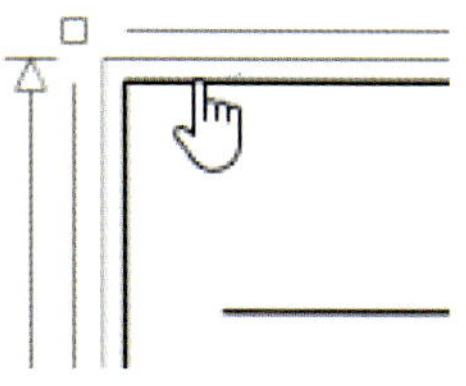

5.7.3 Größe des Labels festlegen

Lege nun die Größe für dein Label fest. Miss dazu den Untergrund (z.B. die Box oder das Glas) aus.

1. Markiere das Label. Im oberen Menü findest du Eingabefenster für die Größeneinstellung. Dort kannst du die Breite (W) und die Höhe (H) in Millimetern eingeben, indem du den Wert markierst, überschreibst und anschließend den Wert mit der `Enter`-Taste bestätigst. (Eventuell musst du die Karte neu auf deinem A4-Blatt ausrichten.)

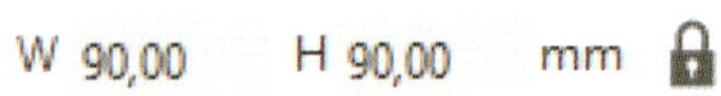

Hinweis

Wenn das kleine Vorhängeschloss-Symbol hinter Breite und Höhe geschlossen ist, verändert sich die jeweils andere Größe proportional mit. Bei geöffnetem Vorhängeschloss-Symbol ist dies nicht der Fall.

Tipp

Alternativ hast du die Möglichkeit, die Größe direkt am Objekt zu verändern. Dazu musst du in der Ecke der markierten Karte mit dem Cursor an den kleinen Quadraten ziehen (Cursor wird zum Doppelpfeil), um die Objektgröße proportional zu verändern. Wenn du an den kleinen Quadraten in der Mitte der Seiten ziehst, verändert sich nur die Höhe bzw. Breite.

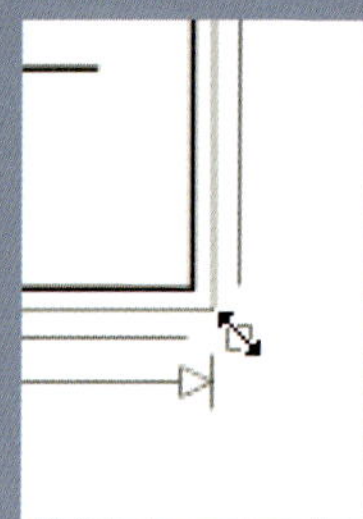

5.7.4 Mit Text arbeiten

Als Nächstes musst du den gewünschten Text auf dem Label platzieren.

1. Klicke in der linken Seitenleiste auf die Schaltfläche mit dem A und anschließend auf die Stelle in deiner Karte, wo dein Text geschrieben werden soll. Nun erscheint ein blau blinkender Cursor und du kannst deinen Wunschtext einfügen. Du befindest dich dabei im Schreibmodus des Textfeldes, das einen grünen Rahmen und einen blau blinkenden Cursor hat.

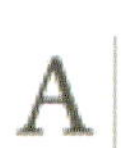

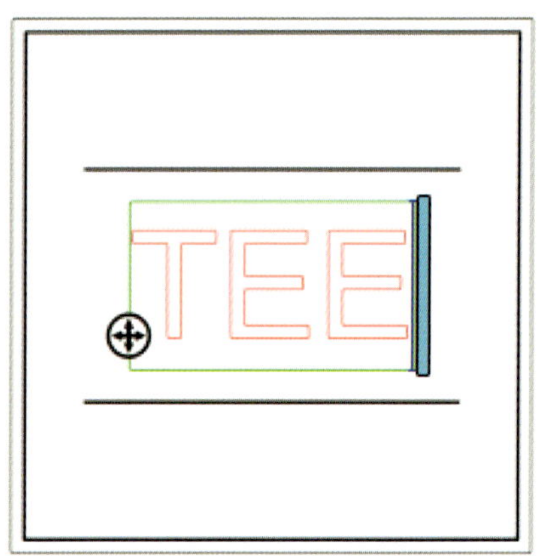

2. Um den Text zu verschieben, verlasse den Schreibmodus, indem du mit der linken Maustaste einmal außerhalb des Textfeldes klickst. Markiere dann das Textfeld durch Anklicken mit der linken Maustaste und ziehe es mit gedrückter linker Maustaste an die gewünschte Stelle.

3. Klicke auf die Schaltfläche mit dem A in der rechten Seitenleiste. Mithilfe des Fensters Textstil kannst du den Text formatieren. Wähle deine Wunschschriftart aus. (Du kannst dabei aus Schriftarten auswählen, die du auf deinem Computer zur Verfügung hast.) In diesem Beispiel wurde mit der Schriftart Arial gearbeitet.

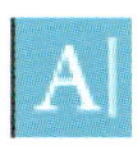

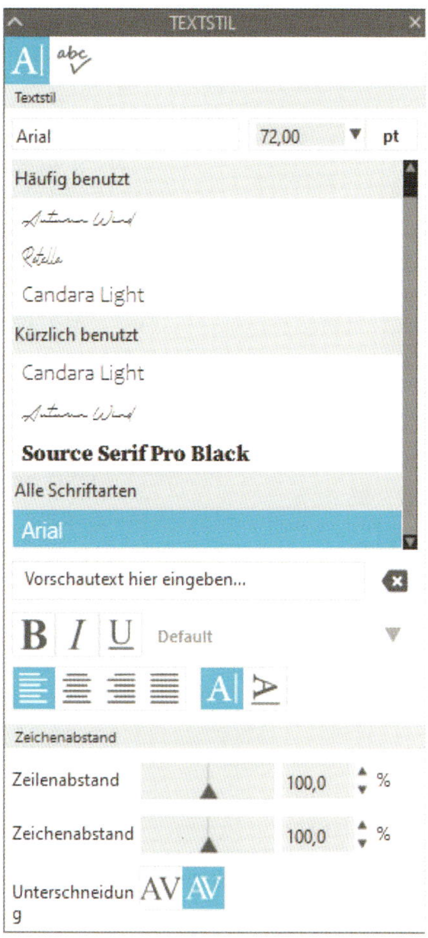

4. Die Schriftgröße kannst du ebenfalls im Auswahlfenster Textstil anpassen. Alternativ kannst du die Schriftgröße auch verändern, indem du Breite und Höhe des Textfeldes anpasst. Ziehe dazu an einer Ecke des Markierungsrahmens (Cursor wird zum Doppelpfeil), um Höhe und Breite proportional zu verändern. Ziehst du an den kleinen Quadraten an den Seiten, veränderst du nur die Höhe bzw. Breite der Schrift und verzerrst diese.

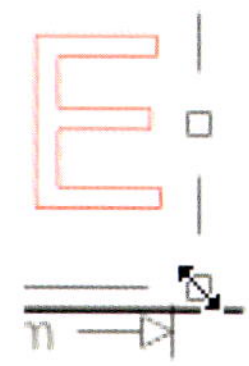

Tipp

Du kannst einige Eigenschaften der Schrift auch über das obere Menü verändern, wenn der Text markiert ist.

Tipp

Du kannst folgende Merkmale der Schrift verändern:

- **Schriftart**
- **Schriftgrad bzw. -größe**
- **Schriftschnitt (fett, kursiv, unterstrichen)**
- **Ausrichtung des Textes**
- **Zeilenabstand**
- **Zeichenabstand**
- **Unterschneidung**

5. Die Schriftfarbe kannst du ebenfalls verändern. Markiere dazu den Text und wähle in der rechten Seitenleiste die Schaltfläche Füllfarben aus. Anschließend kannst du im dazugehörigen Fenster eine voreingestellte Farbe oder eine benutzerdefinierte Farbe auswählen.

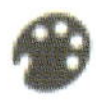

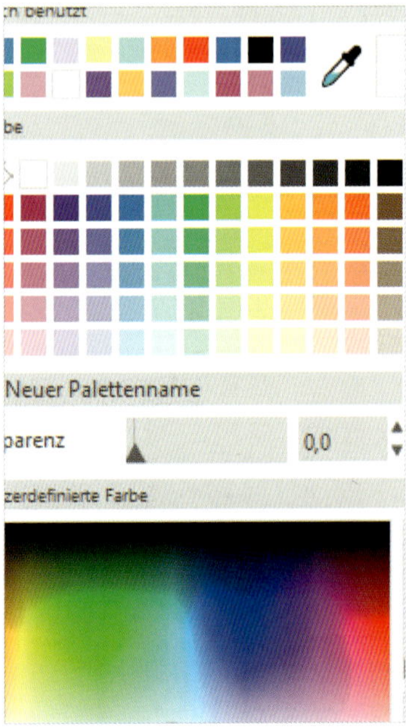

6. Um die Schrift auf dem Label auszurichten, markiere Label und Text gleichzeitig. Ziehe dazu mit der Maus ein Rechteck über beide Objekte. Wähle dann in der rechten Seitenleiste die Schaltfläche Ausrichten und im Fenster Transformieren den ersten Reiter Ausrichten > Mitte. Die Schrift ist nun exakt mittig auf unserem Etikett ausgerichtet. Alternativ kannst du auch die Schaltfläche Mitte im oberen Menü nutzen.

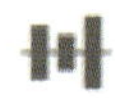

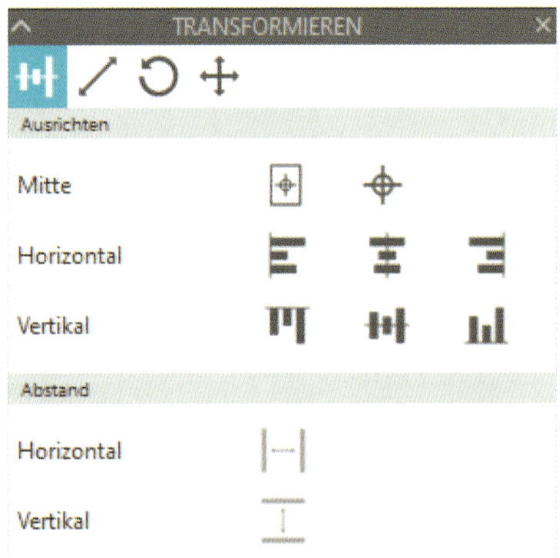

5.7.5 Label herstellen

1. Damit der Cameo 5 nach dem Drucken genau weiß, wo er das Label schneiden muss, benötigt der Cameo 5 Passermarkierungen. Diese Markierungen musst du im Designbereich hinzufügen. Klicke dazu rechts in der Seitenleiste auf Seitenwerkzeuge im Reiter Passermarkierungen auf Ein.

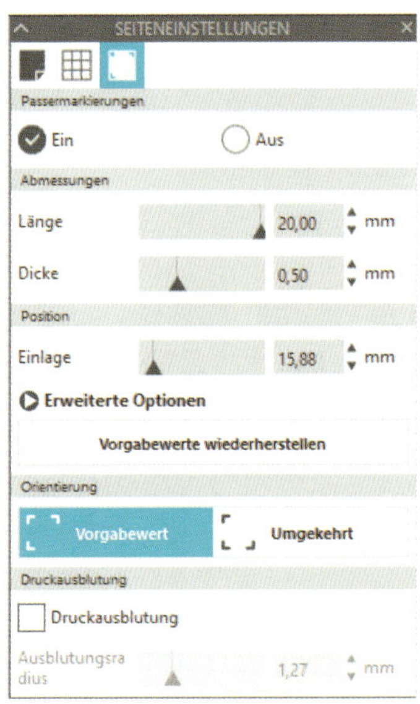

2. Nun siehst du im Designbereich auf dem Material deiner Schneidematte oben und unten schraffierte Bereiche. Durch diese Markierungen orientiert sich der Plotter auf deinem bedruckten Material. Wichtig: Dein Projekt darf nicht im schraffierten Bereich liegen, da es sonst nicht geschnitten werden kann. Verschiebe dein Label ggf. noch einmal auf deiner Schneidematte.

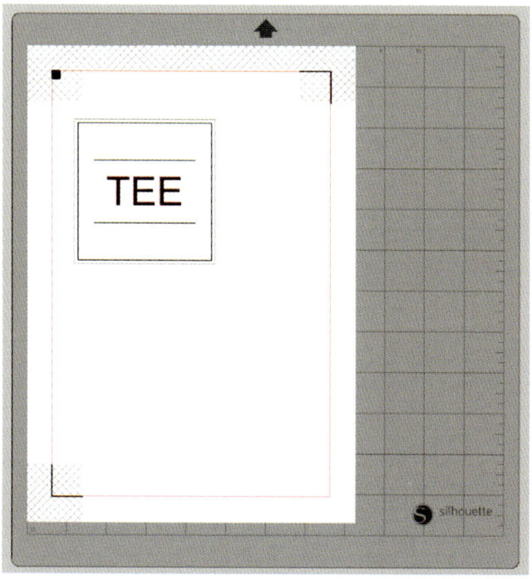

Hinweis

Label duplizieren: Um den Platz auf deinem Material möglichst gut auszunutzen, kannst du darüber nachdenken, gleich mehrere Labels gleichzeitig herzustellen (z.B. für verschiedene Kräuter). Hierzu musst du die Vorlage beliebig oft duplizieren. Anschließend kannst du jedes Label dann unterschiedlich beschriften. Nutze dafür in der rechten Seitenleiste die Funktion Replizieren > Duplizieren oder Seite Füllen.

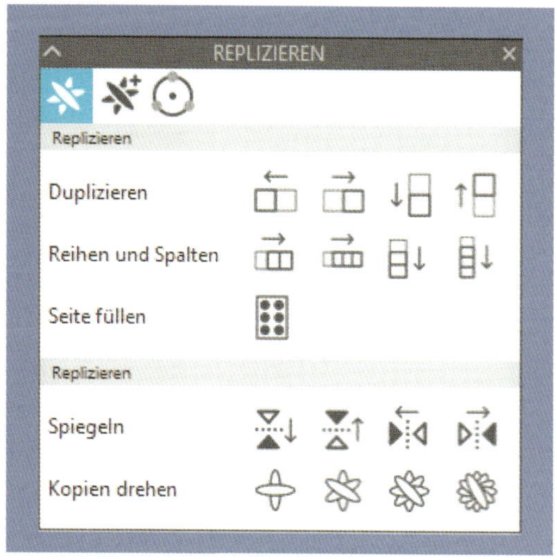

Drucken des Labels

1. Wenn deine Vorlage mit dem Label fertig vorbereitet hast, muss das Projekt im nächsten Arbeitsschritt von deinem Drucker gedruckt werden, z.B. auf beschreibbarem Vinyl. Schalte dazu deinen Drucker ein und lege dein Material ein. Wähle im *Silhouette Studio* im oberen Menü die Schaltfläche Drucken aus. Klicke dann im Menüfenster erneut auf Drucken und nimm entsprechende Einstellungen in deinem Druckermenü vor. (Achte dabei auf das Format deines bedruckbaren Materials und stelle den Drucker entsprechend ein, z.B. Letter-Format oder A4.)

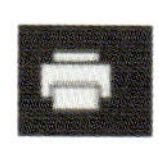

2. Wenn der Drucker fertig ist, entnimm das bedruckte Material und lass es gegebenenfalls kurz trocknen.

3. Klebe das Material dann, wie im Designbereich auf der Matte angezeigt, in die obere linke Ecke deiner Schneidematte und drücke es mit einer Rakel fest.

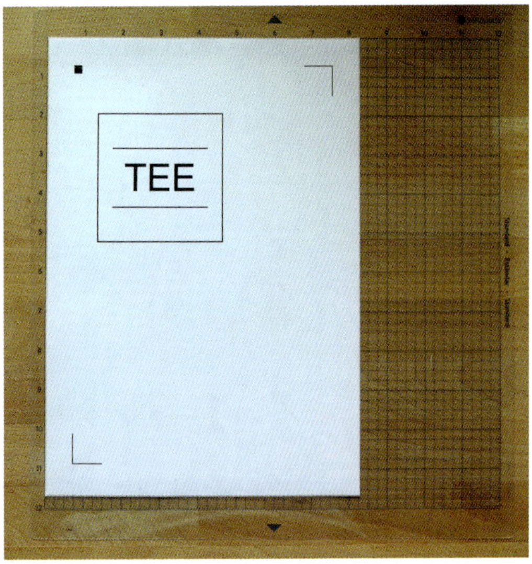

4. Nimm jetzt im rechten Menü im Reiter EINFACH im Abschnitt SCHLITTEN 1 Einstellungen vor. Unter dem Punkt MATERIAL wähle ein möglichst ähnliches Material aus. Es ist wichtig, dass du Einstellungen vorher testest, damit nur das Papier, aber nicht die Trägerschicht des Aufklebers beim Plotten zerschnitten wird. (Einstellungen für Papier-Etiketten: KLINGENTIEFE: 1; ANPRESSDRUCK: 10; GESCHWINDIGKEIT: 8. Einstellungen für bedruckbares Vinyl: Material: AUFKLEBER-FOLIE, WEISS). Bei AKTIONEN wähle SCHNEIDEN aus. Beim WERKZEUG wähle die AUTOMATISCHE KLINGE aus, die vom Plotter bereits erkannt sein sollte.

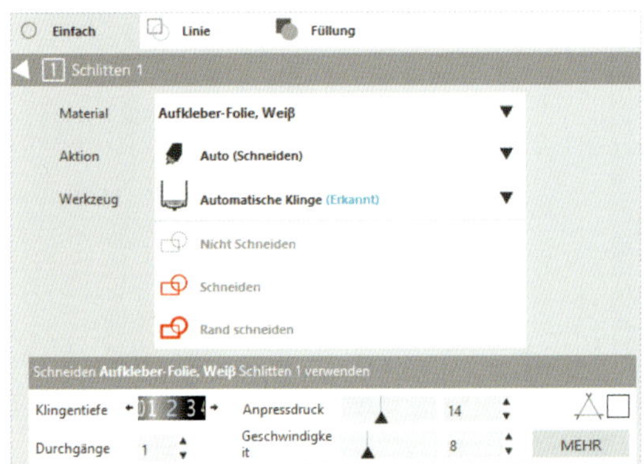

Schneiden des Labels

1. Klicken nun oben rechts auf SENDEN.

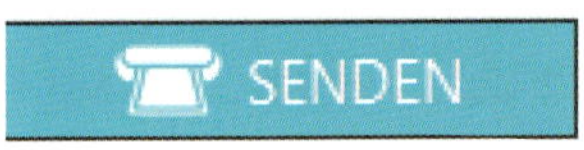

2. Schalte deinen Cameo 5 ein und achte darauf, dass der Plotter und das *Silhouette Studio* verbunden sind.

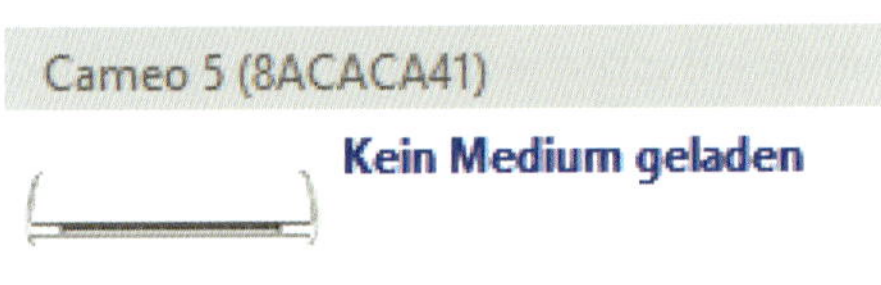

3. Setze im Werkzeughalter 1 das Automatikmesser ein.

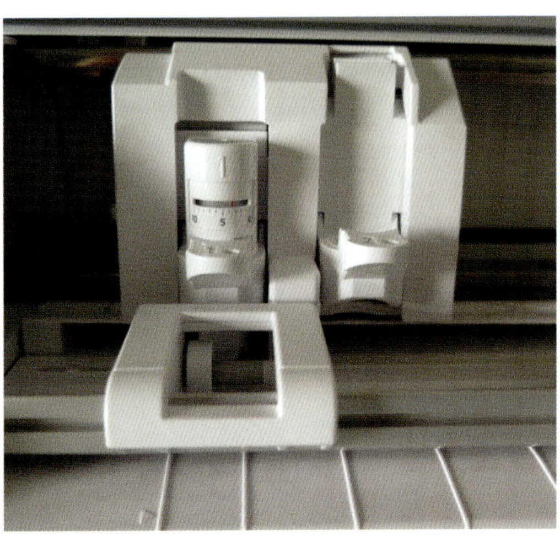

5. Nun musst du einstellen, was der Cameo 5 im Projekt schneiden soll. Im Moment ist alles so eingestellt, dass der Plotter das Label und den Schriftzug schneiden würde. Um das zu ändern, klicke auf der Schneidematte Wort »Tee« an und wähle dann die Funktion NICHT SCHNEIDEN aus. Nun wird nur noch der äußere Rand des Labels rot dargestellt und vom Plotter geschnitten.

Laden der Schneidematte

1. Lege nun die Schneidematte an der Markierungslinie des Cameo 5 an. Beachte dazu das kleine Dreieck am linken Rand. Drücke dann im Bedienfeld des Cameo 5 auf den rechten Pfeil, der nach oben zeigt, um die Matte vom Plotter einziehen zu lassen.

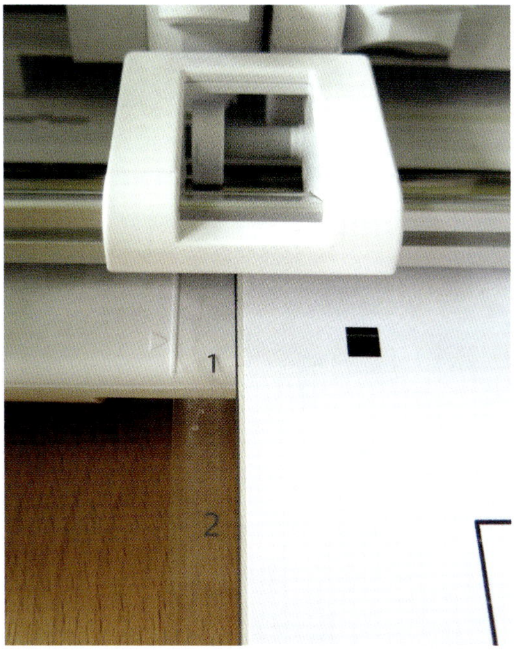

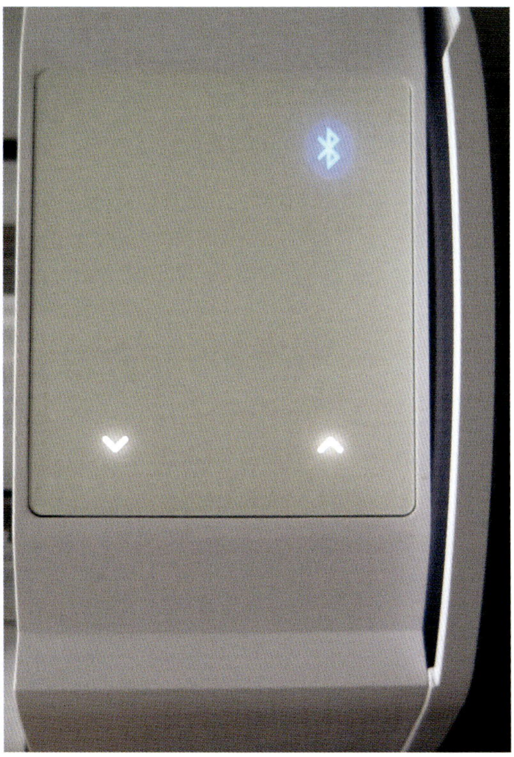

2. In der Software siehst du, ob die Matte erfolgreich vom Cameo 5 geladen wurde.

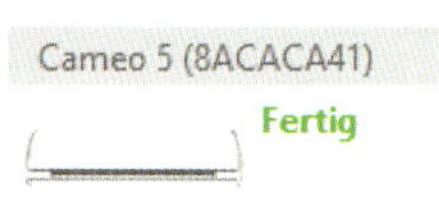

3. Klicke nun im *Silhouette Studio* unten rechts auf SENDEN. Der Cameo 5 erkennt nun die Materialgröße anhand der Passermarkierungen und schneidet jetzt das Material.

Nach dem Plotten

Wenn der Cameo 5 alle Arbeitsschritte ausgeführt hat und du die Schneidematte wieder entnommen hast, musst du das Material vorsichtig von der Schneidematte lösen.

1. Drehe dazu die Schneidematte mit dem Material nach unten und löse sie vorsichtig vom Material ab. So wird das Material nicht unnötig gewellt. Ein kleiner Spatel kann beim Ablösen hilfreich sein.

2. Entferne alle übrigen Materialreste von der Schneidematte (z.B. mit dem Spatel oder einer Pinzette).

5.8 Projekt 5: Geschenkanhänger Stern

Projekt ohne Vorlage

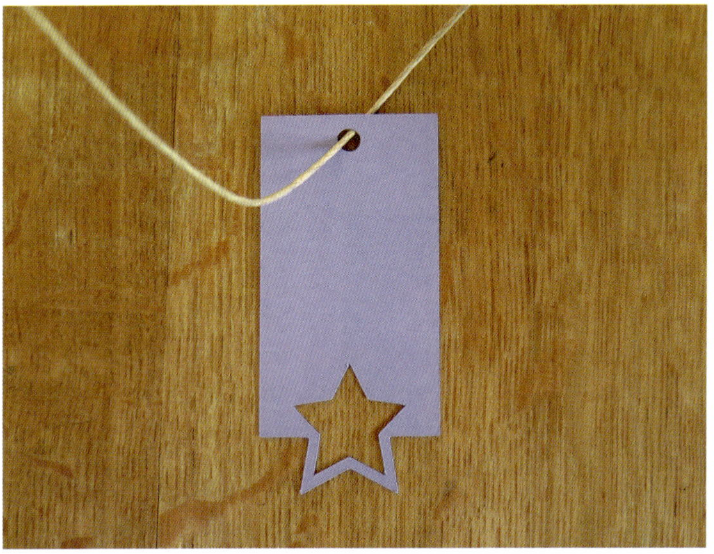

In diesem Projekt lernst du folgende Arbeitsschritte:

- Offset
- Smart Snapping
- Material auswählen
- Plotterwerkzeuge festlegen
- Formen
  - Erstellen
  - Replizieren
  - Einfärben
  - Ausrichten
  - Anordnen
  - Gruppieren
  - Löschen
  - Verschweißen
  - Subtrahieren
  - Positionieren
  - Drehen
  - in der Größe anpassen

Material

- Cameo 5 mit Autoblade, Schneidematte (im Lieferumfang enthalten)
- PC bzw. Laptop mit *Silhouette Studio*-Software
- Tonpapier
- Rakel
- ggf. Stiftehalter mit Stift

5.8.1 Seite einrichten

1. Starte das *Silhouette Studio*-Programm. Du befindest dich automatisch im Designbereich.

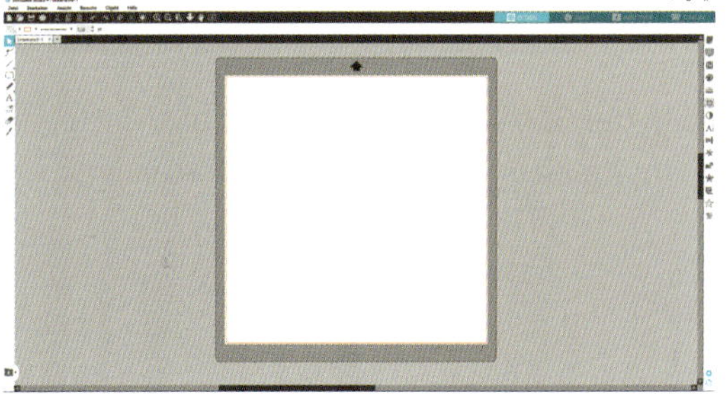

2. Klicke in der rechten Seitenleiste oben auf SEITENWERKZEUGE. Wähle dort unter Punkt 4 MEDIENGRÖSSE, das Format A4 aus. Nun siehst du ein weißes A4-Blatt auf deiner Matte im Designbereich.

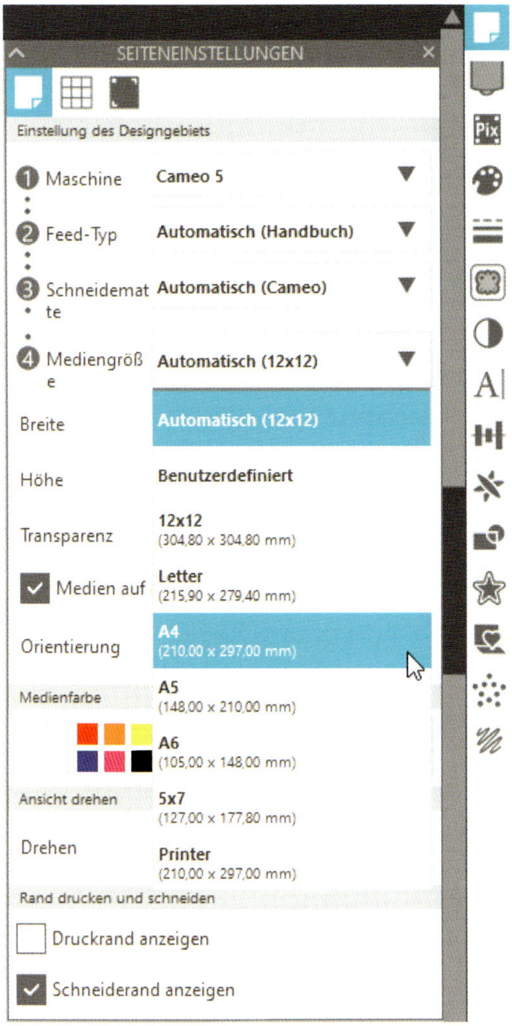

Hinweis

Die Einstellung der Mediengröße auf deiner Matte hilft dir, das Objekt passend zu deinem Material zu positionieren. Dabei kannst du am rechten Rand unter SEITENWERKZEUGE > EINSTELLUNG DES DESIGNGEBIETS auch eigene Formate eingeben und deren Orientierung verändern.

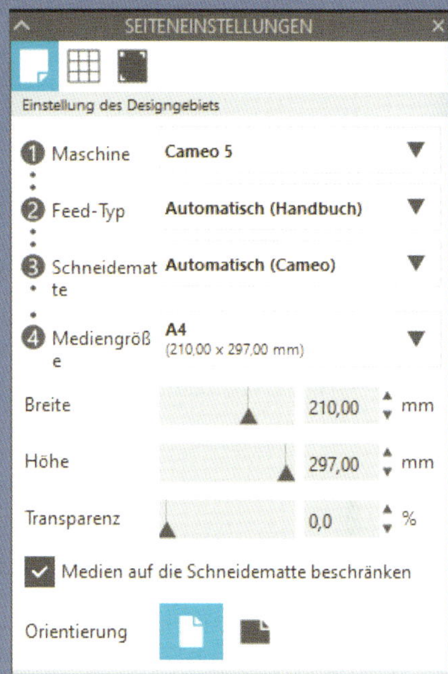

3. Wähle im Menüfenster SEITENEINSTELLUNGEN den Reiter RASTER-EINSTELLUNGEN. Wähle dort den Punkt SMART SNAPPING aktivieren aus. Die Toleranz muss dabei größer 0 sein (z.B. 0,5 mm). Damit kannst du später Objekte und Schrift mithilfe von Linien aneinander ausrichten.

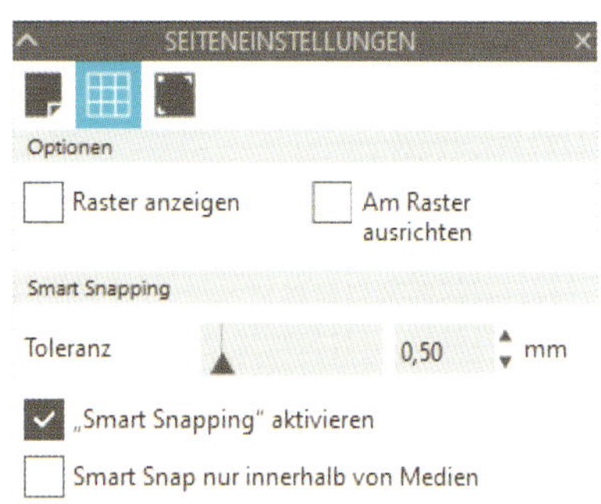

5.8.2 Stern erstellen

1. Klicke in der linken Seitenleiste auf ZEICHENUTENSILIEN und wähle REGELMÄSSIGES VIELECK ZEICHNEN aus. Drücke die `Alt`-Taste und erstelle die Form.

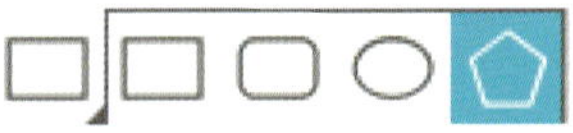

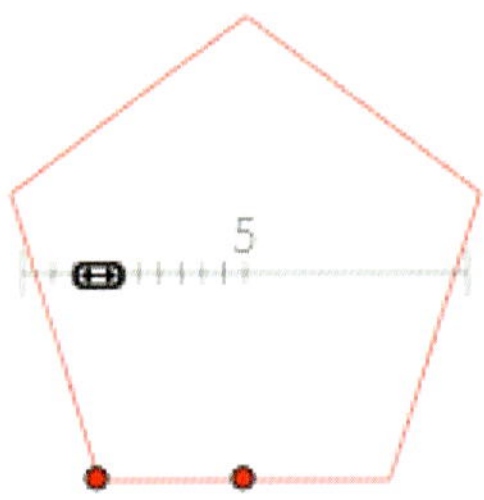

2. Ziehe dann den kleinen Schieberegler in der Form um zwei Stufen nach links, sodass ein Dreieck entsteht. Klicke anschließend in der linken Seitenleiste auf AUSWÄHLEN.

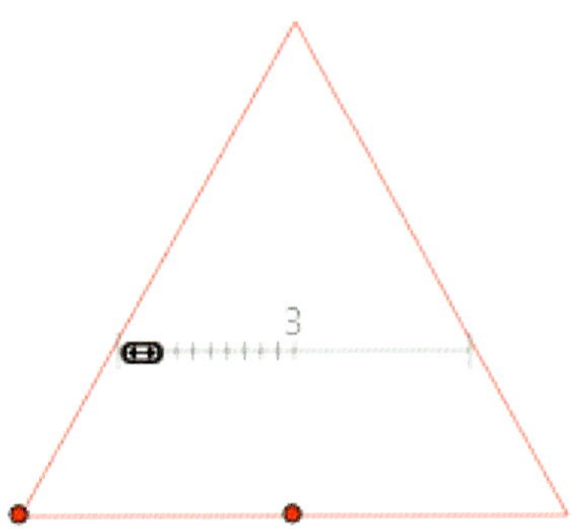

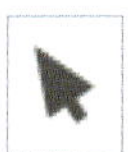

3. Markiere das Dreieck, indem du mit gedrückter linker Maustaste ein Rechteck um das Dreieck ziehst.

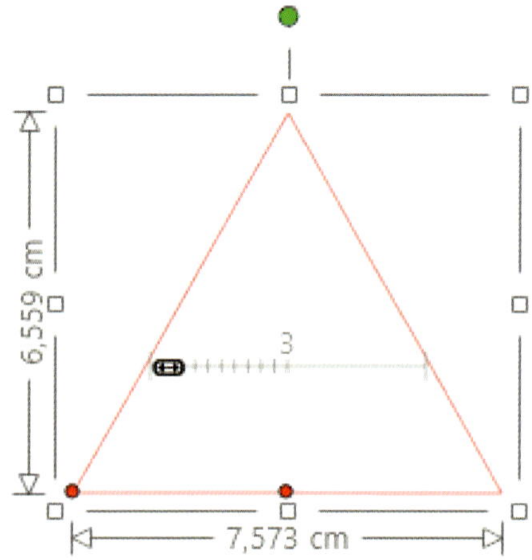

4. Verändere die Größe des Dreiecks. Lasse dazu das Dreieck markiert. Im oberen Menü findest du Eingabefenster für die Größeneinstellung. Klicke dort auf die Schaltfläche VORHÄNGESCHLOSS, um dieses zu öffnen. Anschließend gibst du für die BREITE (W) 50 mm und die HÖHE (H) 50 mm ein, indem du den Wert markierst, überschreibst und anschließend den Wert mit der `Enter`-Taste bestätigst.

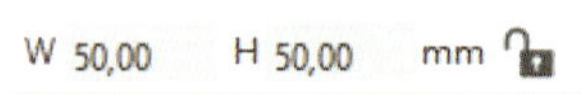

5. Lass das Dreieck weiterhin markiert, klicke in der rechten Seitenleiste auf REPLIZIEREN und wähle dann den Reiter ERWEITERTE WIEDERHOLUNGEN aus.

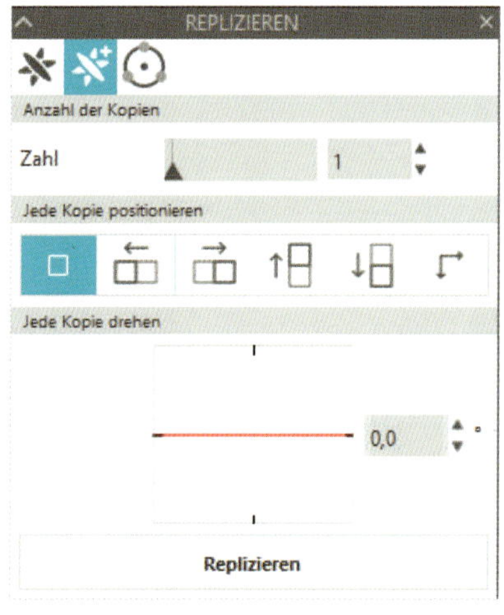

6. Gib dann im Abschnitt Jede Kopie drehen 72° ein und bestätige die Eingabe mit der `Enter`-Taste. Klicke anschließend auf die Schaltfläche Replizieren. Dabei entsteht ein neues gedrehtes Dreieck.

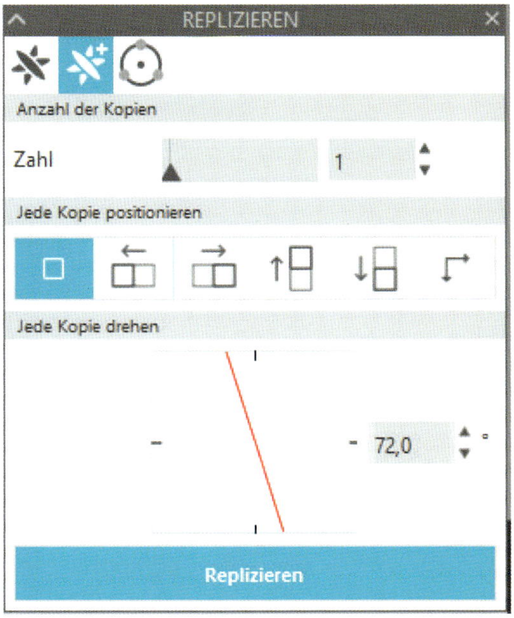

7. Markiere das neu entstandene Dreieck. Bewege dazu den Cursor über die Außenlinie des Dreiecks, sodass sich der Cursor in ein Handsymbol verwandelt. Nun kannst du mit gedrückter linker Maustaste das Dreieck an eine beliebige Position verschieben.

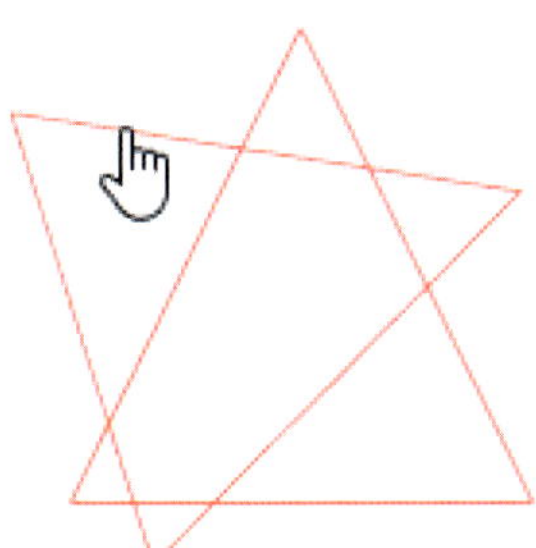

8. Richte nun das zweite Dreieck an der rechten Ecke des ersten Dreiecks aus. Dabei helfen dir die die blauen Smart-Snapping-Linien.

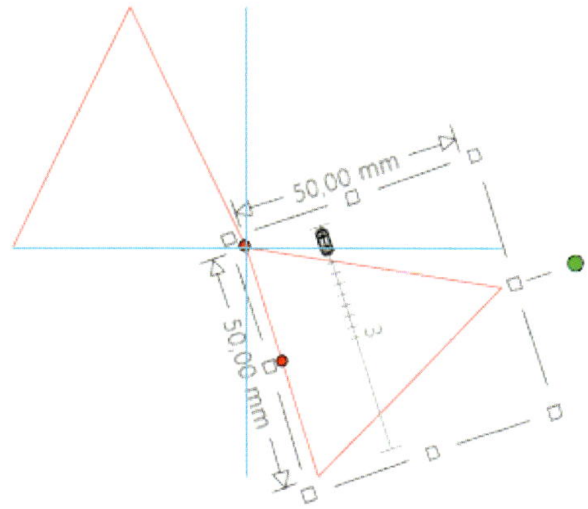

9. Lass das zweite Dreieck markiert und wiederhole den Arbeitsschritt, indem du erneut im Replizieren-Fenster auf die Schaltfläche Replizieren klickst. Dabei entsteht ein neues Dreieck, das du an der unteren Ecke des zweiten Dreiecks ausrichtest. Wiederhole diese Arbeitsschritte, bis ein vollständiger Stern mit fünf Zacken entstanden ist.

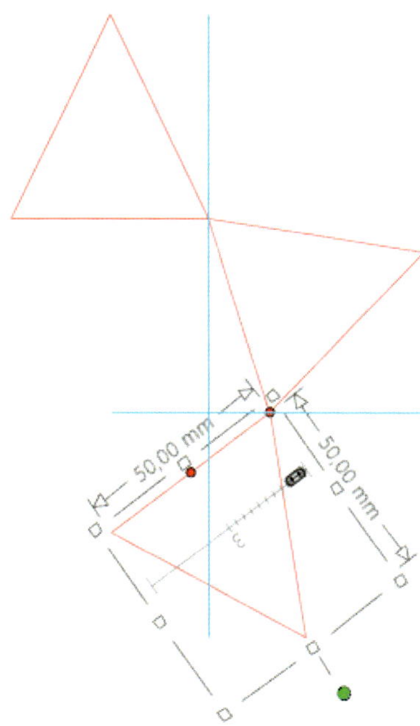

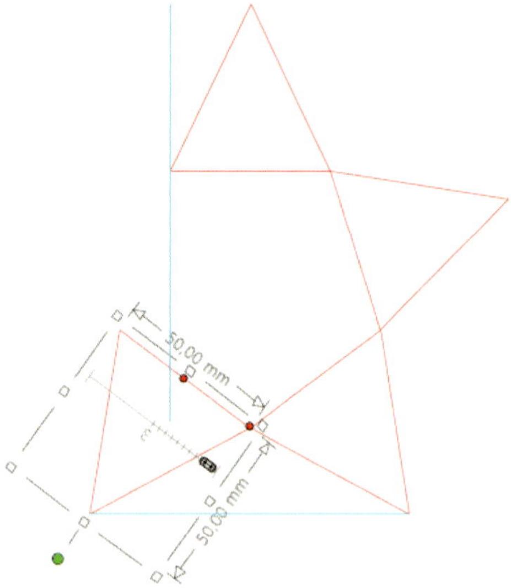

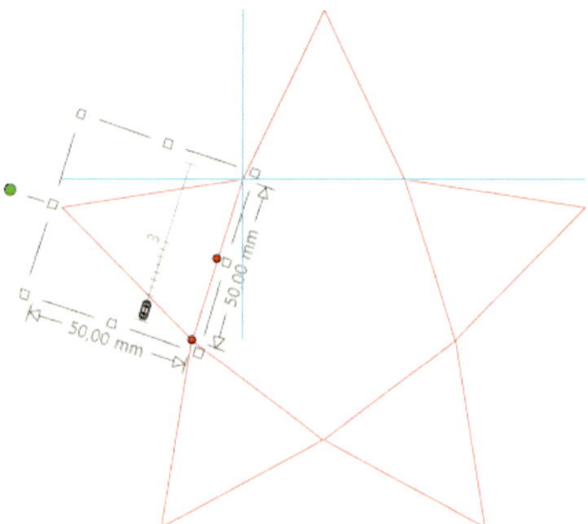

10. Markiere den Stern, indem du mit gedrückter linker Maustaste ein Rechteck über den gesamten Stern ziehst. Klicke anschließend in der rechten Seitenleiste auf OFFSET. Klicke im Menüfenster auf die Schaltfläche Offset, wähle SPITZE ECKEN aus, setze die Strecke auf 1,5 mm und die Eckenbegrenzung auf den Wert 2. Klicke anschließend auf HINZUFÜGEN.

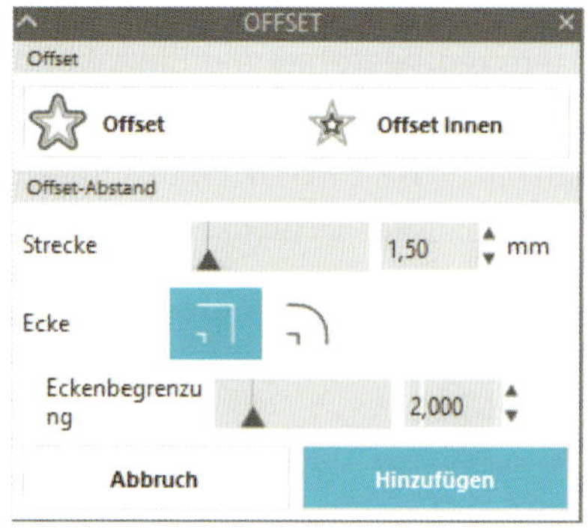

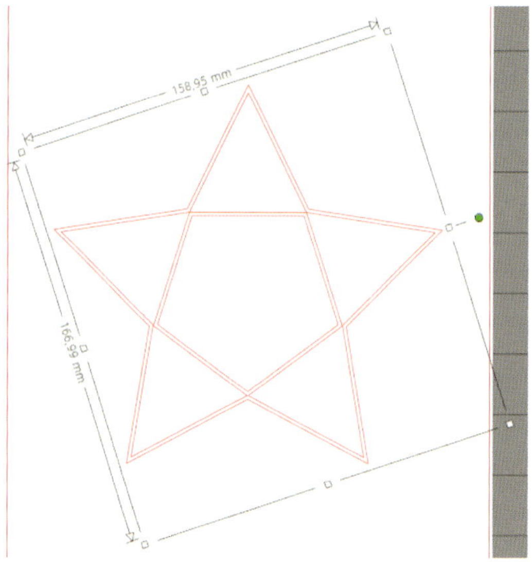

11. Makiere nun den Stern erneut, sodass alle innenliegenden Formen mit markiert werden.

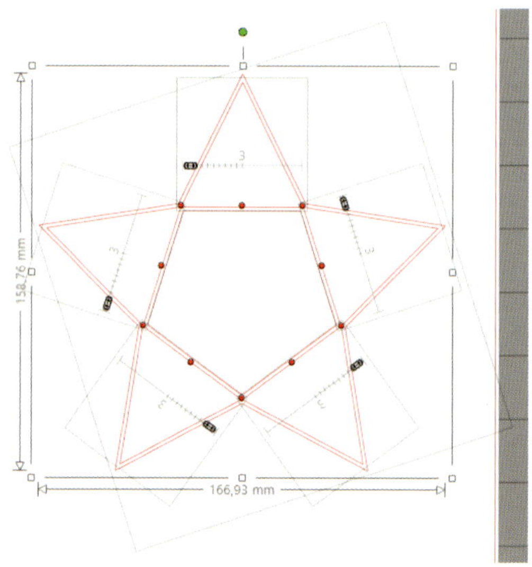

12. Klicke in der rechten Seitenleiste auf Modifizieren und anschließend auf Verschweißen.

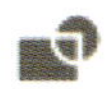

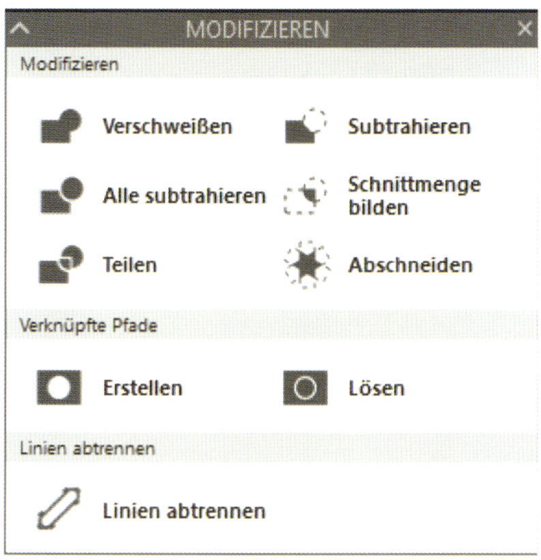

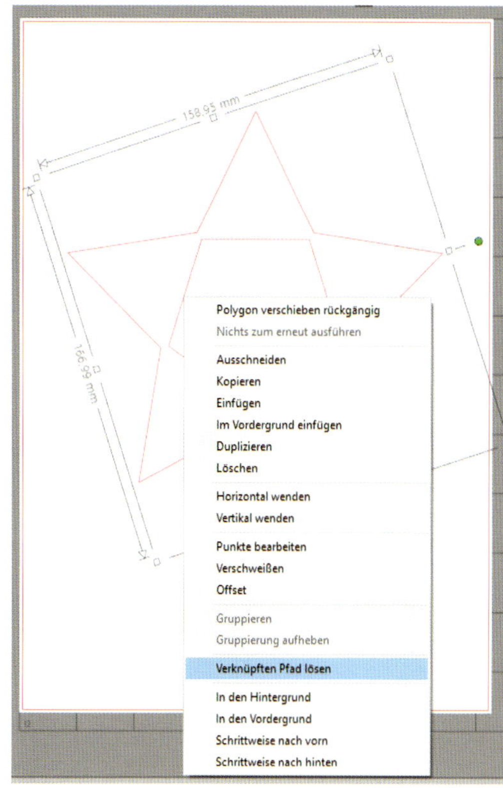

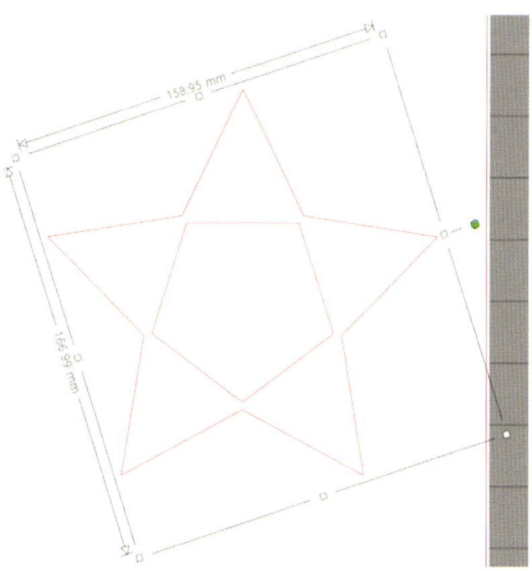

13. Klicke mit der rechten Maustaste auf den Stern und wähle im Menü Verknüpfte Pfade lösen aus. Damit löst du das innere Fünfeck vom Stern.

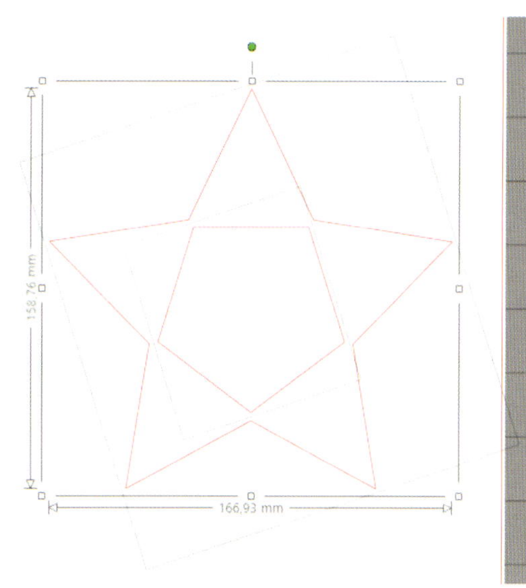

14. Markiere nur das innere Fünfeck und lösche es, indem du auf die `Entf`-Taste drückst.

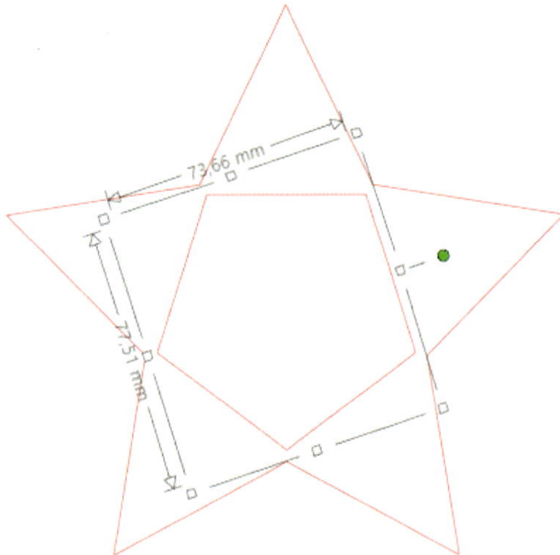

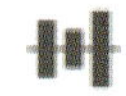

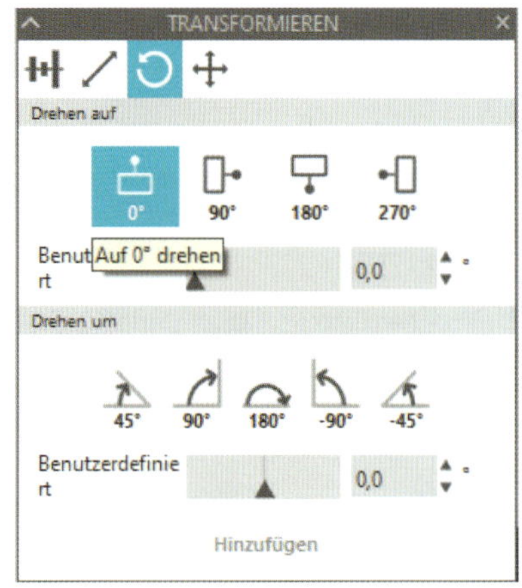

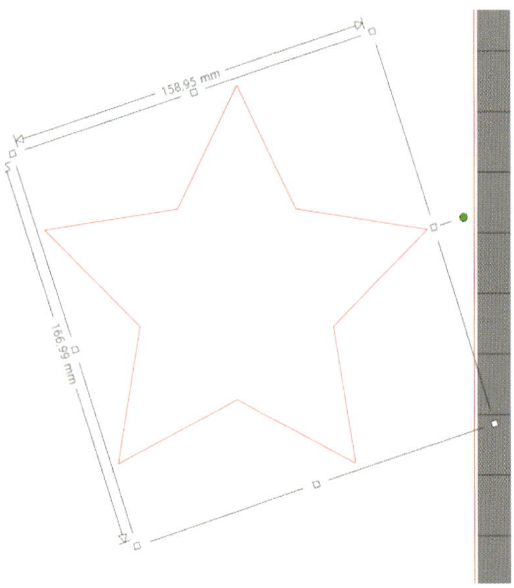

15. Markiere anschließend den Stern erneut und klicke in der rechten Seitenleiste auf AUSRICHTEN und wähle den Reiter DREHEN aus. Klicke auf DREHEN AUF 0°. Damit richtet sich der Stern wieder aus (grüner Punkt am Markierungsrahmen ist oben).

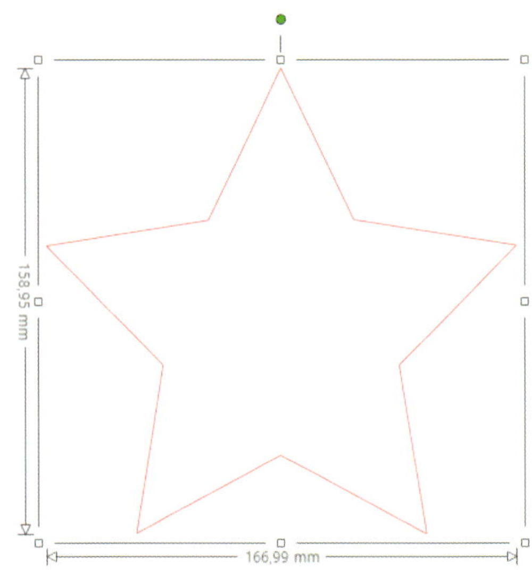

16. Du kannst den Stern außerhalb der Matte ablegen, da du diesen erst in einem späteren Arbeitsschritt wieder brauchst.

Hinweis

Beachte, dass der Plotter nur Objekte und Schrift bearbeitet, die auf der Matte positioniert sind. Um Objekte oder Schrift erst in einem späteren Arbeitsschritt zu plotten, kannst du diese neben der Matte »zur Seite legen«.

5.8.3 Formen erstellen

1. Klicke in der linken Seitenleiste auf die Schaltfläche ZEICHENUTENSILIEN und anschließend auf das Rechteck. Zeichne dann mit dem Cursor ein Rechteck in den weißen Bereich deiner Schneidematte. Wähle anschließend in der linken Seitenleiste die Schaltfläche AUSWÄHLEN, um nicht noch weitere Rechtecke zu zeichnen. Alternativ kannst du auch die ESC-Taste auf deiner Tastatur drücken.

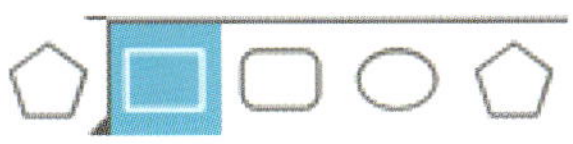

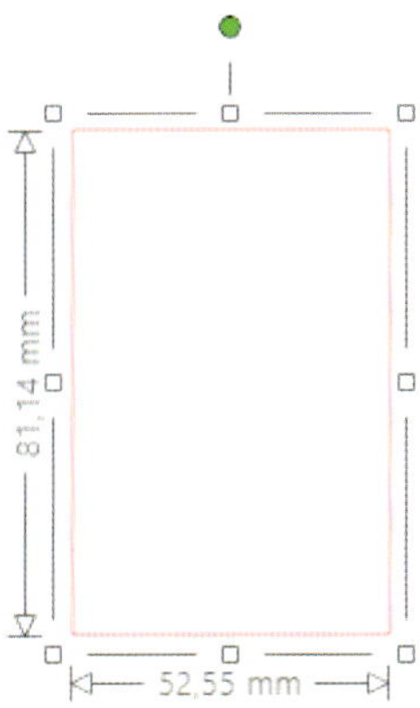

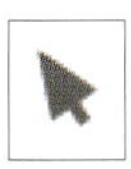

2. Markiere die Karte, indem du den Cursor über den Rand des Rechtecks bewegst, sodass sich der Cursor in ein Handsymbol verwandelt, und dann das Rechteck mit der linken Maustaste anklickst.

3. Im oberen Menü findest du Eingabefenster für die Größeneinstellung. Klicke dort auf die Schaltfläche VORHÄNGESCHLOSS, um dieses zu öffnen. Anschließend gibst du für die BREITE (W) 40 mm und die HÖHE (H) 70 mm ein, indem du den Wert markierst, überschreibst und anschließend den Wert mit der Enter-Taste bestätigst. (Eventuell musst du das Rechteck neu auf deinem A4-Blatt ausrichten.)

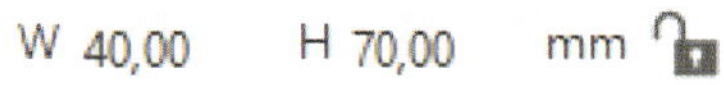

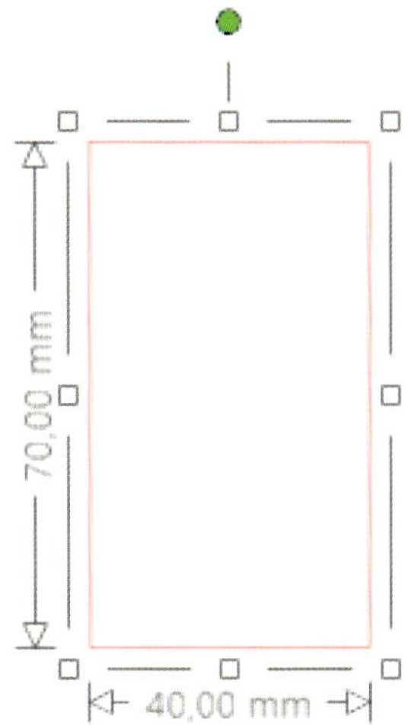

Hinweis

Wenn das kleine Vorhängeschloss-Symbol hinter BREITE und HÖHE geschlossen ist, verändert sich die jeweils andere Größe proportional mit. Bei geöffnetem Vorhängeschloss-Symbol ist dies nicht der Fall.

Tipp

Alternativ hast du die Möglichkeit, die Größe direkt am Objekt zu verändern. Dazu musst du in der Ecke der markierten Karte mit dem Cursor an den kleinen Quadraten ziehen (Cursor wird zum Doppelpfeil), um die Objektgröße proportional zu verändern. Wenn du an den kleinen Quadraten in der Mitte der Seiten ziehst, verändert sich nur die Höhe bzw. Breite.

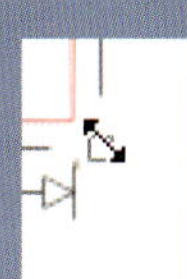

4. Klicke erneut in der linken Seitenleiste auf die Schaltfläche Zeichenutensilien und wähle eine Ellipse aus. Zeichne dann mit dem Cursor eine Ellipse in den weißen Bereich deiner Schneidematte neben das Rechteck. Wähle anschließend in der linken Seitenleiste die Schaltfläche Auswählen, um nicht noch weitere Ellipsen zu zeichnen. Alternativ kannst du auch die ESC-Taste auf deiner Tastatur drücken.

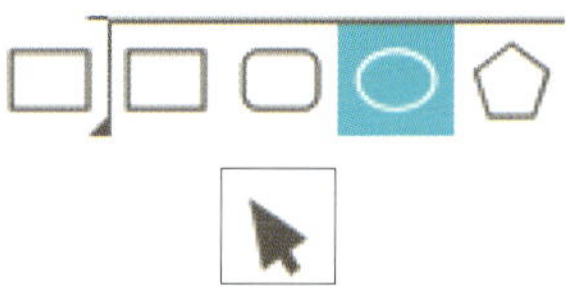

5. Markiere die Ellipse, indem du den Cursor über den Rand der Ellipse bewegst, sodass sich der Cursor in ein Handsymbol verwandelt, und dann die Ellipse mit der linken Maustaste anklickst.

6. Im oberen Menü findest du Eingabefenster für die Größeneinstellung. Klicke dort auf die Schaltfläche Vorhängeschloss, um dieses zu öffnen. Anschließend gibst du für die Breite (W) 5 mm und die Höhe (H) 5 mm ein, indem du den Wert markierst, überschreibst und anschließend den Wert mit der Enter-Taste bestätigst. (Eventuell musst du das Rechteck neu auf deinem A4-Blatt ausrichten.)

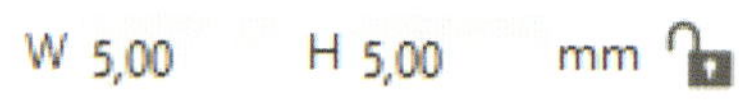

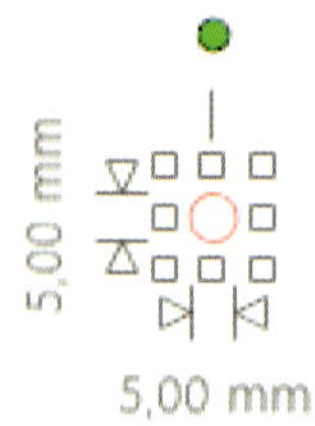

5.8.4 Farben zuordnen

1. Markiere erneut das Rechteck und klicke in der rechten Seitenleiste die Schaltfläche Füllfarben. Wähle dann eine beliebige Farbe für dein Rechteck aus.

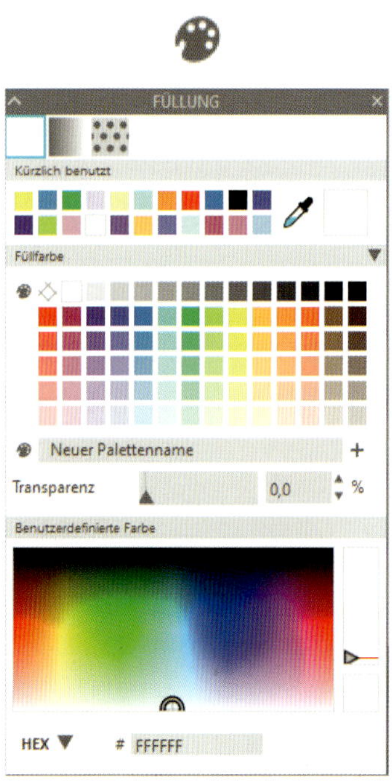

2. Wiederhole anschließend die gleichen Arbeitsschritte für den Kreis und wähle dafür eine andere Farbe als für das Rechteck aus.

5.8.5 Anhängerform erstellen

1. Markiere den Kreis und verschiebe ihn in den oberen Bereich des Rechtecks. Sollte der Kreis vom Rechteck verdeckt sein, markiere das Rechteck und klicke im oberen Menü auf die Schaltfläche IN DEN HINTERGRUND.

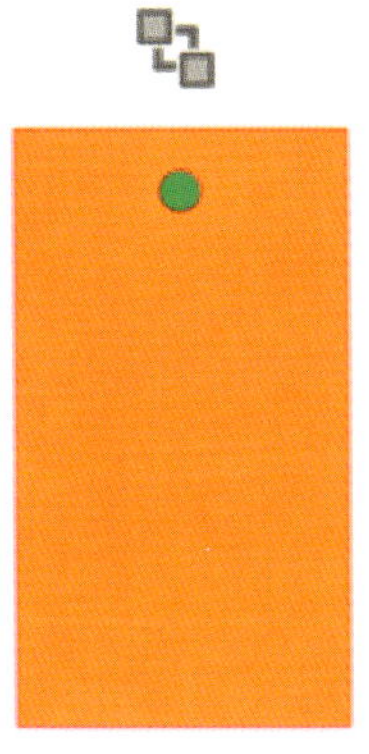

2. Ziehe mit gedrückter linker Maustaste ein Rechteck über das Rechteck und den darüberliegenden Kreis, sodass beide Formen markiert sind.

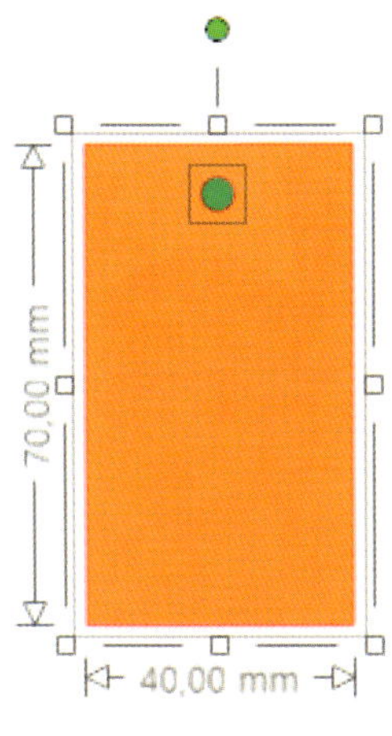

3. Klicke in der linken Seitenleiste auf die Schaltfläche AUSRICHTEN und im Menüfenster auf ZENTRIERT AUSRICHTEN. Damit ist der Kreis mittig auf dem Rechteck angeordnet. Alternativ erreichst du die Funktion auch über das obere Menü über die Schaltfläche AUSRICHTEN > ZENTRIERT AUSRICHTEN.

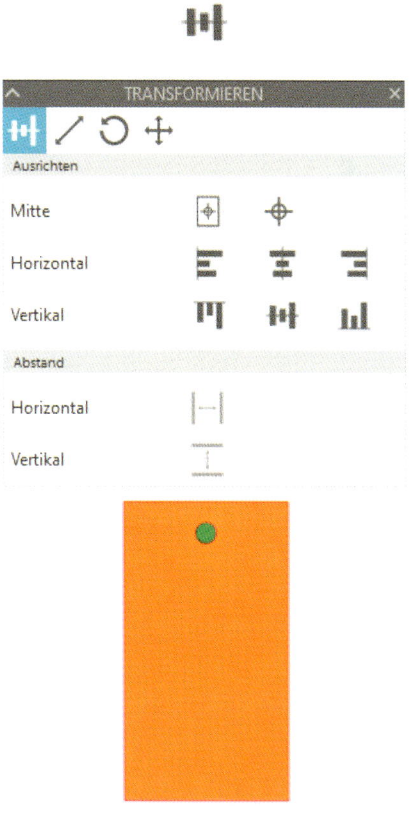

4. Lass beide Formen markiert und klicke anschließend in der linken Seitenleiste auf die Schaltfläche MODIFIZIEREN und im Menüfenster auf SUBTRAHIEREN. Dabei verschwindet der Kreis und ist aus dem Rechteck ausgeschnitten.

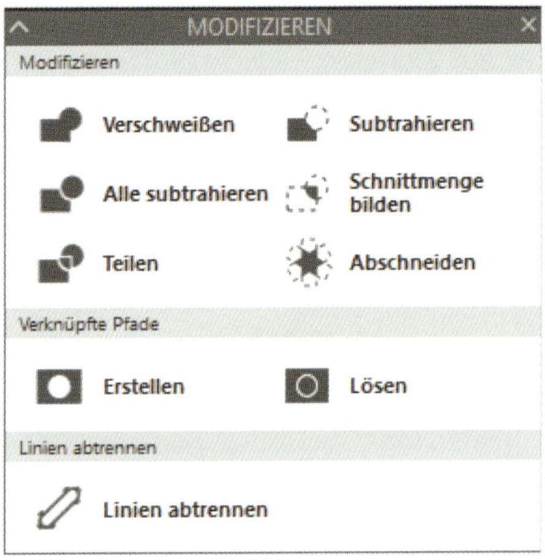

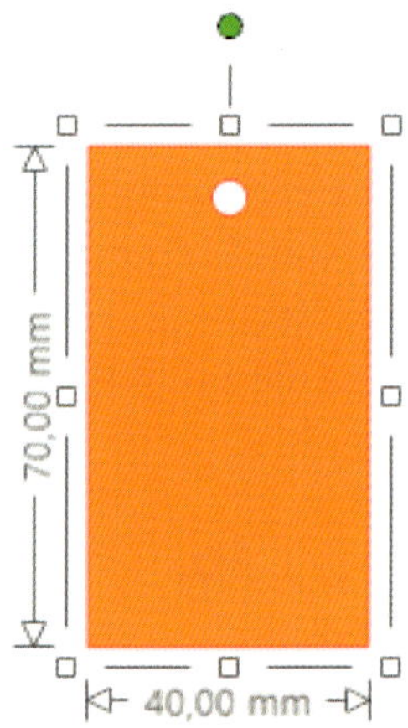

5.8.6 Sternform erstellen

1. Ziehe jetzt den Stern zurück auf die Schneidematte, in dem du ihn markierst und verschiebst.

2. Markiere den Stern und klicke mit der rechten Maustaste auf den Stern, sodass ein Auswahlmenü erscheint. Wähle daraus die Funktion DUPLIZIEREN aus. Jetzt hast du einen zweiten Stern erhalten. Sollten beide Sterne übereinander liegen, markiere einen Stern und ziehe ihn zur Seite, sodass sich beide Sterne nicht berühren.

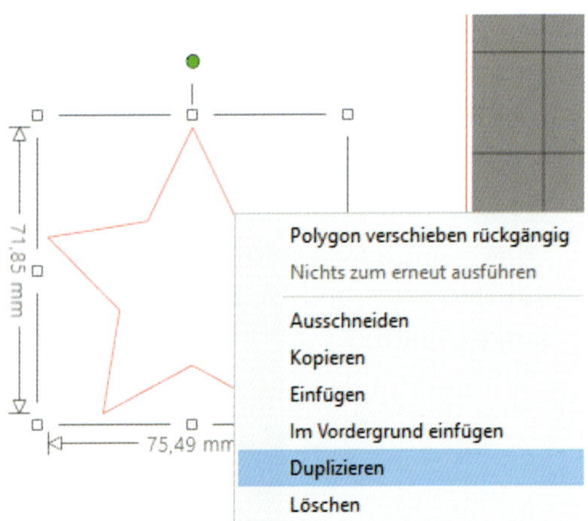

3. Markiere nun einen Stern und klicke in der rechten Seitenleiste die Schaltfläche FÜLLFARBEN. Wähle dann eine beliebige Farbe für den Stern aus (wähle dabei nicht die Farbe des Rechtecks aus). Wiederhole anschließend die gleichen Arbeitsschritte für den zweiten und wähle dafür eine andere Farbe.

4. Markiere den ersten Stern, um dessen Größe zu verändern. Im oberen Menü findest du Eingabefenster für die Größeneinstellung. Klicke dort ggf. auf die Schaltfläche VORHÄNGESCHLOSS, um dieses zu schließen. Anschließend gibst du für die BREITE (W) 35 mm ein, indem du den Wert markierst, überschreibst und anschließend den Wert mit der `Enter`-Taste bestätigst. Die Höhe des Sterns ändert sich nun automatisch mit.

5. Wiederhole den Vorgang für den zweiten Stern und gib dabei eine Breite (W) 25 mm an.

6. Lasse den kleineren Stern markiert und klicke im oberen Menü auf die Schaltfläche In den Vordergrund.

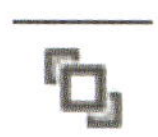

7. Markiere beide Sterne. Klicke in der rechten Seitenleiste auf Ausrichten und im Menüfenster auf Zentriert ausrichten. Jetzt stehen beide Sterne mittig untereinander.

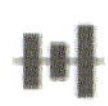

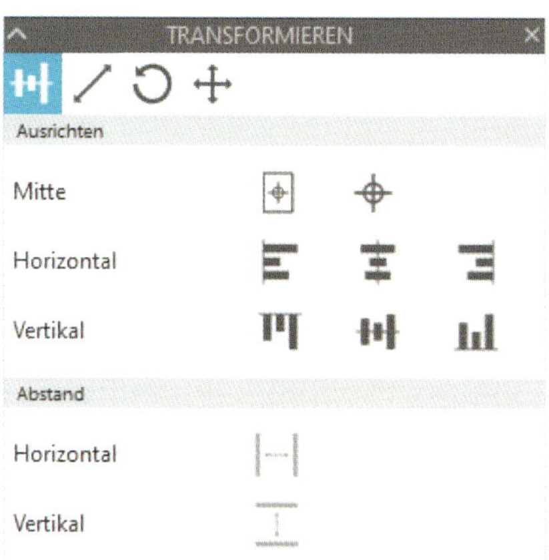

8. Markiere den größeren Stern. Wechsle im Menüfenster Ausrichten zum Reiter Verschieben. Gib dort eine Y-Position von 30 mm an und bestätige diese mit der `Enter`-Taste. Klicke anschließend im Menüfenster auf Hinzufügen.

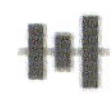

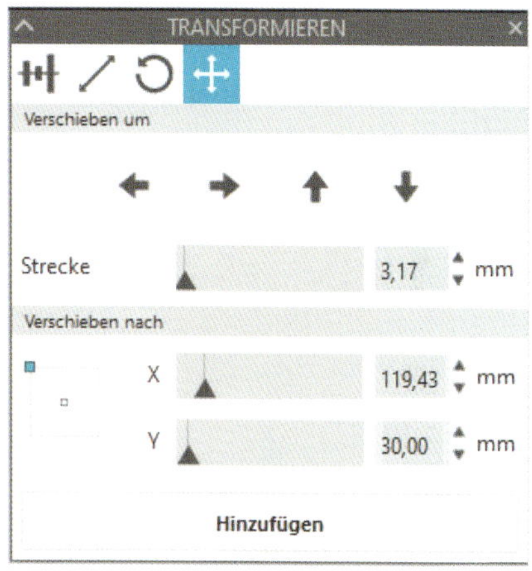

9. Markiere nun den kleineren Stern. Gib im Menüfenster Verschieben die Y-Position von 35,3 mm an und klicke auf Hinzufügen. Jetzt liegt der kleine Stern mittig auf dem größeren Stern (die Funktion Ausrichten > Mitte bringt nicht das gleiche Ergebnis).

5.8.7 Stern und Anhänger zusammenfügen

1. Lass beide Sterne weiterhin markiert und gruppiere diese. Klicke dazu im oberen Menü auf die Schaltfläche Gruppieren. Beide Sterne sind nun miteinander fixiert.

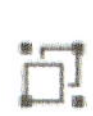

2. Positioniere die Stern-Gruppe am unteren Rand des Anhängers, sodass sie unten teilweise über den Anhänger hinausragt.

3. Ziehe mit gedrückter linker Maustaste ein Rechteck über die Sternengruppe und den

Anhänger, sodass beide Formen markiert sind.

4. Klicke in der linken Seitenleiste auf die Schaltfläche Ausrichten und im Menüfenster auf Zentriert ausrichten. Damit ist die Sternengruppe mittig auf dem Anhänger angeordnet. Alternativ erreichst du die Funktion auch über das obere Menü über die Schaltfläche Ausrichten > Zentriert ausrichten oder du arbeitest mit den blauen Hilfslinien von Smart Snapping.

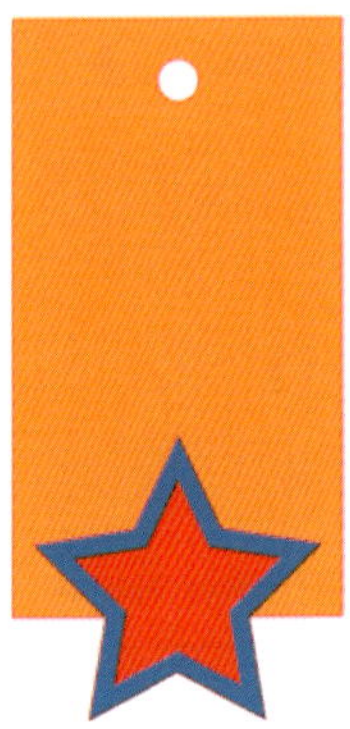

5. Markiere anschließend nur die Sternengruppe und klicke im oberen Menü auf die Schaltfläche Zerlegen. Damit löst du die Sternengruppe wieder auf und kannst beide Sterne jetzt wieder separat bearbeiten.

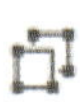

6. Markiere nun den Anhänger und anschließend mit gedrückter `Shift`-Taste den großen Stern (der kleine Stern darf nicht markiert sein und sollte in der Position bleiben).

7. Klicke in der linken Seitenleiste auf die Schaltfläche Modifizieren und im Menüfenster auf Verschweißen. Damit vereinst du den Anhänger mit dem großen Stern zu einer Form. Alternativ erreichst du die Funktion auch über das obere Menü über die Schaltfläche Verschweißen.

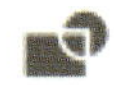

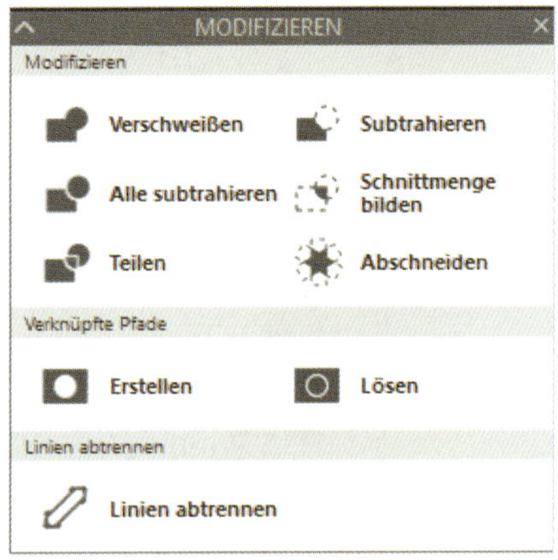

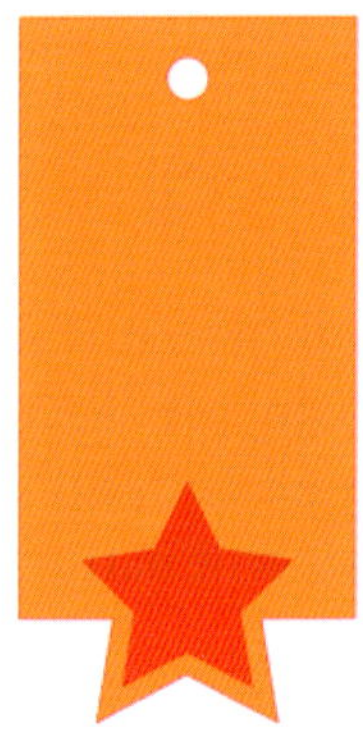

8. Ziehe mit gedrückter linker Maustaste ein Rechteck über den Anhänger und den kleinen Stern, sodass beide Formen markiert sind.

9. Klicke in der linken Seitenleiste auf die Schaltfläche Modifizieren und im Menüfenster auf Subtrahieren. Damit schneidest du den kleinen Stern aus dem Anhänger heraus.

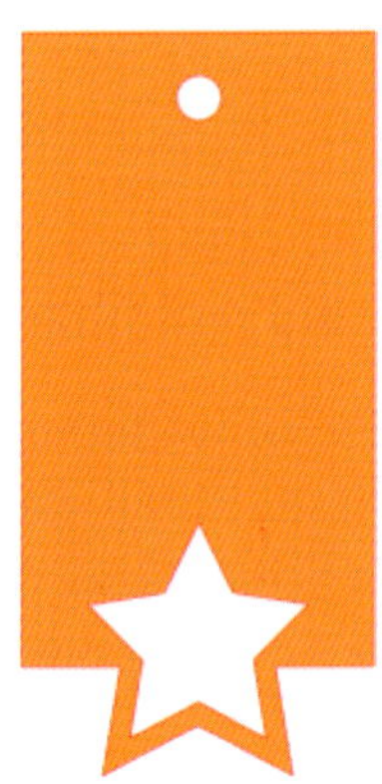

Tipp

Wenn du möchtest, kannst du deinem Anhänger jetzt noch Text hinzufügen (siehe dazu 5.4 *Projekt Karte*).

5.8.8 Anhänger herstellen

1. Klicken nun oben rechts auf SENDEN.

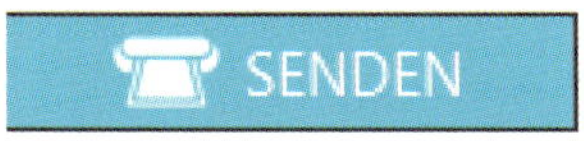

2. Schalte deinen Cameo 5 ein und achte darauf, dass der Plotter und das *Silhouette Studio* verbunden sind.

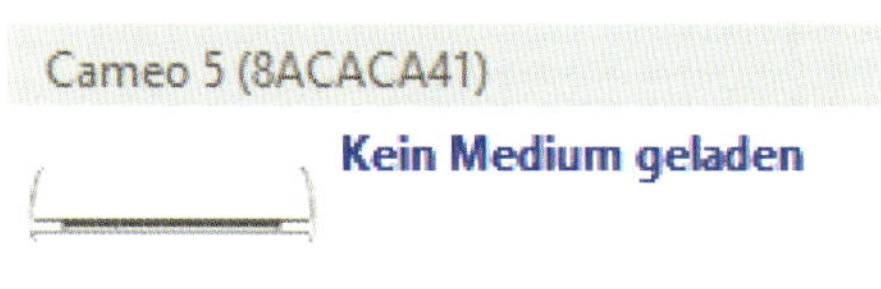

3. Setze im Werkzeughalter 1 das Automatikmesser ein.

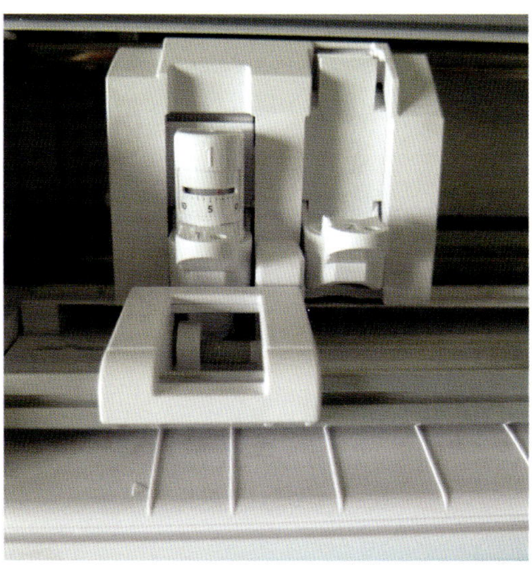

4. Nimm jetzt im rechten Menü im Reiter EINFACH im Abschnitt SCHLITTEN 1 Einstellungen vor. Unter dem Punkt Material wähle FOTOKARTON, EINFACH aus, um Tonpapier zu verwenden. Bei AKTIONEN wähle SCHNEIDEN aus. Beim WERKZEUG wähle die AUTOMATISCHE KLINGE aus, die vom Plotter bereits erkannt sein sollte.

Hinweis

Wenn du mit einem neuen Material arbeitest, kannst du zuerst einen Test durchführen. Dabei wird ein kleines Quadrat (1cm) mit einem Dreieck links oben in der Ecke der Matte geschnitten oder gezeichnet. Klebe für den Test ein kleines Stück Material auf die Matte, wähle unten rechts den entsprechenden Schlitten aus und klicke auf TEST.

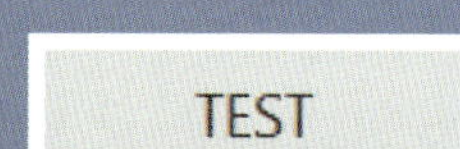

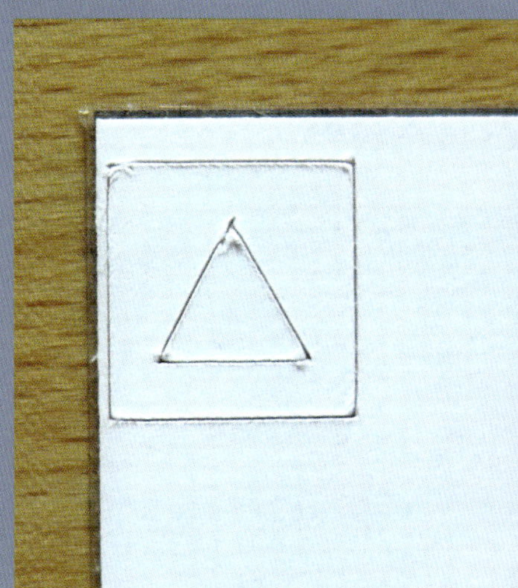

Vorbereiten und Laden der Schneidematte

1. Klebe nun dein Tonpapier auf die Schneidematte. Das Tonpapier sollte am besten ein bis zwei Zentimeter größer sein als die Karte. Wenn du Papier in der Größe DIN

A4 benutzt, klebe das Papier so auf die Matte, wie du es in der Software siehst. So kannst du sicher sein, dass die Karte an der richtigen Stelle auf dem Papier geplottet wird. Drücke das Papier mit einer Rakel oder deiner Handfläche gut fest.

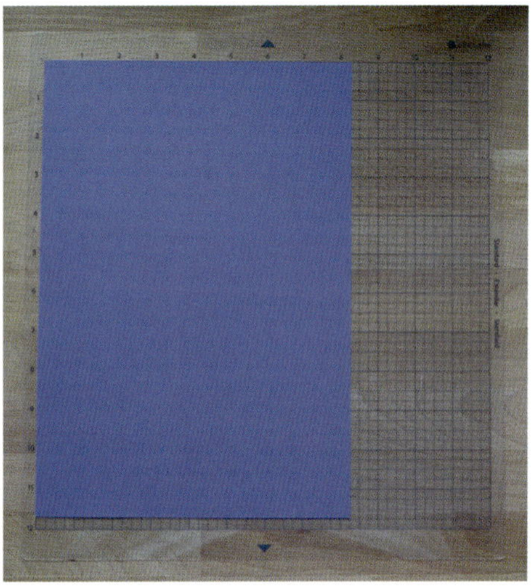

2. Lege nun die Schneidematte an der Markierungslinie des Cameo 5 an. Beachte dazu das kleine Dreieck am linken Rand. Drücke dann im Bedienfeld des Cameo 5 auf den rechten Pfeil, der nach oben zeigt, um die Matte vom Plotter einziehen zu lassen.

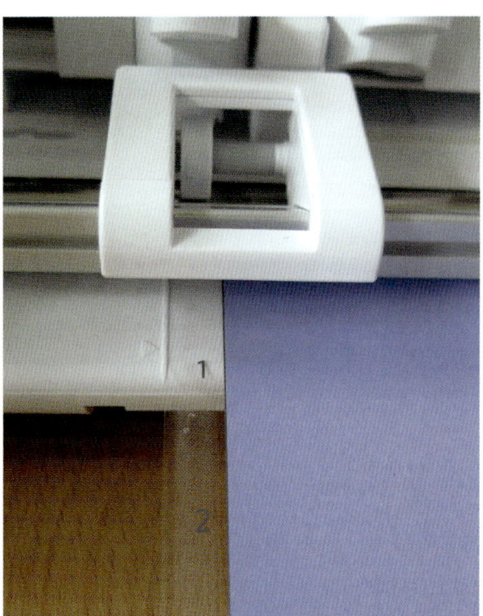

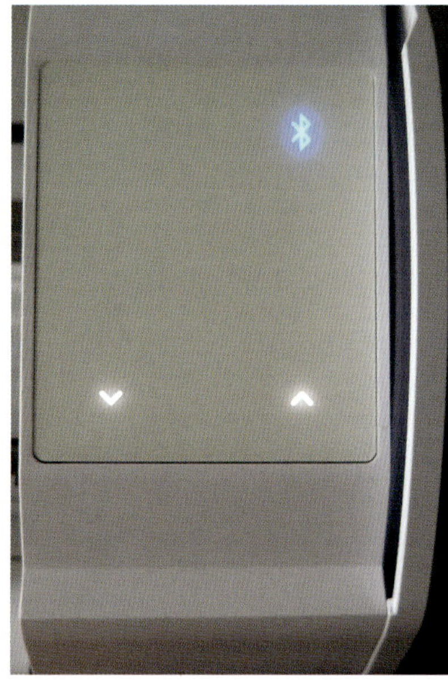

3. In der Software siehst du, ob die Matte erfolgreich vom Cameo 5 geladen wurde.

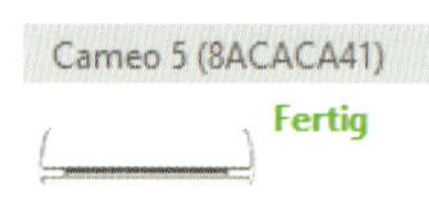

4. Klicke nun im *Silhouette Studio* unten rechts auf SENDEN. Der Cameo 5 schneidet jetzt das Tonpapier.

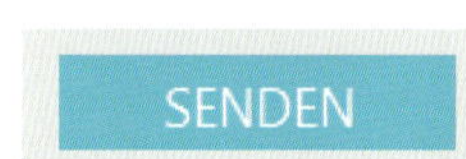

Nach dem Plotten

1. Wenn der Cameo 5 alle Arbeitsschritte ausgeführt hat und du die Schneidematte wieder entnommen hast, musst du das Papier vorsichtig von der Schneidematte lösen.
2. Drehe dazu die Schneidematte mit dem Papier nach unten und löse sie vorsichtig vom Papier ab. So wird das Papier nicht unnötig gewellt. Ein kleiner Spatel kann beim Ablösen hilfreich sein.
3. Entferne alle übrigen Papierreste von der Schneidematte (z.B. mit Spatel oder einer Pinzette).

5.9 Weiterführende Informationen

5.9.1 Objekte neben die Matte legen und Notizen machen

Du hast im Designbereich die Möglichkeit, Objekte und Schrift auch neben der angezeigten Matte zu platzieren. Diese werden dann vom Plotter jedoch nicht bearbeitet. Bearbeitet werden nur Projekte, die sich auf der Matte befinden. Wenn du jedoch größere oder mehrteilige Projekte nach und nach bearbeiten möchtest, kann es sehr hilfreich sein, einzelne Projektteile neben der Matte zu platzieren, um diese später zu bearbeiten oder zu plotten.

Du kannst deinem Projekt auch Notizen mit der Schaltfläche NOTIZEN am linken Rand zu hinzufügen. Mit gedrückter rechter Maustaste kannst du die Notizen beliebig verschieben. Diese Notizen werden, selbst wenn du sie auf die Schneidematte platzierst, nicht geplottet.

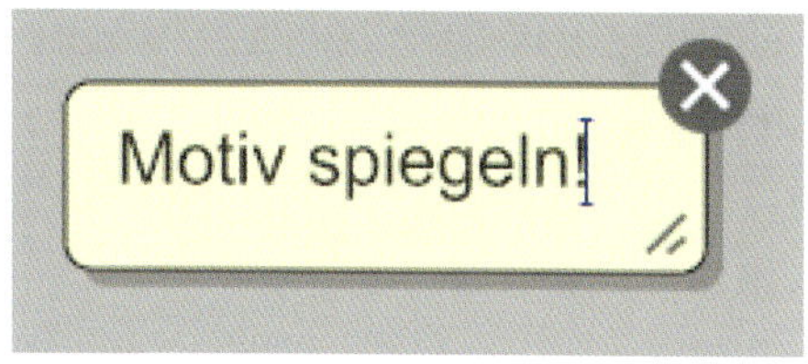

5.9.2 Skizzenfüllung

Wenn du Objekte oder Schrift von einem Stift füllen lassen möchtest, findest du bei der Schaltfläche SKIZZE im Fenster SKIZZE verschiedene Möglichkeiten.

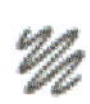

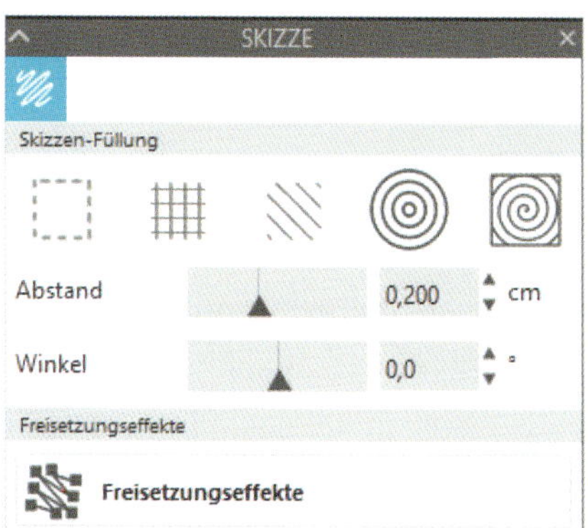

Du kannst Objekte und Schrift mit folgenden Effekten füllen:

- Gitter
- Streifen
- Konzentrischer Effekt zur Kante des Objekts bzw. der Schrift
- Spiraleffekt zur Kante des Objekts bzw. der Schrift

Zu jedem Effekt kannst du dann noch den Abstand und den Winkel verändern. Je nach Abstand und dicke deines Stiftes kannst du Buchstaben fast vollständig vom Plotter ausmalen lassen.

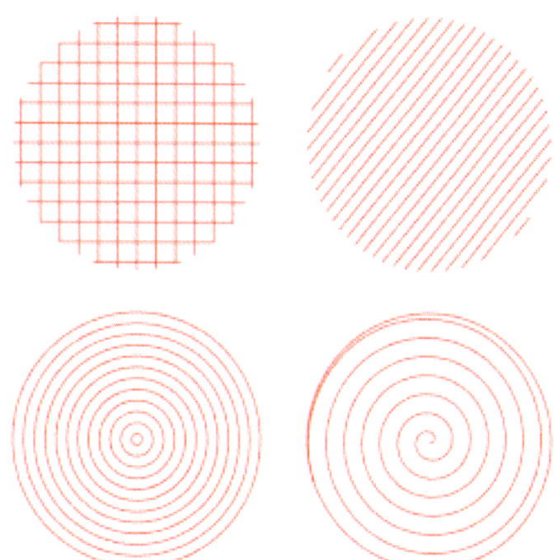

Mit dem Freisetzungseffekt kannst du die einzelnen Vektorenpunkte des Musters anschließend separat bearbeiten (siehe dazu Abschnitt 10.6).

5.9.3 Mit Farben arbeiten (Objektfarben, Schriftfarben)

Wenn du einem Objekt oder Schrift Farben zuordnen möchtest, kannst du das mithilfe einer Linienfarbe oder ein Füllfarbe tun. Linienfarben und auch Füllfarben findest du im rechten Menüband mit entsprechendem Fenster. Dort kannst du aus bestehenden Farben auswählen, eigene Farben mit der Pipette aufnahmen (z.B. aus Bildern), eine Farbpaletten zusammenstellen, die Farbtransparenz einstellen, sowie eigene Farben im Farbfeld aussuchen (und dessen Helligkeit verändern) und mit verschiedenen Farbcodes (HEX, HSL, RGB) arbeiten.

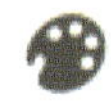

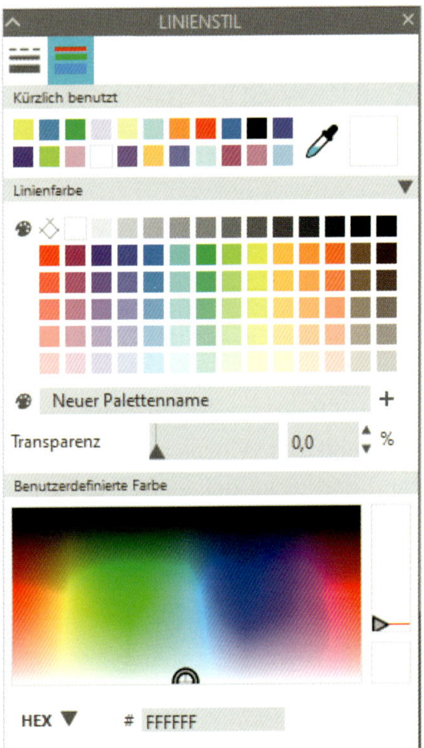

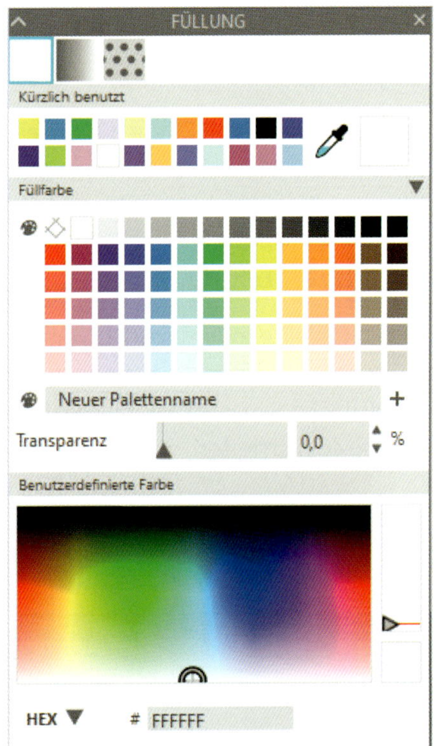

Beide Funktionen findest du mit reduziertem Funktionsumfang im oberen Menüband.

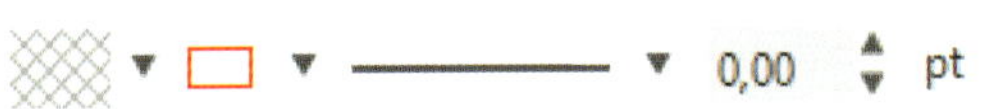

5.9.4 Objekte transformieren (ausrichten, drehen, verschieben, skalieren)

Du kannst Objekte und Schrift auf verschiedene Weisen verändern. Wähle dazu die Schaltfläche TRANSFORMIEREN. Diese Funktionen findest du auch in der oberen Menüleiste, wenn du ein oder mehrere Objekte oder Schriftzüge markiert hast.

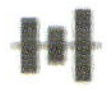

Du kannst unter dem Punkt Ausrichten Objekte und Schrift allein mittig oder zueinander ausrichten und im gleichmäßigen Abstand verteilen.

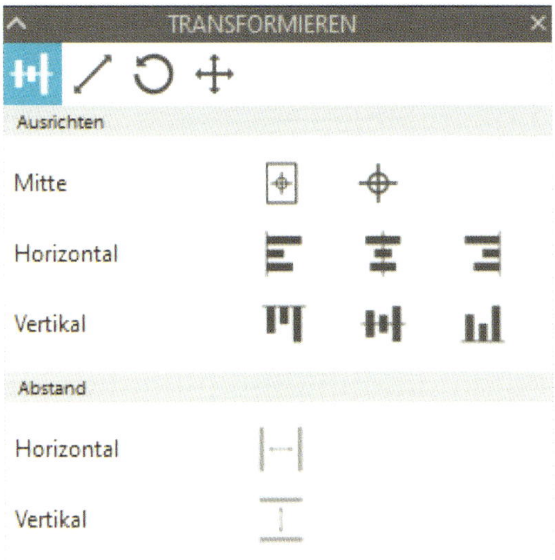

Beim Punkt Skalieren kannst du Objekte und Schrift prozentual vergrößern oder verkleinern sowie Abmessungen in Millimetern eingeben. Drücke nach jeder Einstellung auf Hinzufügen, um die Veränderung durchzuführen.

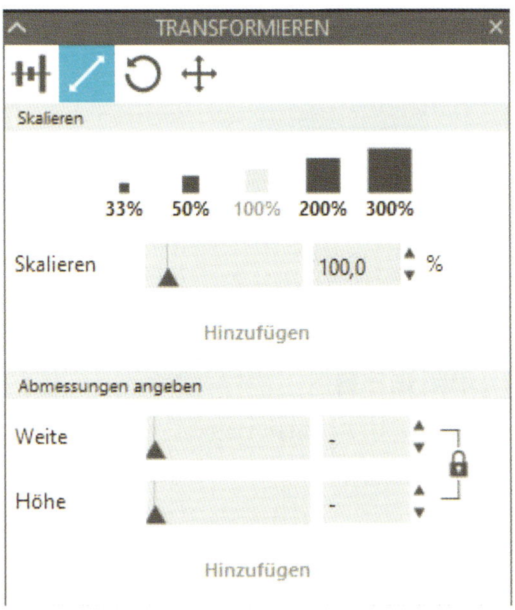

Um Schrift oder Objekte zu drehen, wähle den Punkt Drehen aus. Dort kannst du Objekte und Schrift auf oder um eine vorgegebene oder beliebige Gradzahlen drehen.

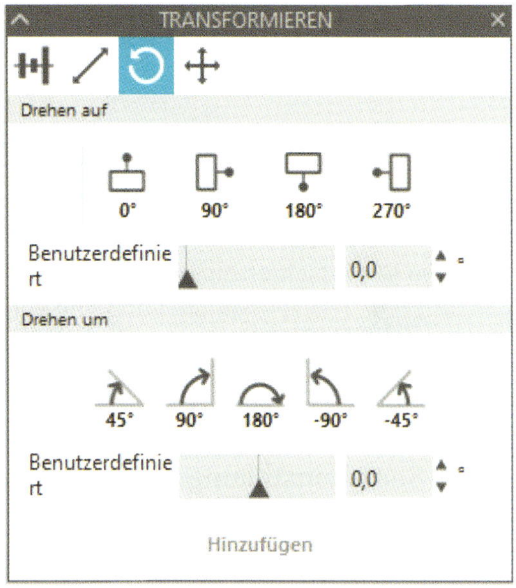

Beim Punkt Verschieben kannst du Objekte und Schrift um eine selbstgewählte Länge in vier Richtungen verschieben. Du kannst außerdem einen Punkt auf dem Objekt (oder auf der Schrift) auswählen und dieses an eine gewählte Position auf der X- oder Y-Achse verschieben.

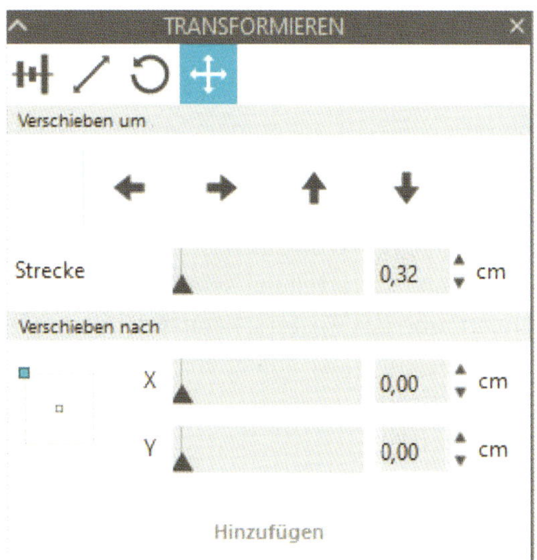

5.9.5 Offset

Mit der Funktion Offset kannst du einen dicken (meist weißen) Rahmen um Objekte herum einfügen. Dieser kann z.B. als Design-Element dienen, oder auch dazu, die einzelnen unzusammenhängenden Buchstaben bei Schriftzügen zusammenzuhalten.

Wie du ein solches Offset erstellst, erfährst du im Projekt in Abschnitt 9.1.4.

5.9.6 Mehrere Projekte gleichzeitig öffnen

Im Designbereich hast du die Möglichkeit, mehrere Projekte gleichzeitig zu öffnen und zwischen den Projekten hin und her zu springen. Mit dem Pluszeichen am Ende der Reihe kannst du ein neues Projekt ohne Inhalt öffnen.

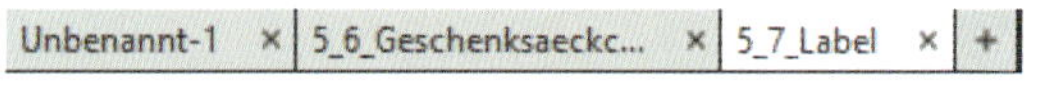

Wenn du deine Projekte mit einem Dateinamen abgespeichert hast, erscheint dieser Name auch als Projektname am Reiter.

5.9.7 Seiteneinstellungen

Im Menü am linken Rand kannst du Seiteneinstellungen vornehmen.

Im ersten Reiter Seiteneinstellungen kannst du einstellen, mit welchem Plotter und ggf. mit welcher Matte du arbeitest und wie groß dein Material ist, das du auf die Schneidematte aufbringen möchtest, z.B. DIN A4 oder ein selbst gewähltes Format.

Im zweiten Reiter Rastereinstellungen kannst du dir ein Raster auf deinem Material anzeigen lassen und einstellen, ob Objekte oder Schrift an diesem Raster ausgerichtet werden sollen. Wie groß das Raster und die darin enthaltene Unterteilung sein soll, sowie die Linienfarbe des Rasters, kannst du ebenfalls im Menü individuell anpassen.

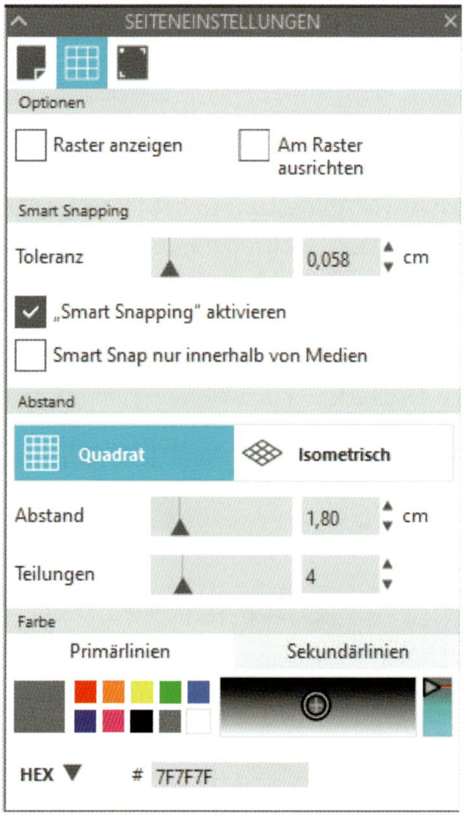

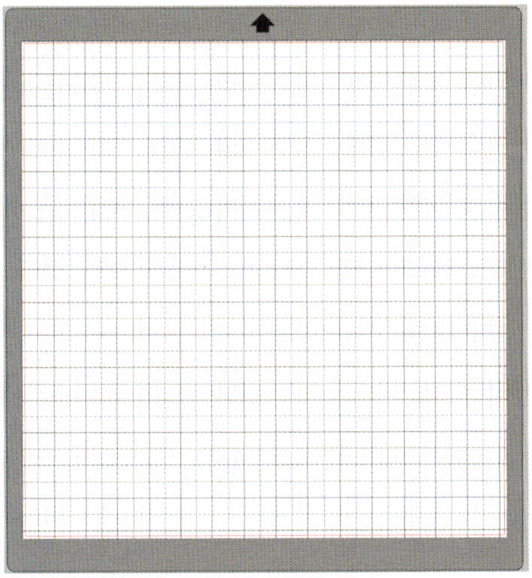

Mit der Funktion Smart Snapping kannst du mehrere Objekte und Schrift zueinander ausrichten, ohne die Schaltfläche Ausrichten verwenden zu müssen. Um Smart Snapping zu nutzen, sollte diese Funktion angeklickt sein und die Toleranz größer 0 sein. Wenn du dann z.B. zwei Objekte zueinander ausrichten möchtest, erscheint eine blaue Hilfslinie, die dir das Ausrichten erleichtert.

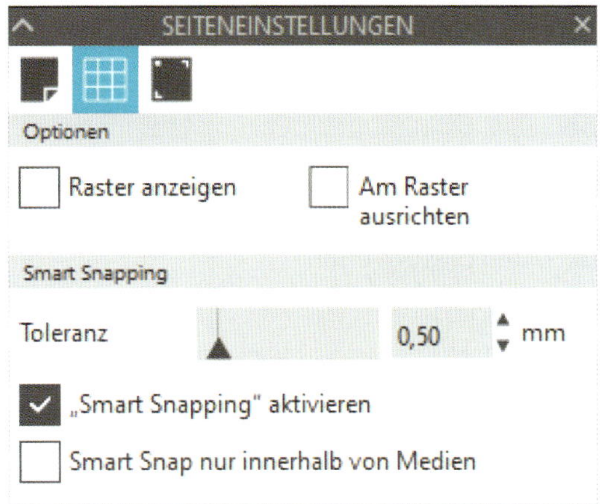

Im dritten Reiter Passermarkierungen kannst du Markierungen zu deinem Material hinzufügen, die du für Print & Cut benötigst (siehe dazu 5.7 *Projekt Label*). Dort kannst du auch die Funktion Druckausblutung anklicken. Dabei wird die Farbe von einem Objekt oder eines Schriftzugs über dessen Grenzen hinaus gedruckt, damit anschließend beim Schneiden keine weißen Ränder sichtbar sind.

5.9.8 Linienstile zuordnen

Im Menü am linken Rand kannst du Objekten oder Schriften auch verschiedene Linienstile zuordnen und diese weiter individualisieren. Dort findest du auch verschiedene Arten von gestrichelten Linien, die du brauchst, um Linien zu perforieren.

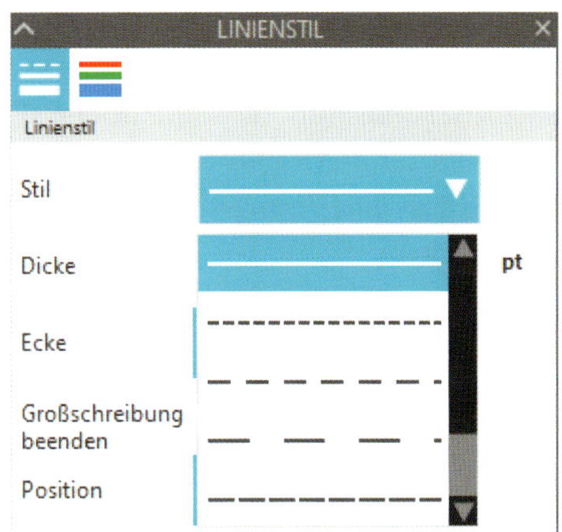

5.9.9 Flexiform

Im linken Menü unter dem Punkt Formen Bzw. Zeichenutensilien findest du am Ende der Reihe auch ein Regelmässiges Vieleck. Diese Form ist eine Flexiform.

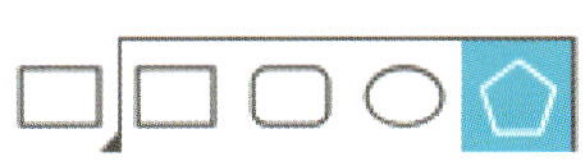

Während du die anderen Formen nur in Höhe und Breite verändern kannst, kannst du eine Flexiform noch weiterbearbeiten. Beim Schieberegler in der Mitte der Form kannst du bestimmen, wie viele Ecken die Form haben soll (Minimum 3 Ecken, Maximum 60 Ecken). Mithilfe der roten Punkte auf der Linie der Form kannst du deren Größe verändern und diese drehen.

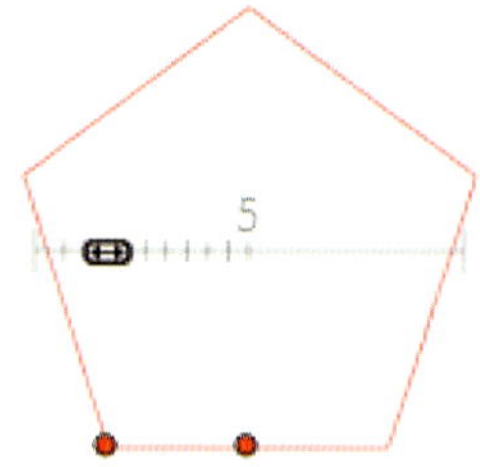

5.9.10 Objekte und Schrift entfernen und Radierer-Werkzeug nutzen

Um ganze Objekte oder Schrift zu entfernen, markiere diese und drücke dann auf deiner Tastatur auf `Entf`.

Möchtest du nur bestimmte Teile von Objekten oder Schrift entfernen, kannst du auch das RADIERER-WERKZEUG benutzen. Dieses findest im Menü am rechten Rand. Nach Aktivierung des Radierers erscheint im oberen Menü auch ein eigene Funktionsleiste. Dort kannst du einstellen, welche Form (rund oder quadratisch) und welche Größe der Radierer haben soll.

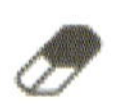

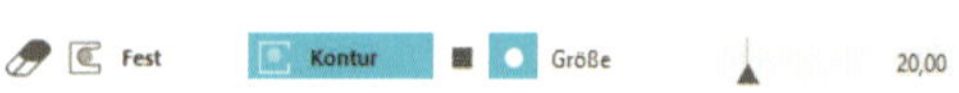

Zusätzlich kannst du die Funktionen FEST oder KONTUR für den Radierer einstellen. FEST bedeutet, dass eine Form trotz Radierens geschlossen bleibt.

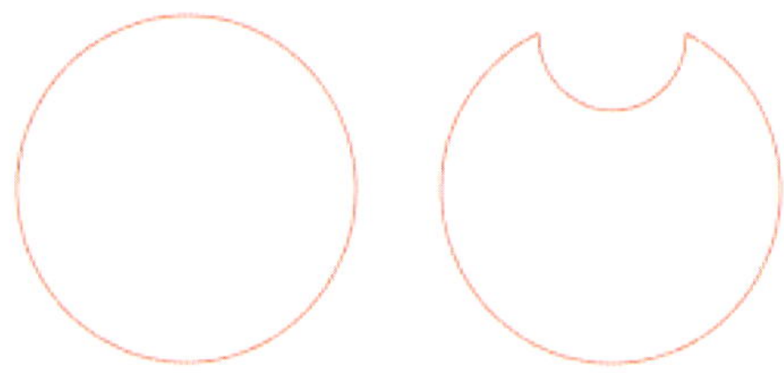

KONTUR heißt, dass die Umrisse der Form geöffnet werden (siehe dazu auch Abschnitt 10.6). Das funktioniert jedoch nur, wenn die Form nicht mit Farbe gefüllt ist.

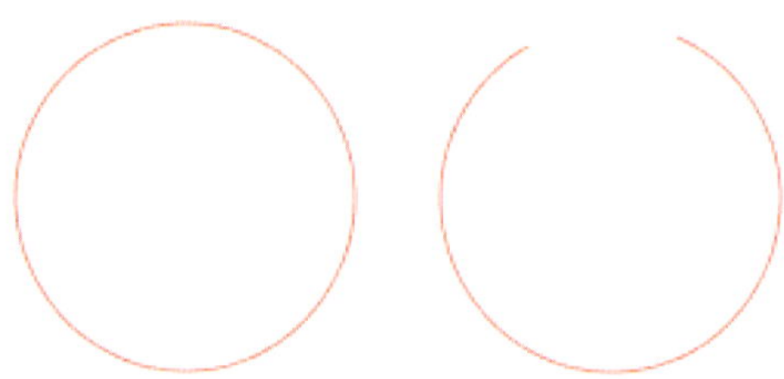

5.9.11 Text an Form ausrichten

Du kannst Text auch an Formen ausrichten, z.B. an einem Kreis. Erstelle dazu eine Form und ein Textfeld mit deinem Wunschtext. Aktiviere im Textfeld den Bearbeiten-Modus. Klicke nun auf den kleinen Kreis mit Doppelpfeilen am Anfang des Textfeldes und halte die Maustaste gedrückt. Ziehe nun den Text zur Form. Dabei passt sich der Text der Form von außen bzw. von innen an und du kannst ihn weiter entlang der Form-Linien verschieben. Zusätzlich erscheint eine graue Linie mit einem Schieberegler, mit dem du bestimmen kannst, wie weit der Text von der Formlinie entfernt sein soll.

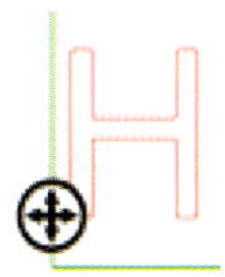

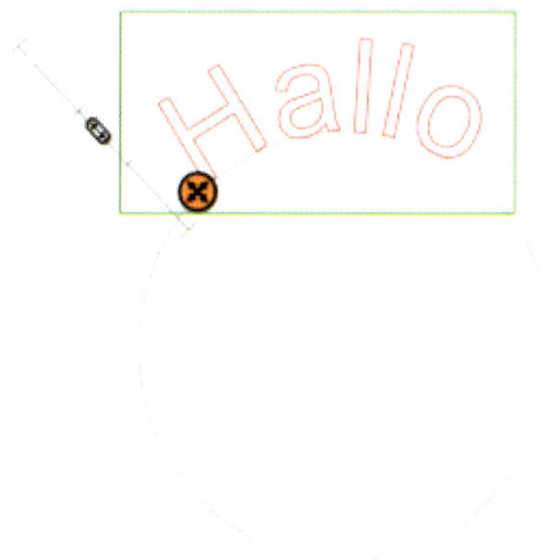

5.9.12 Ritzen statt Perforieren

Anstatt Linien zu perforieren, kannst du diese auch ritzen. Die Linie sollte eine durchgängige Linie sein. (Klicke ggf. in der rechten Seitenleiste auf die Schaltfläche Linienstil und wähle unter Stil eine durchgehende Linie aus.) Wähle in den Schnitteinstellungen unter Senden die Linie aus, die geritzt werden soll, und stelle Aktion > Ritzen ein (Werkzeug > Automatische Klinge). Für alle anderen Elemente in deinem Projekt, die nicht geritzt werden sollen, musst du die Funktion Keine Kerblinie auswählen. Beachte, dass Ritzen bei zu dünnem Papier nicht möglich ist.

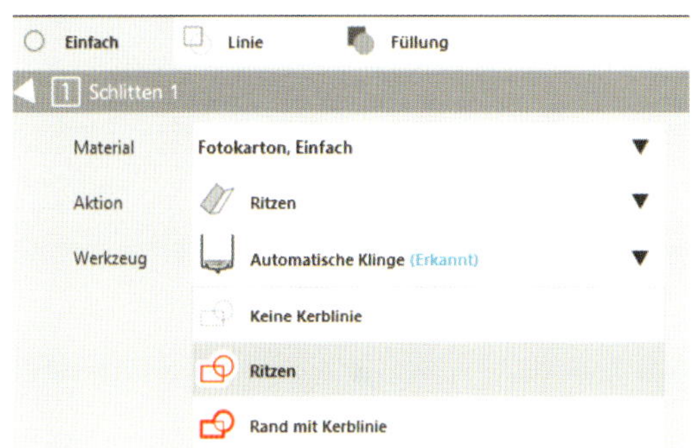

6 Geschenke

In diesem Kapitel findest du viele Ideen zum Thema Geschenke. Dabei sind Projekte für Geschenke, z.B. Geschenkanhänger, Geschenkboxen, Karten und Geschenksäckchen. Du findest aber auch Projekte, die selbst ein Geschenk sein können, z.B. Lesezeichen und Taschen.

6.1 Geschenkanhänger

Geschenkanhänger sind nicht nur nützlich, um Geschenke für verschiedene Personen nicht durcheinanderzubringen. Sie können verpackte Geschenke auch schöner machen oder kleine Botschaften an den Beschenkten überbringen. In den nachfolgenden Abschnitten findest du sowohl klassische Anhänger als auch Anhänger mit ausgefalleneren Formen.

6.1.1 Geschenkanhänger in Formen

Schwierigkeit: leicht

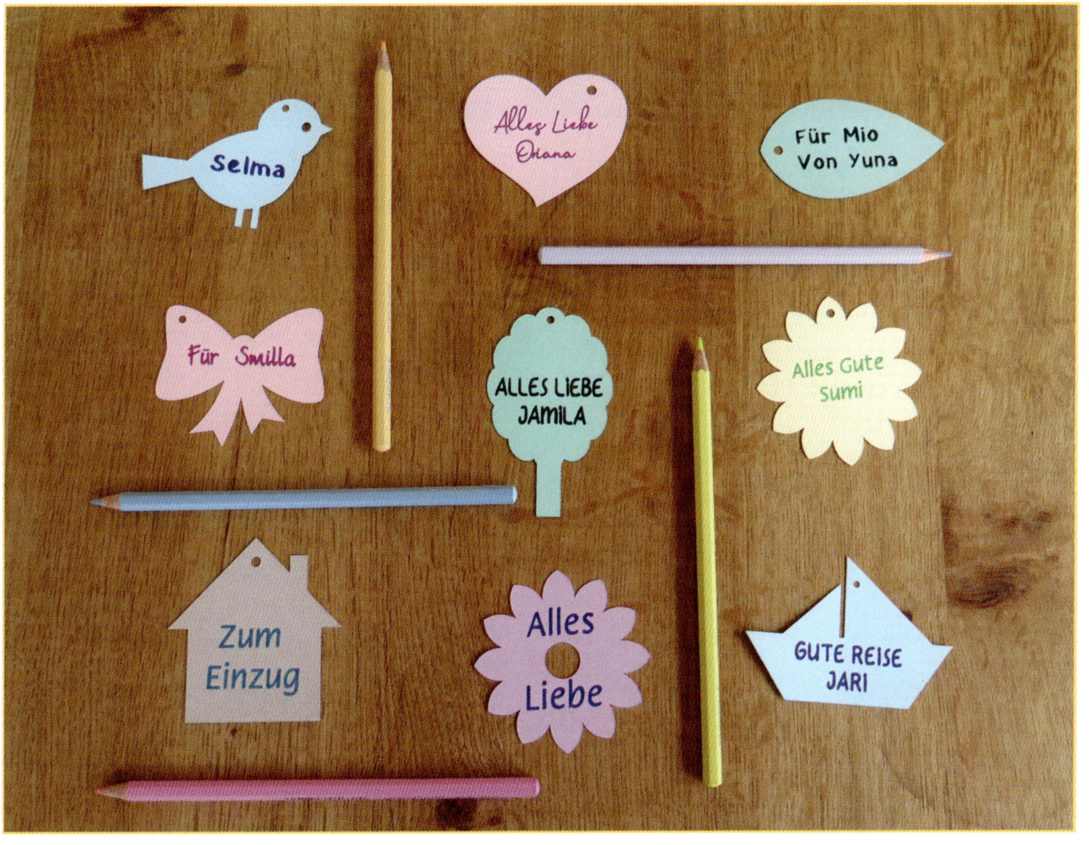

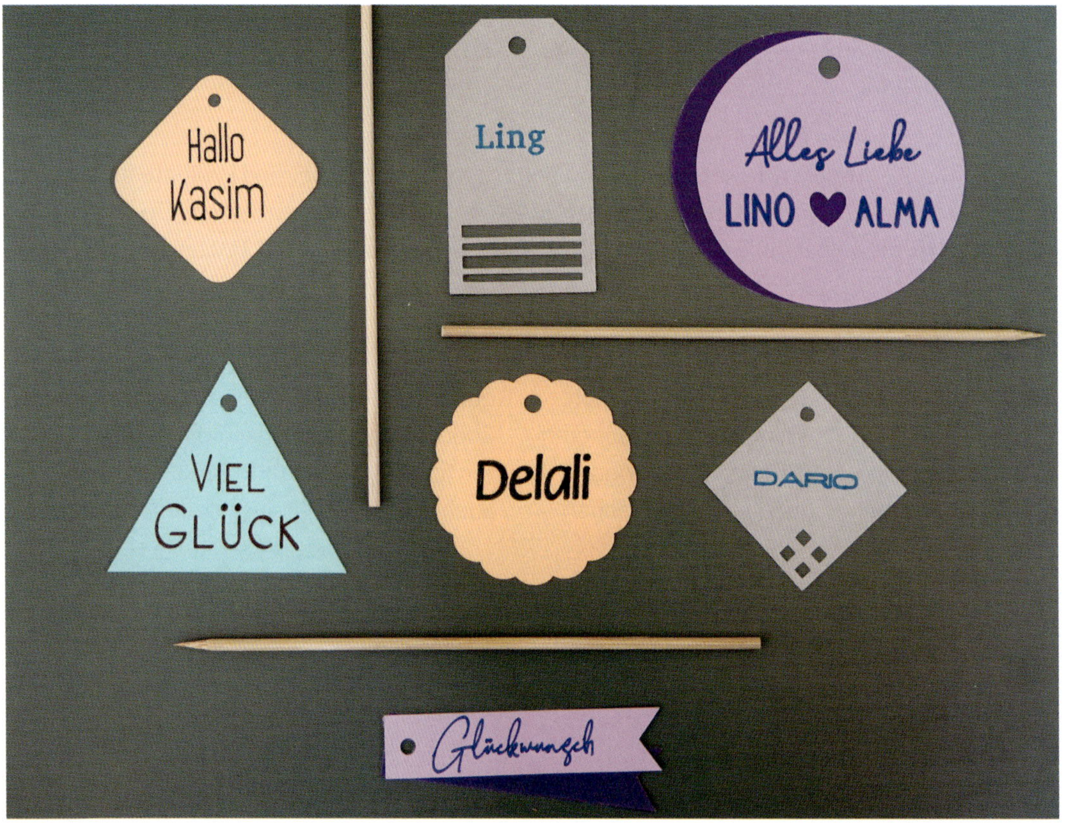

Material

- Fotokarton oder Tonpapier
- Ggf. Stift mit Universal-Stiftehalter
- Vorlage 6_1_1_Geschenkanhaenger_klassisch oder Vorlage 6_1_1_Geschenkanhaenger_Formen

Größe des Projekts

Du kannst die Größe der Geschenkanhänger frei wählen.

Klassische Maße für Geschenkanhänger:

- Rund: 5–6 cm
- Rechteckig: 7 x 4 cm
- Quadratisch: 5–6 cm

Geschenkanhänger individualisieren

Platziere ein Textfeld auf dem Geschenkanhänger und schreibe deinen Wunschtext. Wähle Schriftart und Schriftgröße passend dazu aus. Lass den Text vom Plotter mit einem Stift schreiben.

Verwendete Schriftarten: Klassische Geschenkanhänger: Dreieck – Tihana; Raute – Allegro; Blume – QTFloraline; Rechteck schmal – Summer Pisces; Rund – Lumie; Rechteck–Charter;Raute–3616Grammastile Geschenkanhänger, Formen: Haus, Blüten – QTFloraline; Boot, Baum – Hey Guys! Demo; Vogel, Blatt – Nekoto; Herz – Celliad; Schleife – Campbell

Variationen

Geschenkanhänger Papier-Upcycling

Nutze schönes Papier von Verpackungen einfach für Geschenkanhänger noch einmal. Führe vor dem Schneiden des Projekts mit unbekanntem Material einen Testschnitt durch, damit du deinen Cameo 5 für das unbekannte Material richtig einstellst. Nutze beispielsweise Papierboxen von Taschentüchern oder Kosmetiktüchern. Für die Rückseite schneidest du dann weißes Papier in gleicher Größe und klebst es zusammen.

Geschenkanhänger mit geschnittenen Namen
Du kannst auch Namen aus dem Geschenkanhänger herausschneiden lassen. Nutze dafür eine Stencil-Schriftart und wähle die Schriftgröße nicht zu klein.

Geschenkanhänger mit Formen
Du kannst aus Geschenkanhängern auch Formen ausschneiden (z.B. Kreise oder Sterne), um sie so noch interessanter zu gestalten. Du kannst aus verschiedenen Formen auch eigene Motive schaffen (z.B. aus drei Dreiecken und einem Rechteck eine Tanne).

Geschenkanhänger als Ornamente
Du kannst Geschenkanhänger auch als Ornamente für Zweige oder Fenster nutzen, wenn du beispielsweise weitere Formen herausschneidest. Aus verschiedenen Ornamenten kannst du außerdem auch ein Mobile gestalten.

Tipp

Diese Geschenkanhänger wirken besonders schön, wenn sie aus bedrucktem oder gemustertem Papier hergestellt werden. Doch auch strukturiertes oder Metallic-Papier kann sehr ansprechend sein. Besonders bei den klassischen Formen lassen sich verschiedene Anhänger auch sehr gut kombinieren.

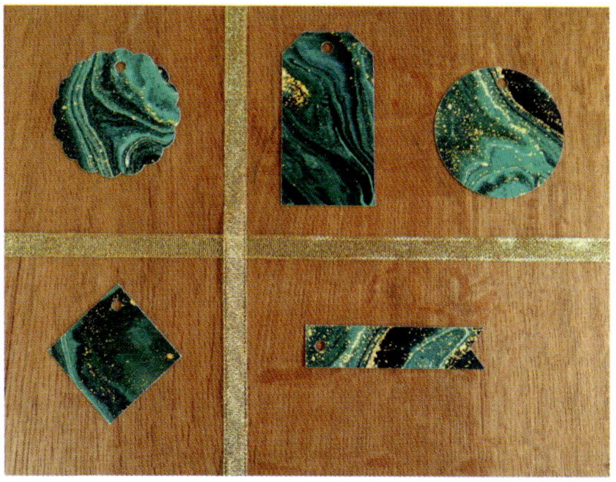

6.1.2 Monogramm-Anhänger

Schwierigkeit: leicht
Projekt ohne Vorlage

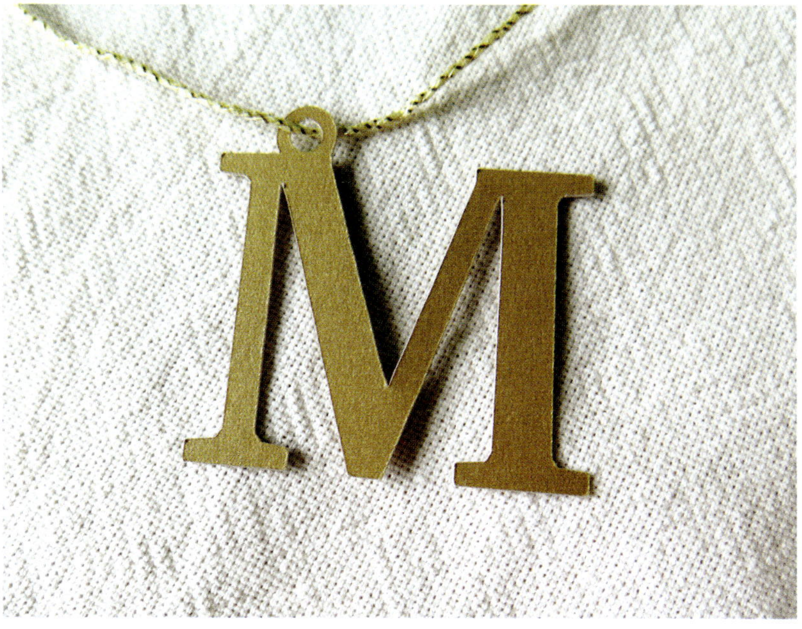

1. Klicke in der linken Seitenleiste auf Text und gib den gewünschten Anfangsbuchstaben als Großbuchstaben ein.
2. Verändere die Höhe des Buchstabens auf 4 cm.
3. Erstelle zwei Kreise. Einen mit einem Durchmesser von 1 cm und einen weiteren mit einem Durchmesser von 0,5 cm.
4. Lege die beiden Kreise übereinander. Damit beide Kreise genau mittig übereinander platziert sind, markiere beide Kreise und klicke auf Ausrichten > Mitte.

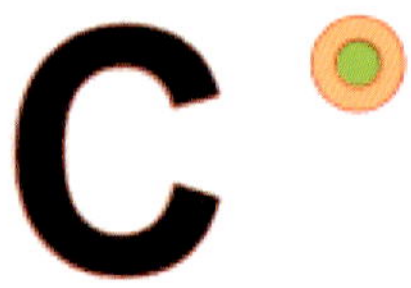

5. Lass beide Kreise markiert und zentriert und klicke anschließend auf Modifizieren > Subtrahieren. Daraus entsteht dann ein Ring.

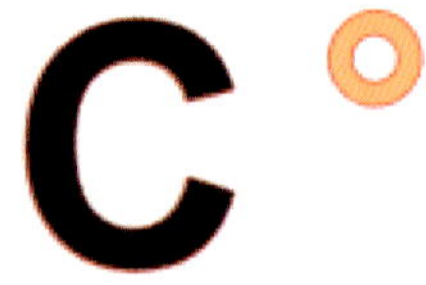

6. Platziere den Ring an die gewünschte Stelle am Buchstaben, markiere Kreis und Buchstaben und klicke im oberen Menü auf Verschweissen. Zum Schluss kannst du die Größe des Anhängers noch anpassen und ihn herstellen.

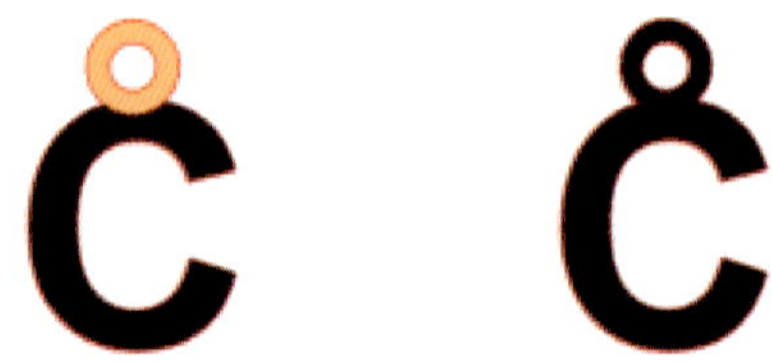

6.1.3 Geschenkanhänger mit Namen

Schwierigkeit: mittel
Projekt ohne Vorlage

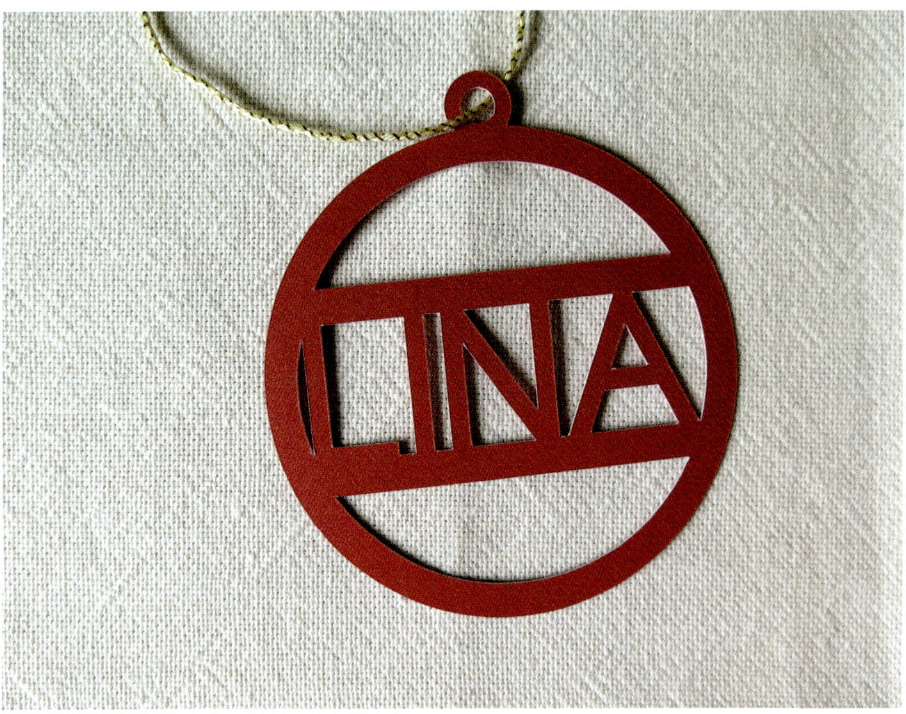

1. Erstelle zwei Kreise mit einem Durchmesser von 7 cm bzw. 6 cm. Markiere beide Kreise. Klicke auf Ausrichten > Mitte und anschließend auf Modifizieren > Subtrahieren. So erhältst du den äußeren Ring für den Anhänger.

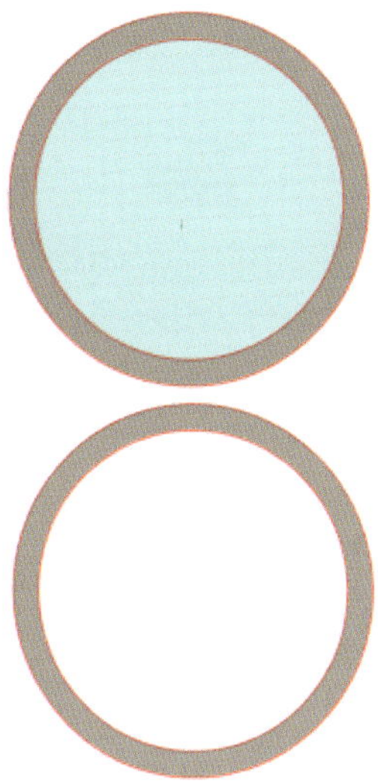

2. Wiederhole den ersten Arbeitsschritt mit zwei Kreisen im Durchmesser von 1 cm bzw. 0,5 cm.

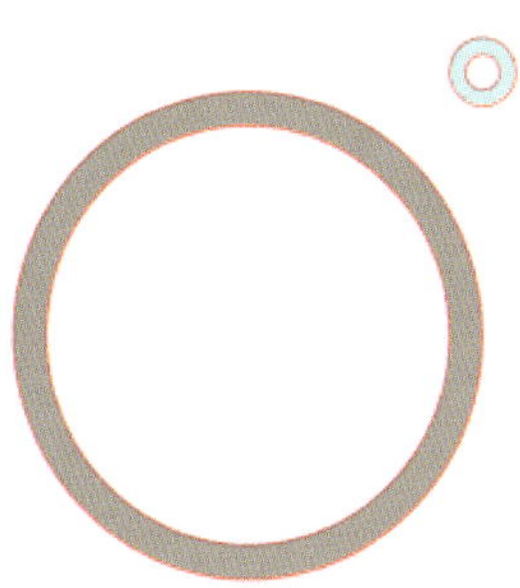

3. Schreibe einen Namen in Großbuchstaben und ziehe das Textfeld in die Mitte des großen Rings. Wähle die Größe des Textes so, dass der Name mit dem Rand des großen Rings leicht überlappt. Markiere das Textfeld und den Ring. Klicke auf Ausrichten > Mitte und anschließend auf VERSCHWEISSEN. Nun sind das Textfeld und der große Ring miteinander verbunden.

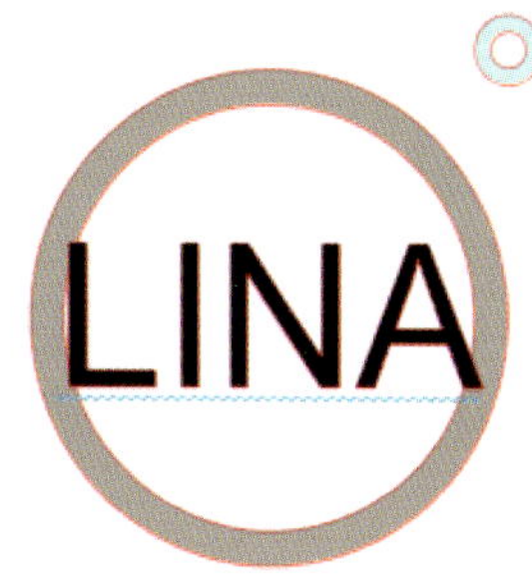

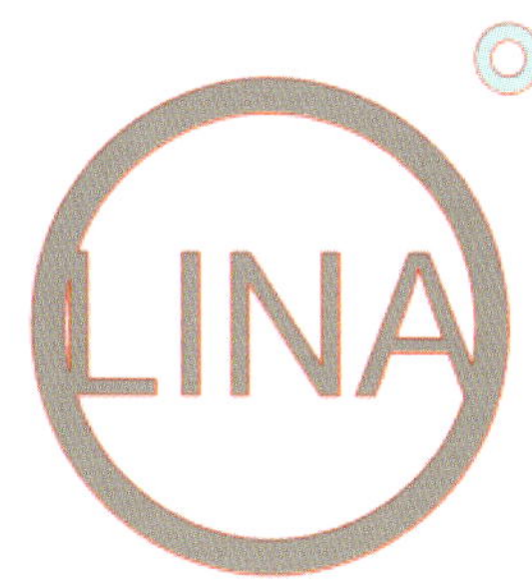

4. Füge dann zwei schmale Rechtecke mit 0,5 cm Höhe ein. Die Breite der Rechtecke ist abhängig von der Größe der Schrift (und somit von der Länge des Namens) und muss bis zum Ring reichen, darf jedoch nicht darüber hinausgehen.

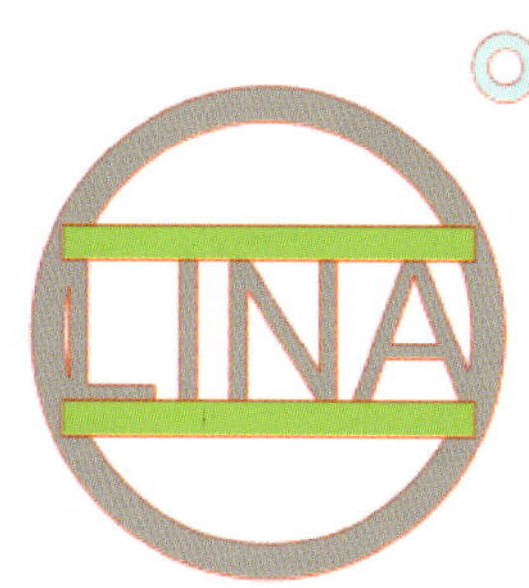

5. Markiere den Ring mit Schrift sowie die beiden Rechtecke und klicke auf VERSCHWEISSEN.

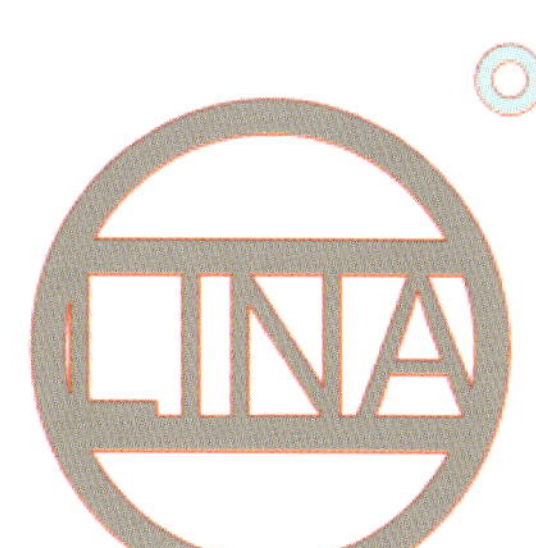

6. Füge den zu Beginn erstellten kleinen Ring hinzu und setze beide Ringe untereinander, sodass sie sich leicht überlappen. Markiere beide Ringe. Klicke auf AUSRICHTEN > ZENTRIERT AUSRICHTEN und danach auf VERSCHWEISSEN. Jetzt ist der Anhänger fertig.

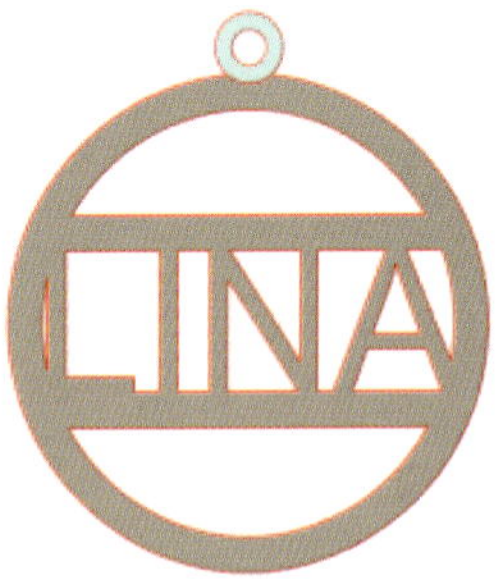

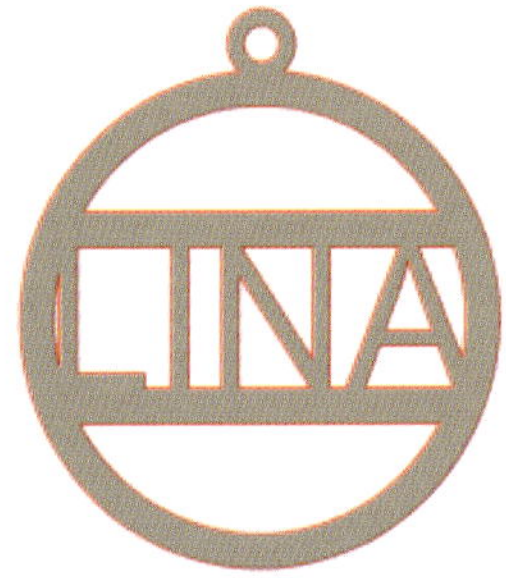

Tipp

Du kannst den Geschenkanhänger mit Namen auch als Ornament, Anhänger oder Tischkarte nutzen.

6.1.4 Geschenkanhänger mit Schrift

Schwierigkeit: schwer
Projekt ohne Vorlage

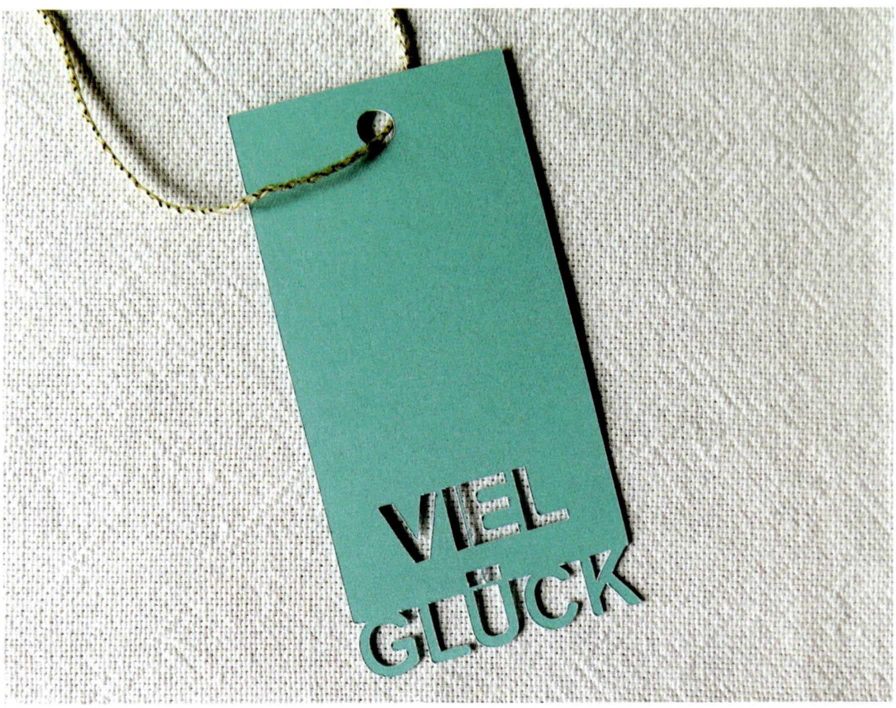

1. Erstelle ein Rechteck mit einer Höhe von 7 cm und einer Breite von 4 cm und einen Kreis mit einem Durchmesser von 0,5 cm. Positioniere den Kreis oben auf dem Anhänger. Klicke auf Ausrichten > Zentriert ausrichten und anschließend auf Modifizieren > Subtrahieren. Das Rechteck hat nun einen kreisrunden Ausschnitt.

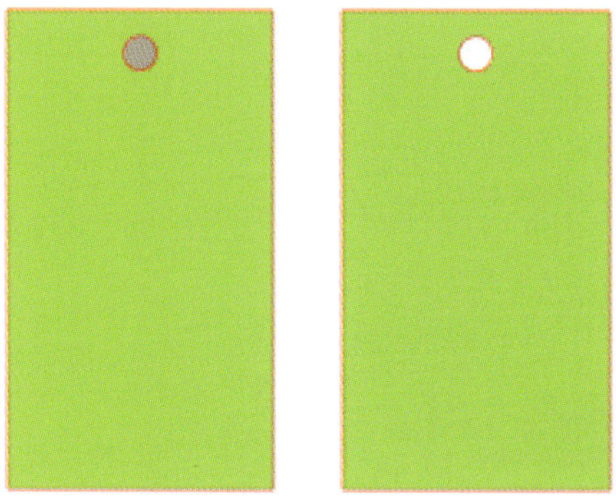

2. Schreibe in ein Textfeld das Wort GLÜCK (hier Schriftart: Arial, fett) und stelle die Breite des Textfeldes auf 4 cm. Positioniere das Wort an der unteren Seite des Anhängers und lass die Buchstaben leicht mit dem Rechteck überlappen. Markiere Rechteck und Text. Klicke auf Ausrichten > Zentriert ausrichten und anschließend auf Verschweissen. Nun sind das Rechteck und der Text eine Form.

3. Da dabei die Punkte des Ü verloren gehen, erstelle zwei kleine Quadrate mit einer Seitenlänge von 0,2 cm. Markiere beide Quadrate und klicke auf Ausrichten > Mittig ausrichten, damit sie auf einer Höhe sind. Positioniere sie über dem U. Wähle dann jeweils ein Quadrat und klicke auf Modifizieren > Subtrahieren.

4. Schreibe das Wort »VIEL« (hier Schriftart: Arial, fett). Wenn du dieses in der gleichen Schriftgröße wie das Wort GLÜCK haben möchtest, dann wähle die Größe 32 pt. Platziere das Wort VIEL über das Wort GLÜCK auf dem Anhänger. Markiere das Rechteck und das Textfeld. Klicke dann auf Ausrichten > Zentriert ausrichten und anschließend auf Modifizieren > Subtrahieren. Jetzt ist dein Anhänger fertig.

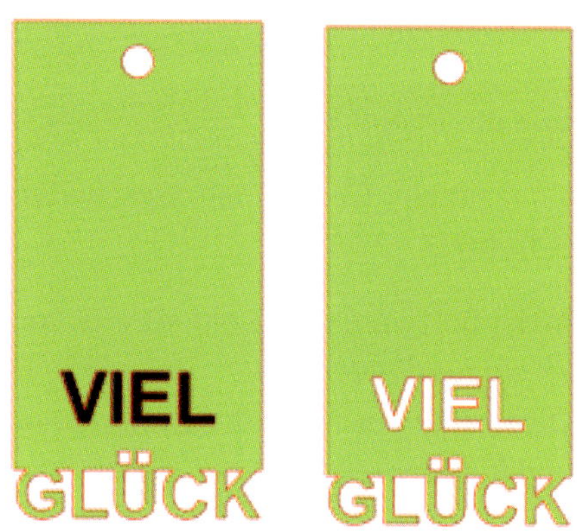

6.2 Geschenkboxen

Gerade kleine Geschenke schön zu verpacken, ist nicht immer einfach. Die nachfolgenden Geschenkboxen helfen dir dabei, das Kleine ganz besonders zu machen.

6.2.1 Box verdreht

Schwierigkeit: mittel

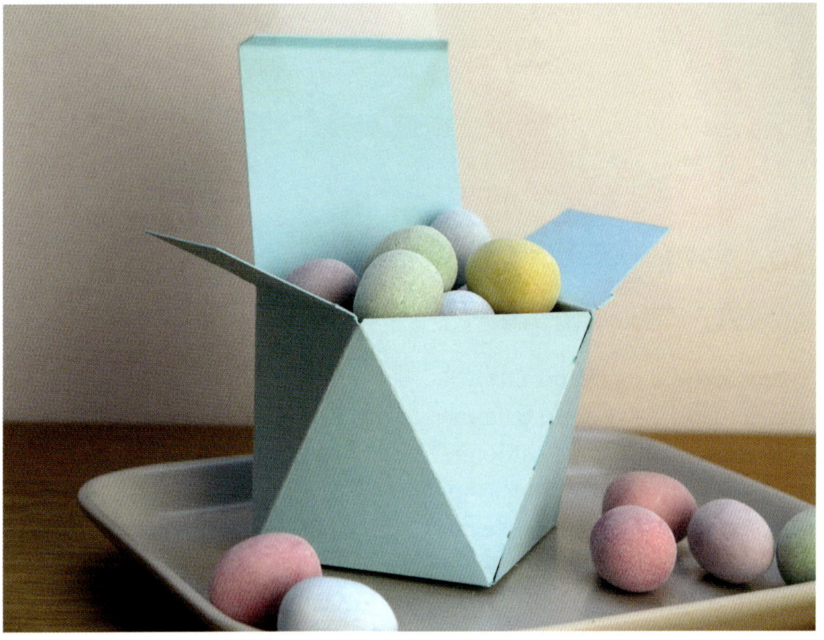

Material

- Fotokarton oder Tonpapier
- Vorlage: 6_2_1_Box_verdreht

Größe des Projekts

Die maximale Größe der Geschenkbox »verdreht«:

- In der Software wähle eine Breite von 28 cm für die Vorlage.
- Die fertige Box ist dann ca. 6,3 cm hoch und 8,7 cm breit.

Box falten

Beginne zuerst mit den Laschen A und B, die du in die Aussparungen C und D steckst. Für den Boden der Box klappe zuerst E zur Mitte und lege die Seitenteile F und G darüber. Anschließend klappst du Teil H darüber und steckst es in die entstandene Aussparung unter E ein. Jetzt nur noch für die Oberseite die Seitenteile I und J nach innen falten und den Deckel K zuklappen und an Lasche L einstecken. Fertig.

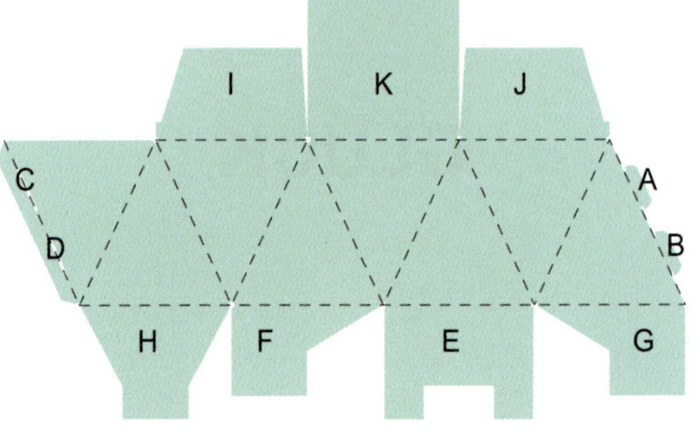

6.2.2 Pyramide

Schwierigkeit: leicht

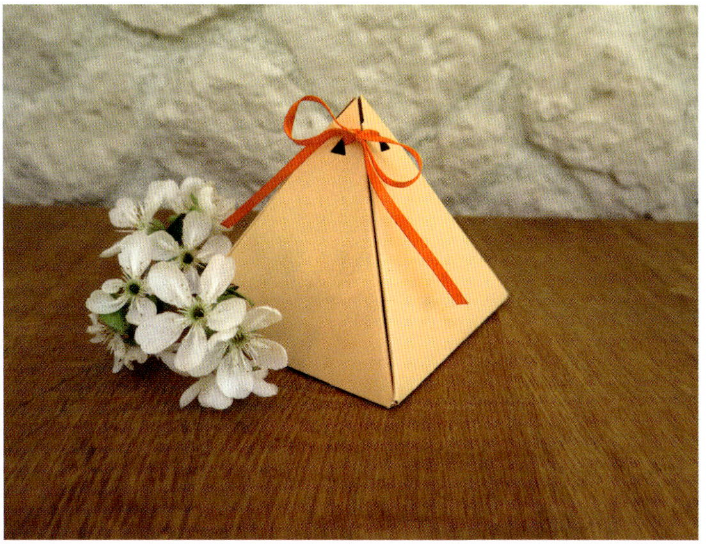

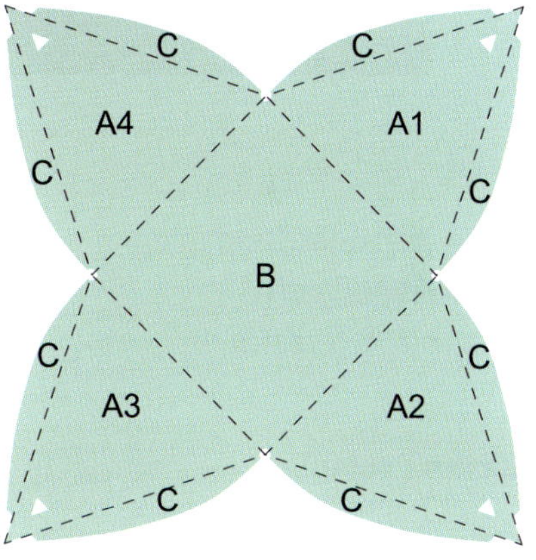

Material

- Fotokarton oder Tonpapier
- Geschenkband (max. Breite 0,5 cm)
- Vorlage 6_2_2_Pyramide

Die maximale Größe der Pyramide:

- In der Software wähle eine Breite von 20 cm für die Vorlage.
- Die fertiggestellte Box hat dann eine quadratische Grundfläche von 9,5 cm und eine Höhe von 8 cm.

Pyramide falten und verschließen

Beginne damit, jede Seitenwand A1 – A4 einmal nach innen zum Boden B zu falten. Anschließend klappst du an jeder Seitenwand die Abschnitte C nach innen. Ziehe das Geschenkband von außen nach innen durch die Löcher der Seitenwände A1 und A2, überkreuze die beiden Enden und führe diese durch die Löcher der Seitenwände A3 und A4 wieder nach außen. Ziehe das Geschenkband vorsichtig fest und verknote es. Achte darauf, dass alle Abschnitte C der Seitenwände sich im Inneren der Pyramide befinden.

Variationen

Persönliche Widmung auf dem Boden
Platziere ein Textfeld innen auf dem quadratischen Boden der Geschenkbox. Der Text wird erst dann sichtbar, wenn die Geschenkbox geöffnet wird. Schreibe deinen Wunschtext in deiner Wunschschriftart und -farbe.

Text auf den Seitenteilen der Pyramide
Platziere ein Textfeld auf den Seitenflächen A und schreibe deinen Wunschtext in deiner Wunschschriftart und -farbe. Achte darauf, dass dieser nicht auf die Abschnitte C ragt, da diese nach innen gefaltet werden.

6.2.3 Korb

Schwierigkeit: leicht

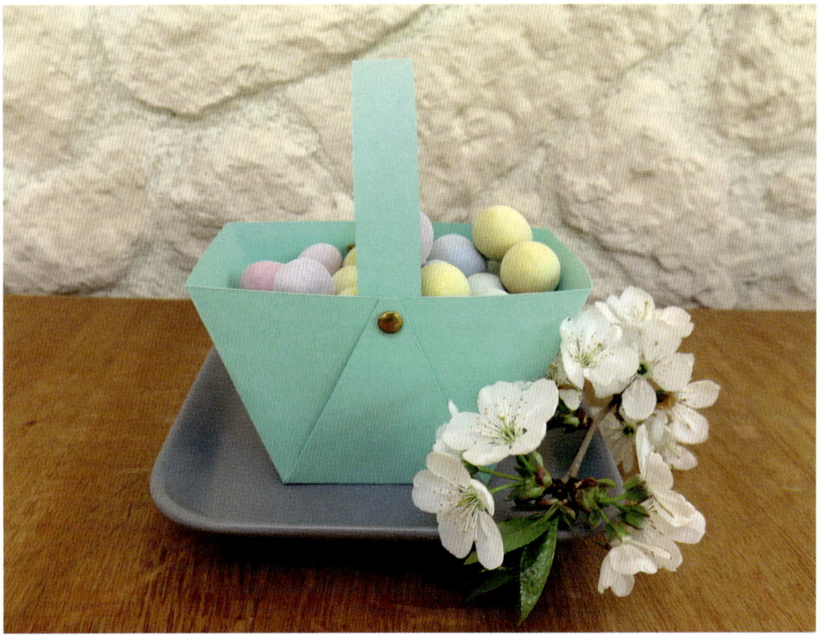

Material

- Fotokarton oder Tonpapier
- 2 Musterklammern
- Vorlage: 6_2_5_ Korb

Größe des Projekts

Die maximale Größe des Korbs:

- In der Software wähle die Höhe von 20 cm und die Breite von 21 cm für die Vorlage aus.
- Der fertiggestellte Korb hat dann eine quadratische Grundfläche von 6 cm und eine Höhe von 12 cm (inklusive aufgestelltem Henkel).

Korb falten

Falte die Seitenteile A nach innen und lege sie über das aufgestellte Seitenteil B, sodass die Löcher übereinander liegen. Lege anschließend den Henkel darauf. Führe die Musterklammer durch die Löcher der Seitenteile A und B sowie des Henkels und drücke sie auseinander. Wiederhole die Schritte auf der anderen Seite des Korbs.

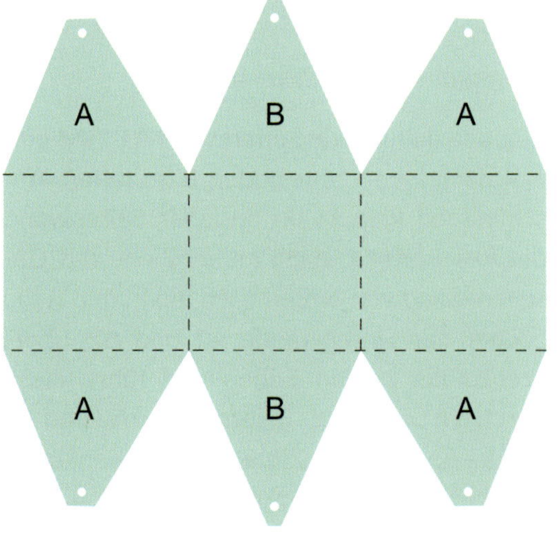

6.3 Geschenksäckchen

Geschenksäckchen sind langlebiger als Papier und können so immer wieder verwendet werden. Nutze sie entweder für Geschenke oder für andere Kleinigkeiten, die zu Hause oder unterwegs nicht verloren gehen sollen.

Schwierigkeit: mittel

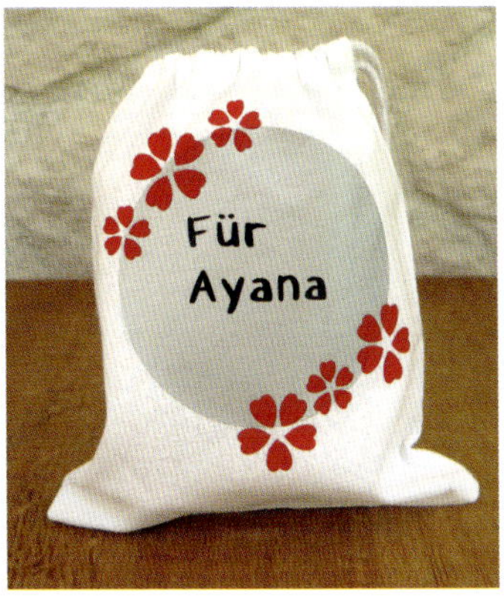

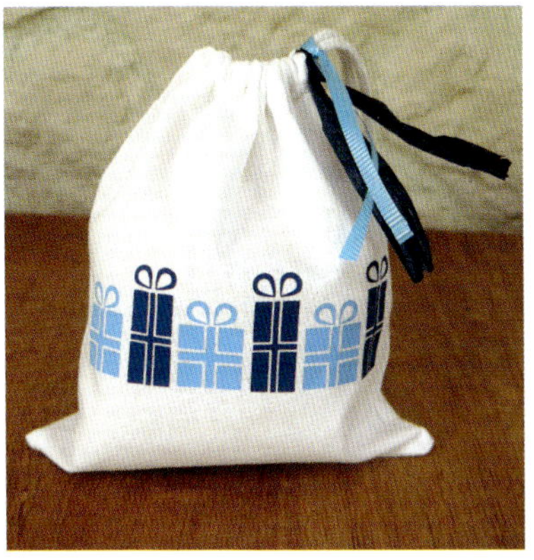

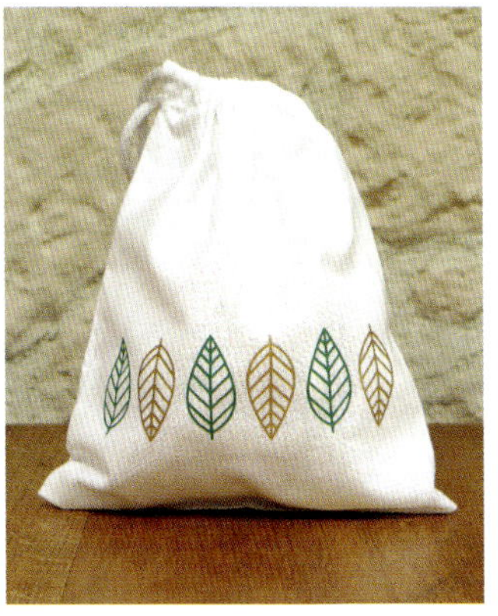

Material

- Geschenksäckchen, z.B. in der Größe 19,5 cm x 16 cm
- Bügelfolie in verschiedenen Farben
- Zubehör zum Aufbügeln
- Vorlagen: 6_3_2_Blumen; 6_3_3_Geschenke; 6_3_4_Blaetter

Größe des Projekts

Die Größe des Motivs ist abhängig von der Größe des Geschenksäckchens, das du verwenden möchtest.

Geschenksäckchen individualisieren

Du kannst den Geschenksäckchen gern noch Schrift hinzufügen oder diese in Schriftart und -größe anpassen. Darüber hinaus kannst du auch die Farbe der Motive verändern.

Verwendete Schriftarten: Geschenksäckchen »Blumen« – Nekoto

Tipp

Wie du Motive und Schrift für Geschenksäckchen erstellst und aufbügelst, erfährst du auch in Abschnitt 5.6.

6.4 Karten

Karten sind immer eine gute Idee, egal ob einzeln oder als Geschenkbegleiter. Du kannst die nachfolgenden Karten-Projekte nach deinen Wünschen und dem Anlass entsprechend anpassen – egal ob mit Schrift, Konfetti oder einem Foto.

Die folgenden Kartenformate dienen dir nur als Orientierung. Du kannst dein Kartenformat auch ganz frei gestalten.

Kartenformate:

- Karte rechteckig: 10 cm breit x 14 cm hoch (bzw. 20 cm x 14 cm für Klappkarten)
- Karte quadratisch: 14 cm x 14 cm (bzw. 14 cm x 28 cm für Klappkarten)

6.4.1 Lichterkette

Schwierigkeit: leicht

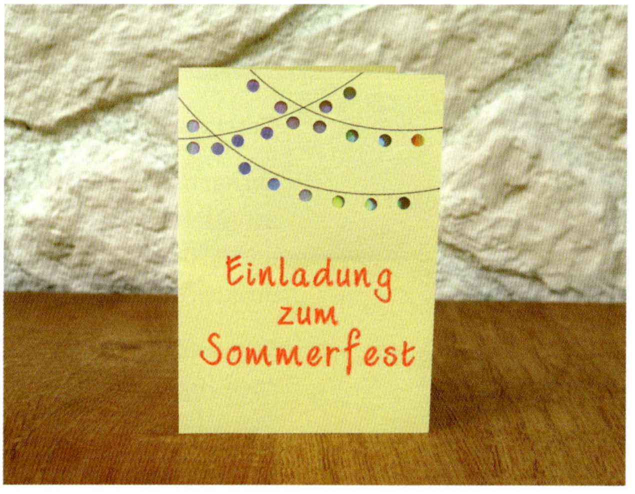

Material

- Tonpapier für die Karte
- Papier für den Hintergrund
- Kleber
- Stift mit Universal-Stiftehalter
- Vorlage 6_4_1_Lichterkette
- Vorlage 6_4_Hintergrund_rechteckig

Karte erstellen

Bestimme die Größe deiner Karte.

Nutze ein Textfeld, um einen persönlichen Text auf die Vorderseite der Karte zu bringen. Wähle dazu deine Wunschschriftart aus.

Klebe nach dem Herstellen den Hintergrund hinter die Vorderseite der Karte.

Verwendete Schriftarten: Karte »Lichterkette« – Campbell; Karte »Wimpel« – Lumie

Tipp

Diese Karten leuchten besonders schön in verschiedenen Farben, wenn du wie auf den Fotos irisierendes Papier dahinterlegst.

6.4.2 Blumenkranz

Schwierigkeit: leicht

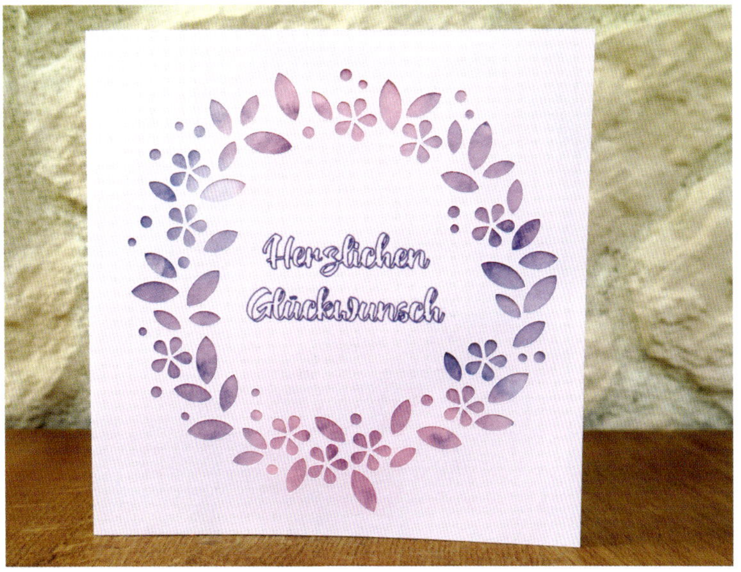

Material

- Tonpapier für die Karte
- Papier für den Hintergrund
- Kleber
- Stift mit Universal-Stiftehalter
- Vorlage 6_4_2_Blumenkranz
- Vorlage 6_4_Hintergrund_quadratisch

Tipp

Für diese Karte eignet sich ein glänzender Hintergrund oder ein selbst gestalteter mit bunten Aquarelltönen.

Karte erstellen

Bestimme die Größe deiner quadratischen Karte.

Nutze ein Textfeld, um einen persönlichen Text in den Blumenkranz auf die Vorderseite der Karte zu bringen. Wähle dazu deine Wunschschriftart aus.

Klebe anschließend den Hintergrund hinter die Vorderseite der Karte.

Verwendete Schriftart: Ontel

Variation

Fotokarte Blumenkranz

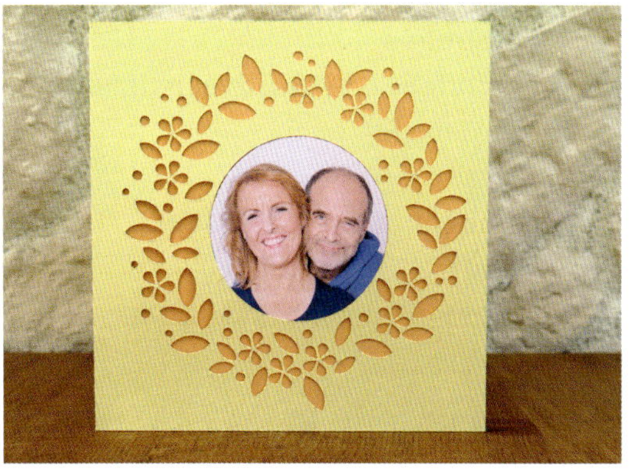

Statt einem Text in der Mitte des Blumenkranzes kannst du auch einen Kreis ausschneiden und ein Foto einfügen. Dazu kannst du die Vorlage 6_4_2_Blumenkranz_Foto nutzen. Das Foto sollte dabei etwas größer als der Kreisausschnitt sein. Platziere dann die Vorderseite der Karte, das Foto und den Hintergrund und klebe das Foto passend auf den Hintergrund. Anschließend klebst du den Hintergrund an die Vorderseite der Karte.

6.4.3 Konfetti-Luftballon

Schwierigkeit: mittel

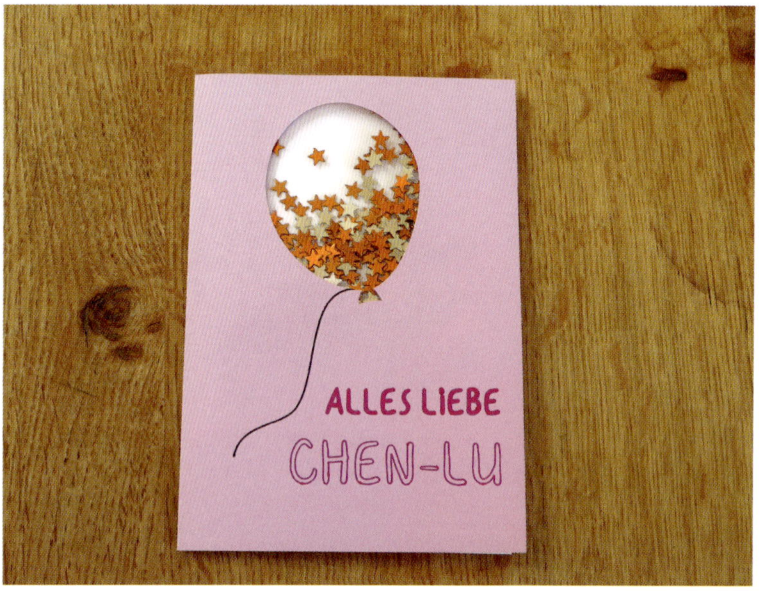

Material

- Tonpapier für die Karte
- Papier für den Hintergrund
- Kleber
- Klebestreifen
- Klarsichtfolie oder Buchschutzfolie (nicht klebend)
- Konfetti
- Stift mit Universal-Stiftehalter
- Vorlage 6_4_3_Luftballon
- Vorlage 6_4_Hintergrund_rechteckig

Karte erstellen

Bestimme die Größe deiner rechteckigen Karte.

Nutze ein Textfeld, um einen persönlichen Text auf die Vorderseite der Karte zu bringen. Wähle dazu deine Wunschschriftart aus.

Schneide zwei Stücke Folie zurecht, die etwas größer als der ausgeschnittene Luftballon sind. Klebe ein Folienstück auf die Rückseite der Kartenvorderseite, lege darauf etwas Konfetti und lege das zweite Folienstück darüber. Fixiere beide Folienschichten rundum mit Klebeband an der Rückseite der Kartenvorderseite, sodass das Konfetti nicht herausfallen kann.

Lade die Vorlage für den Hintergrund und lass diesen in entsprechender Größe zuschneiden.

Klebe anschließend den Hintergrund hinter die Vorderseite der Karte.

Verwendete Schriftart: Hey Guys! Demo

Variation

Karte mit Print & Cut umsetzen
Wenn du den persönlichen Text auf der Vorderseite nicht mit einem Stift zeichnen lassen möchtest, kannst du diesen auch zuerst ausdrucken lassen. Dafür nutze Papier für die Karte, das auch für deinen Drucker geeignet ist. Gestalte den Text auf der Vorderseite nach deinen Wünschen und verwende dann Print & Cut (siehe dazu Abschnitt 5.7).

6.5 Stoffbeutel

Stoffbeutel können nützlich und schön zugleich sein – egal, ob im kleinen oder großen Format. Sie können selbst Geschenk sein oder ein Geschenk verpacken.

Schwierigkeit: mittel

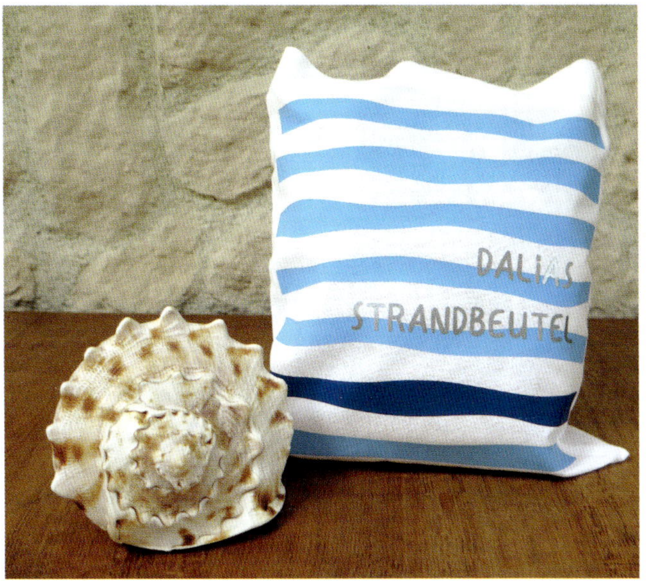

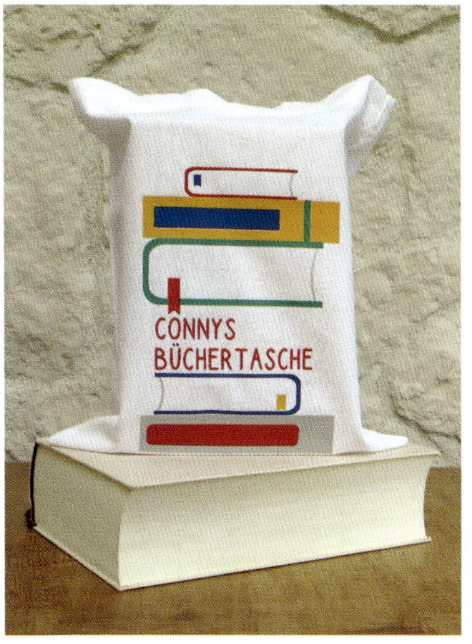

Material

- Stoffbeutel, z.B. klein im Format 22,5 cm x 26,5 cm
- Bügelfolie in verschiedenen Farben
- Zubehör zum Aufbügeln
- Vorlagen: 6_5_1_Strandbeutel; 6_5_2_Buecher; 6_5_3_Blumenkranz;

Größe des Projekts

Die Größe des Motivs ist abhängig von der Größe des Stoffbeutels, den du verwenden möchtest.

Stoffbeutel individualisieren

Du kannst die Schrift im Projekt nach deinen Wünschen anpassen und die Schriftart und -größe frei wählen. Darüber hinaus kannst du auch die Farbe der Motive verändern.

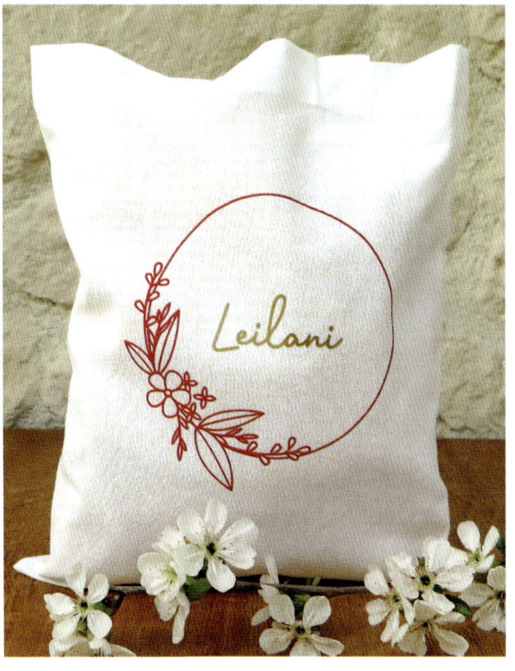

Verwendete Schriftarten: Strandbeutel – Hey Guys! Demo; Bücher – Lumie; Blumenkranz – Campbell

6.6 Lesezeichen

Zu einem Buch- oder Notizbuch-Geschenk passt immer auch ein Lesezeichen. Du findest hier sowohl klassische Formen als auch Magnet-Lesezeichen und Lesezeichenklammern, denen du persönliche Botschaften hinzufügen kannst.

6.6.1 Lesezeichen-Klammer

Schwierigkeit: leicht

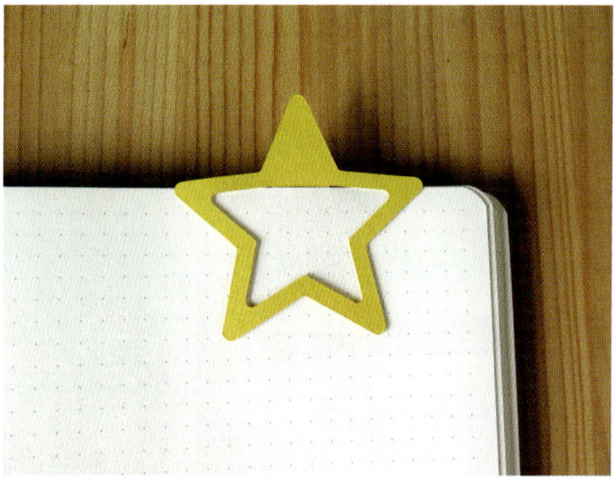

Material

- Fotokarton oder ähnlich dickes Papier
- Ggf. Stift mit Universal-Stiftehalter
- Vorlage 6_6_1_Stern

Größe des Projekts

Optimale Größe der Klammer-Lesezeichen ist ca. 6,5 cm breit, du kannst die Größe jedoch frei wählen.

Lesezeichen individualisieren

Auf der Innenfläche der Klammer kannst du einen Namen oder ein Wort zeichnen oder schneiden lassen. Platziere dafür ein Textfeld auf die Innenfläche der Klammer und gib deinen Wunschtext ein.

Variation

Lesezeichenklammer selbst aus Wunschform erstellen

Schwierigkeit: leicht
Projekt ohne Vorlage

Du kannst die Klammer mit verschiedenen Formen erstellen. Für dieses Beispiel nutze eine Kreis-Form.

1. Erstelle zwei Kreise mit einem Durchmesser von 5 cm bzw. 4 cm. Lege den kleineren über den größeren Kreis und markiere beide. Klicke dann auf AUSRICHTEN > MITTE und anschließend auf MODIFIZEREN > SUBTRAHIEREN, sodass ein Ring entsteht.

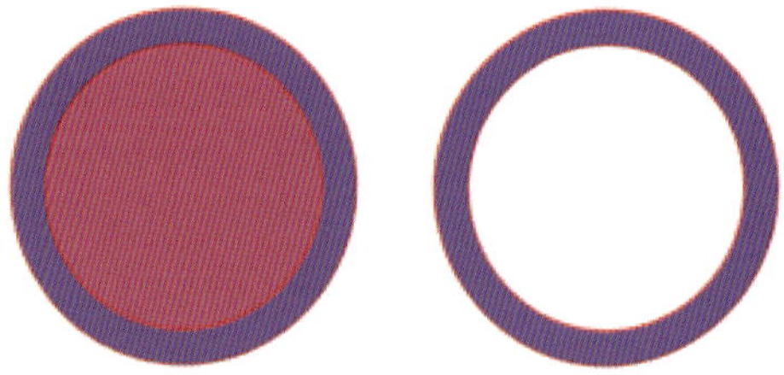

2. Erstelle einen weiteren Kreis mit dem Durchmesser von 3,5 cm. Markiere den Ring und den Kreis und klicke auf AUSRICHTEN > MITTE.

3. Erstelle ein kleines Quadrat von 1 cm Seitenlänge. Markiere den Ring, den Kreis und das Quadrat und klicke auf AUSRICHTEN > ZENTRIERT AUSRICHTEN. Das Quadrat muss den Kreis und den Ring verbinden, ohne über den Ring hinauszureichen.

4. Markiere Ring, Kreis und Quadrat und klicke auf VERSCHWEISSEN. Jetzt ist dein Lesezeichen fertig.

Variation

Du kannst in der Mitte der Klammer noch einen Text hinzufügen oder eine bzw. mehrere Formen als Muster herausschneiden.

6.6.2 Lesezeichen geflochten

Schwierigkeit: mittel

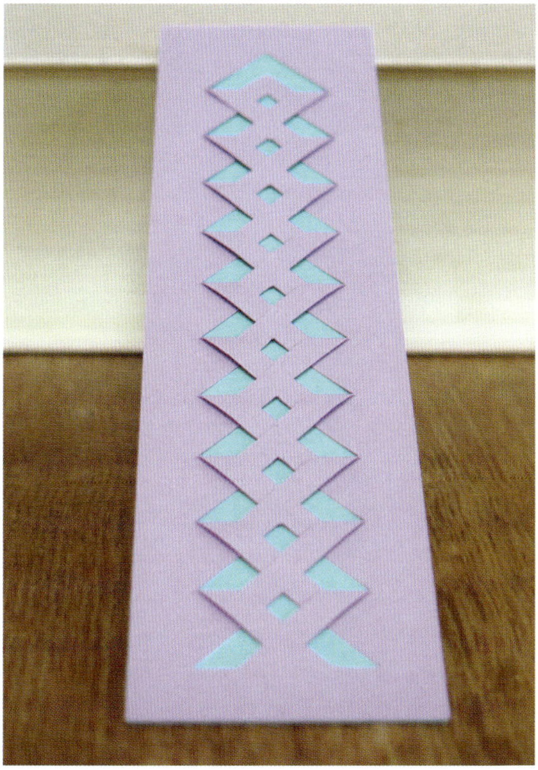

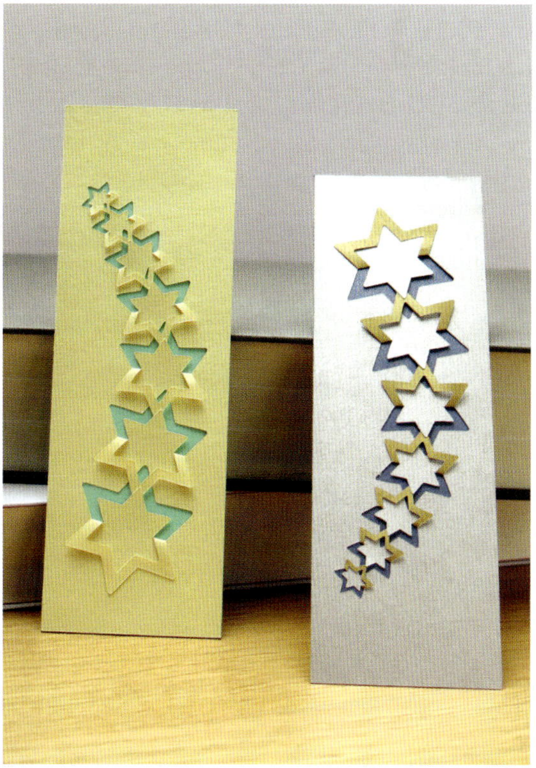

Material

- Tonpapier, z.B. mit verschiedenfarbigen Seiten
- Kleber
- Vorlage 6_6_2_Lesen_Raute oder Vorlage 6_6_2_Lesen_Stern

Größe des Projekts

Optimale Größe des Lesezeichens ist:

- Für das Lesezeichen »Raute« eine Breite von 4 cm und die entsprechende Höhe von 16 cm
- Für das Lesezeichen »Sterne« eine Breite von 5 cm und eine entsprechende Höhe von 15 cm

Lesezeichen falten

Lesezeichen »Sterne«: Beginne mit dem größten Stern und klappe die ausgeschnittene Hälfte A nach oben und klebe sie mit etwas Kleber fest. Falte die Sternenhälfte des nachfolgenden Sterns B nach oben und schiebe die Spitze C unter die Spitze D, sodass diese von allein hält. Wiederhole die Arbeitsschritte mit den übrigen Sternen.

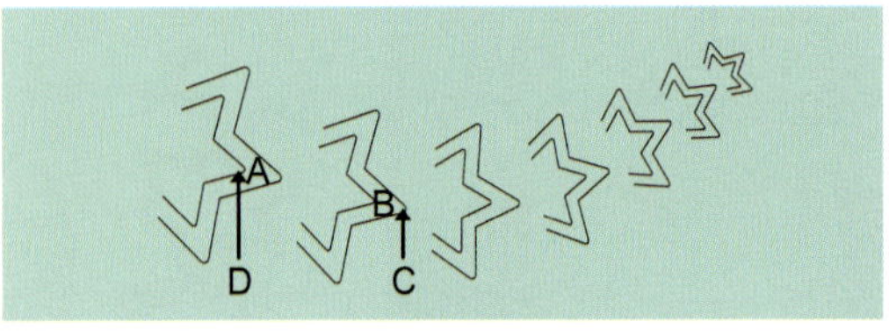

Lesezeichen »Raute«: Beginne an dem Ende mit dem ausgeschnittenen Dreieck A. Falte das darüber liegende Dreieck B nach unten und schiebe die Spitze C unter die Spitze D, sodass diese von allein hält. Wiederhole die Arbeitsschritte mit allen übrigen Dreiecken.

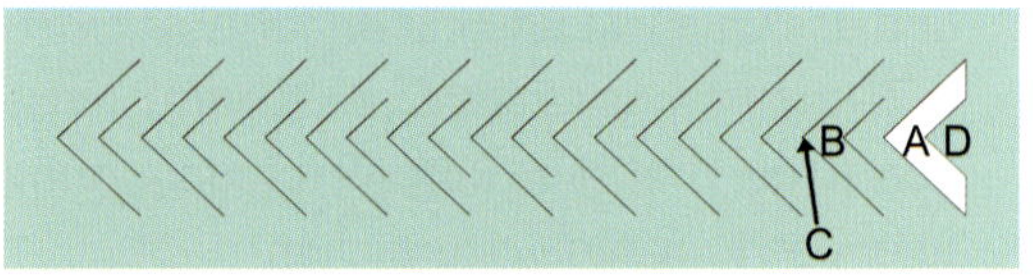

Variationen

Festeres Lesezeichen
Für ein stabileres Lesezeichen kannst du auch ein andersfarbiges Blatt aus Fotokarton unter das Lesezeichen kleben. Schneide dazu ein passendes Rechteck aus Fotokarton aus.

LED-Teelicht
Du kannst die Sternen-Lesezeichen auch etwas größer schneiden lassen, z.B. mit einer Höhe von 19 cm. Klebe dann das obere und untere Ende zusammen, sodass ein Zylinder entsteht, in den du ein LED-Teelicht setzen kannst.

6.7 Flaschenanhänger

Um Flaschen aller Art mit persönlichem Gruß zu verschenken, eignen sich Flaschenanhänger. Diese kannst du ganz einfach selbst gestalten, falls du keine Getränke, sondern z.B. Öl oder Essig in Flaschen verschenken möchtest.

Schwierigkeit: leicht

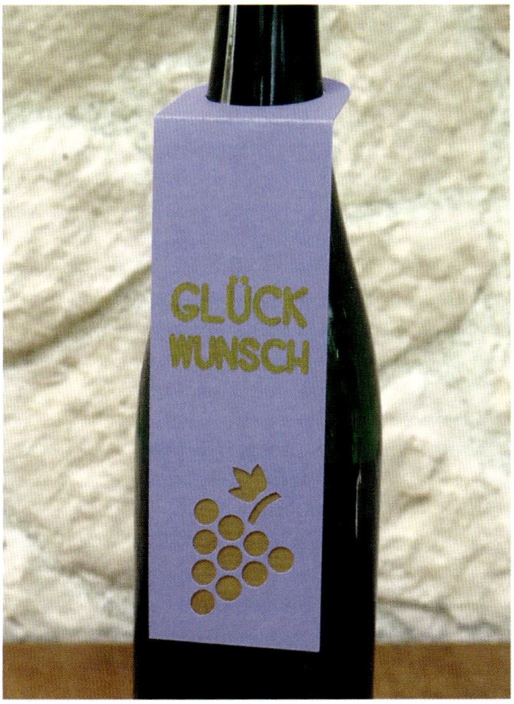

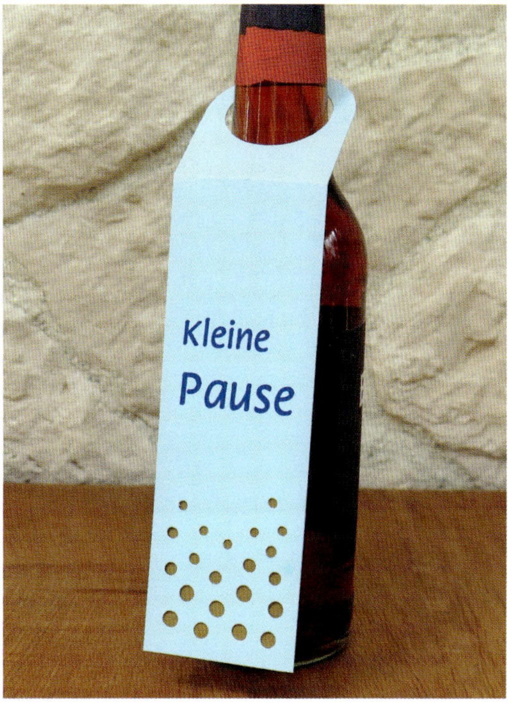

Material

- Fotokarton
- Stift mit Universal-Stiftehalter
- Vorlage 6_7_1_ Traube; 6_7_2_Kreise

Größe des Projekts

Die Größe des Anhängers für eine Weinflasche ist eine Höhe von 20,5 cm und eine entsprechende Breite von 5 cm. Passe die Größe für andere Flaschenformen und -größen entsprechend an.

Flaschenanhänger individualisieren

Du kannst Flaschenanhängern Schrift hinzufügen. Lass deinen Wunschtext mit einem Stift schreiben.

Verwendete Schriftarten: Flaschenanhänger »Kreise« – QTFloraline; Flaschenanhänger »Traube« – Tihana

Variationen

Flaschenanhänger mit eigenem Design
Wenn du ein eigenes Design auf einem Flaschenanhänger umsetzen möchtest, dann nutze dafür die Vorlage 6_7_4_Flaschenanhaenger_blanko. Bei dieser Vorlage kannst du Formen und Schrift ausschneiden und Text mit einem Stift zeichnen lassen.

6.8 Blumen

Lass Blumen sprechen, z.B. mit kleinen Grüßen auf Blumeneinsteckern oder Glückwünschen auf dem Papier-Blumentopf zum Verschenken.

6.8.1 Blumentopf

Schwierigkeit: mittel

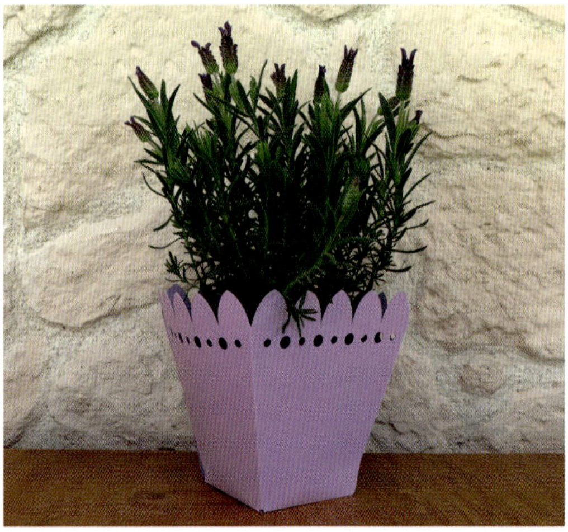

Material

- Fotokarton
- Kleber
- Vorlage 6_8_1_Blumentopf

Größe des Projekts

Für dieses Projekt benötigst du zwei DIN-A4-Blätter, wenn du es in der vollen Größe herstellen möchtest.

Die maximale Größe des Blumentopfs:

- In der Software wähle eine Breite von 24 cm für jede Hälfte. Beachte, dass die entsprechende Höhe für beide Hälften dann variiert, da die Verschlussteile am Boden unterschiedlich lang sind. Die beiden Hälften werden separat auf je einem DIN-A4-Blatt hergestellt.
- Der fertiggestellte Blumentopf hat dann eine Grundfläche von 7,5 x 7,2 cm und eine Höhe von 13 cm.

Blumentopf falten

Sieh dir die Abbildung mit der Faltanleitung an: Beginne zuerst damit, beide Laschen A an die Seitenflächen B zu kleben, also A1 an B1 und A2 an B2. Für den Boden der Box falte zuerst Seitenteil C zur Mitte und lege die Seitenteile D und E darüber. Anschließend faltest du Seitenteil F darüber und steckst es in die entstandene Aussparung unter C ein.

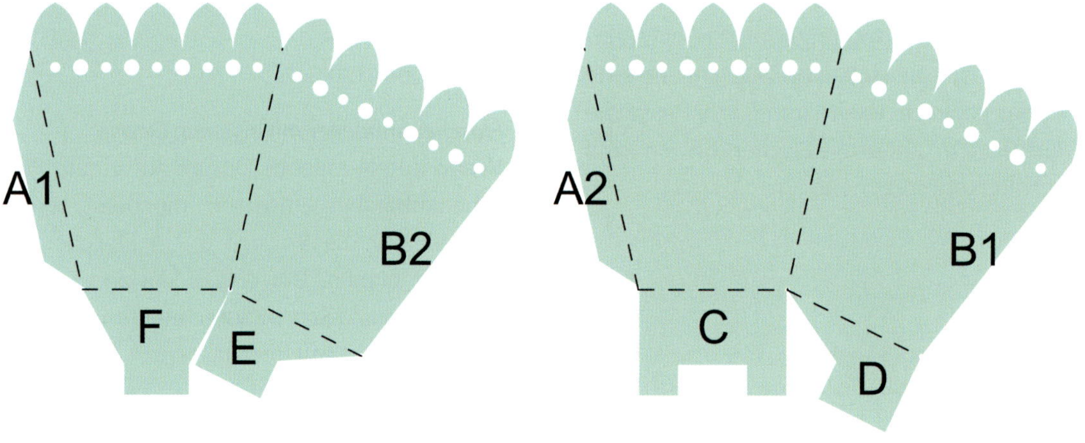

6.8.2 Blumeneinstecker

Schwierigkeit: leicht

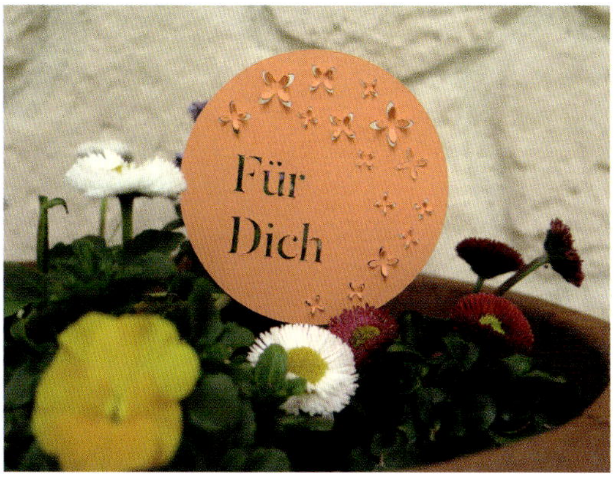

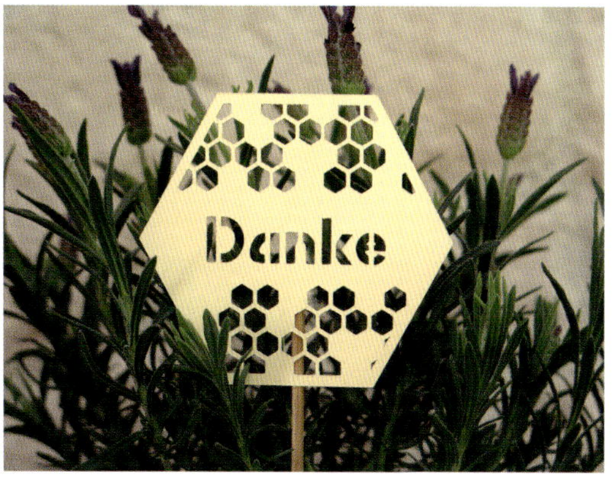

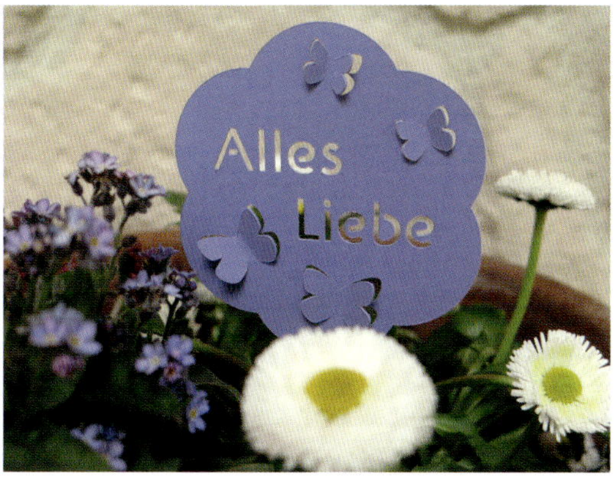

Material

- Fotokarton
- Klebeband
- Holzspieße
- Vorlage 6_8_2_Schmetterling oder Vorlage 6_8_2_Blumen oder Vorlage 6_8_2_Wabe

Größe des Projekts

Bestimme die Größe des Einsteckers je nach Größe des Straußes oder der Pflanze, z.B. mit einem Durchmesser von 8 cm.

Einstecker erstellen

Nutze ein Textfeld, um eine persönliche Nachricht auf die Vorderseite des Einsteckers zu bringen. Wähle dazu deine Wunschschriftart aus. Alternativ kann der Text auch mit einer Stencil-Schriftart ausgeschnitten werden.

Befestige dann den Holzspieß an der Rückseite des Einsteckers mit Klebeband. Stecke den fertigen Einstecker in eine Topfpflanze oder in einen Blumenstrauß.

Verwendete Schriftarten: Einstecker »Danke« – Cylincilo; Einstecker »Alles Liebe« – New Shape; Einstecker »Für dich« – Butler Stencil

Variation

Platzkarte
Du kannst die Blumeneinstecker auch mit Namen beschriften und als Platzkarte nutzen – entweder auf den Teller gelegt oder mit einem Tischkartenhalter aufgestellt.

6.9 Geldgeschenk

Geldgeschenke schön zu verpacken ist nicht immer einfach. Mit dem Geldgeschenke-Vogel kannst du einfach einen oder mehrere Geldscheine liebevoll präsentieren. Doch auch als Deko-Element eignet sich der kleine Vogel gut.

Schwierigkeit: leicht

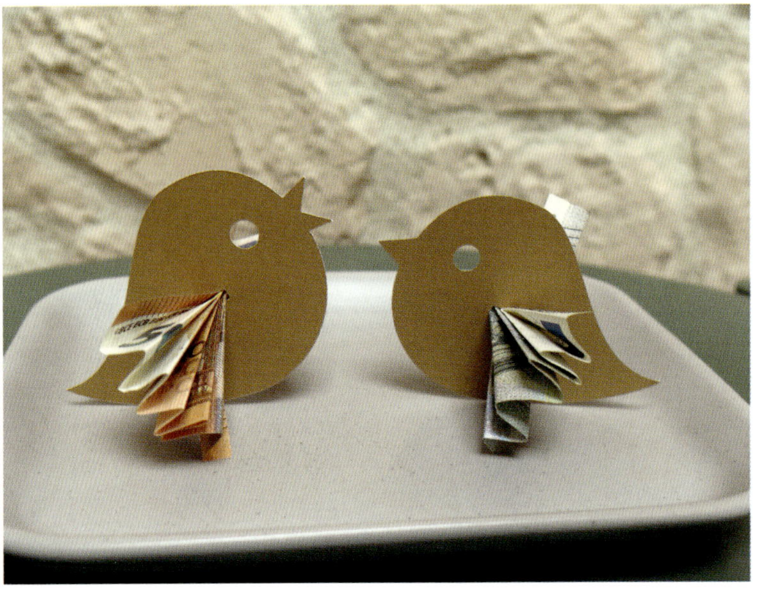

Material

- Fotokarton
- Geldschein
- Vorlage 6_9_1_Vogel

Größe des Projekts

Ideale Größe des Vogels ist eine Breite von 8 cm.

Vogel erstellen

Falte den Geldschein quer wie eine Ziehharmonika. Ein Faltstreifen sollte dabei ungefähr einem Zentimeter entsprechen. Knicke den aufgefalteten Geldschein dann noch einmal in der Mitte und schiebe ihn halb durch die Flügel-Öffnung im Vogel. Ziehe beide Enden des Geldscheins leicht auseinander, damit er nicht herausrutscht.

Variationen

Ornament oder Mobile

Anstatt des Geldscheins kannst du auch Tonpapier entsprechend falten und den Vogel an einen Zweig hängen. Mit mehreren Vögeln kannst du auch ein Mobile gestalten.

7 Party-Dekoration

Party-Dekoration kannst du selbst herstellen und gestalten. In diesem Kapitel findest du alles, was du dafür brauchst, egal ob Teelichter, Wimpel oder Girlanden mit individuellem Schriftzug. Für einen schön gedeckten Tisch findest du Tischkarten, Serviettenringe und Weinglas-Anhänger. Wenn alles zusammenpassen soll, findest du in diesem Kapitel auch drei Party-Sets. Doch auch Buffets, Kuchen und Muffins kannst du mit deinen eigenen Einsteckern dekorieren.

7.1 Teelichter

Teelichter schaffen eine wohlige Stimmung. In diesem Abschnitt findest du drei verschiedene Varianten. Nutze diese jedoch stets mit LED-Teelichten.

7.1.1 Haus

Schwierigkeit: mittel

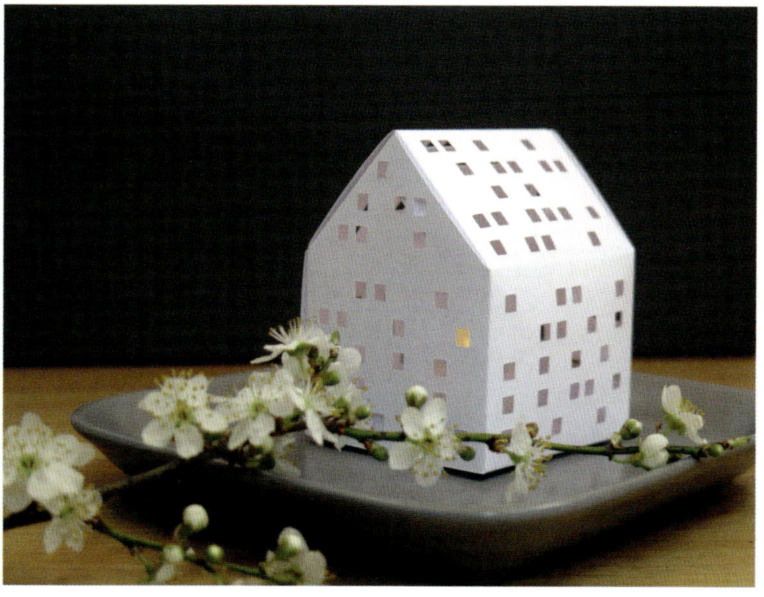

Material

- Fotokarton oder Tonpapier
- Ggf. Kleber
- LED-Teelicht
- Vorlage 7_1_1_Haus

Größe des Projekts

Die maximale Größe des Hauses:

- In der Software wähle eine Breite von 20 cm und eine entsprechende Höhe von 25,7 cm.
- Das fertiggestellte Haus hat dann eine quadratische Grundfläche von 6 cm und eine Höhe von 8 cm.

Haus falten

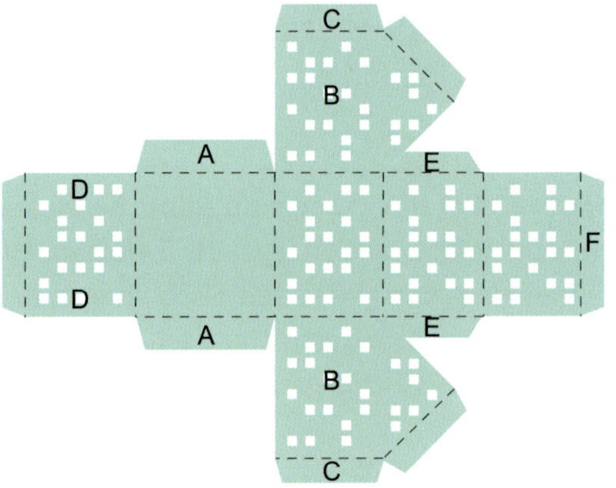

Je nach Stärke des von dir verwendeten Papiers kann es ausreichend sein, das Haus einfach nur zusammenzustecken. Sollte dies jedoch nicht halten, folge der Anleitung zum Kleben:

Beginne zuerst damit, alle Laschen nach innen zu falten. Klebe dann die Laschen A an die Seitenteile B. Klebe anschließend die Laschen C an die Hauswand D. Am Dach klebst du die Laschen E an die Seitenteile B. Nun kannst du das Teelicht reinstellen und das Dach an der Lasche F schließen.

7.1.2 Kegel

Schwierigkeit: leicht

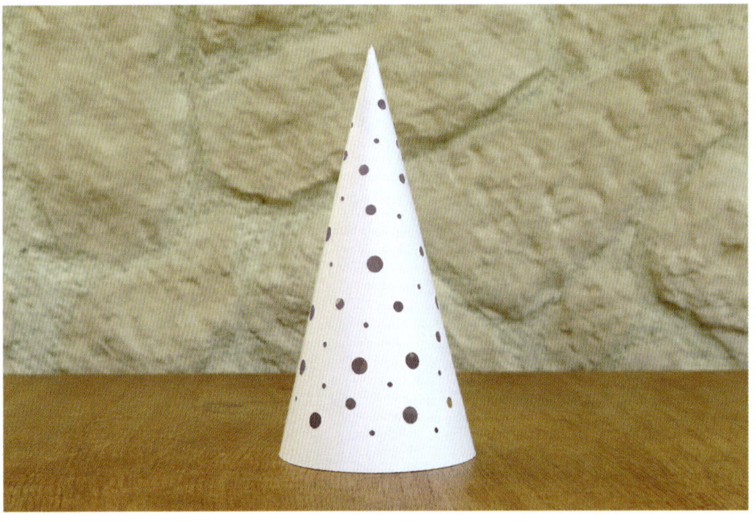

Material

- Tonpapier
- Kleber
- LED-Teelicht
- Vorlage 7_1_2_Kegel

Größe des Projekts

Die maximale Größe des Kegels:

- In der Software wähle eine Breite von 20 cm und eine entsprechende Höhe von 19 cm.
- Der fertiggestellte Kegel hat dann eine kreisförmige Grundfläche mit einem Durchmesser von 9,5 cm und eine Höhe von 18,5 cm.

Kegel erstellen

Rolle das Papier vorsichtig zum Kegel. Trage den Kleber auf die Lasche auf und halte den Kegel zusammen, bis der Kleber angetrocknet ist. Stelle nun ein LED-Teelicht darunter.

7.1.3 Zylinder

Schwierigkeit: leicht

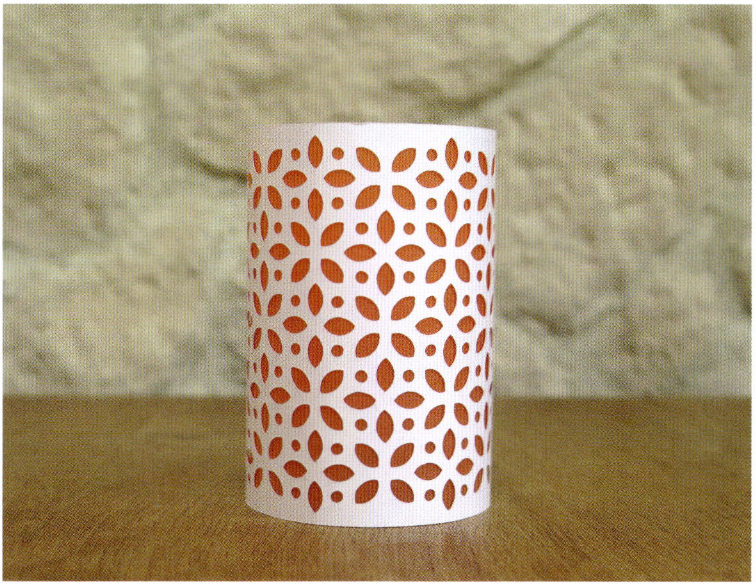

Material

- Tonpapier
- Transparentpapier
- Ggf. Kleber für Transparentpapier
- LED-Teelicht
- Vorlage 7_1_3_Zylinder und 7_1_3_Zylinder_innen

Größe des Projekts

Die maximale Größe des Zylinders:

- In der Software wähle eine Breite von 20,3 cm und eine entsprechende Höhe 9 cm.
- Der fertiggestellte Zylinder hat dann eine kreisförmige Grundfläche mit einem Durchmesser von 6 cm und eine Höhe von 9 cm.

Zylinder erstellen

Rolle das Papier vorsichtig und bringe es in die Form des Zylinders. Stecke die Laschen in die dafür vorgesehenen Aussparungen am anderen Ende des Papierstreifens.

Nutze dann die Vorlage 7_1_3_Zylinder_innen, um das Transparentpapier zu schneiden. Rolle dieses ebenfalls vorsichtig und schiebe es in den Zylinder. Für ein schönes Ergebnis achte darauf, dass die Enden beider Schichten übereinanderliegen. Stelle nun ein LED-Teelicht in die Mitte.

Variation

Eigene LED-Teelicht-Zylinder entwerfen
Mit der Vorlage 7_1_3_Zylinder_blanko kannst du auch ganz eigene Ideen umsetzen, um ein persönliches Teelicht zu gestalten. Du kannst beispielsweise einen Spruch, Namen, Glückwünsche oder Wünsche zu Feiertagen mithilfe des Textfeldes platzieren. Du kannst auch eigene Muster-Ideen umsetzen oder Figuren und Bilder erstellen und von dem Cameo 5 schneiden lassen.

7.2 Girlande

Mithilfe der Buchstabengirlande kannst du Namen oder Glückwünsche individuell zusammenstellen. .

Schwierigkeit: leicht

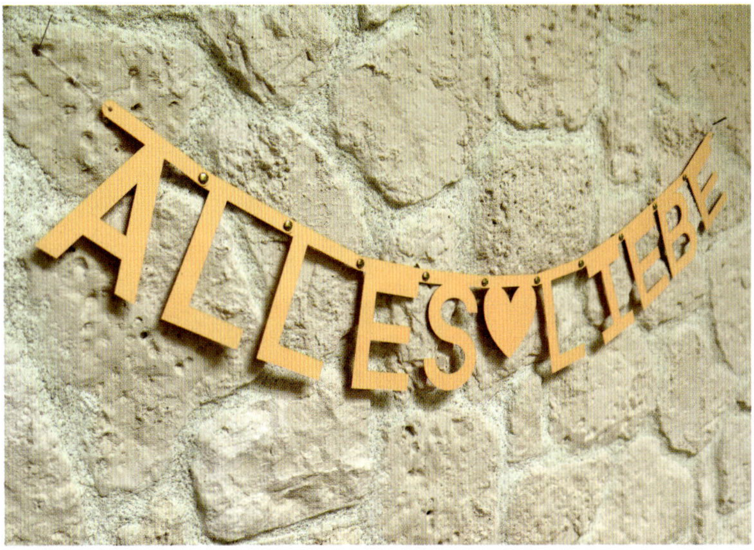

Material

- Fotokarton (einfarbig oder in verschiedenen Farben)
- Musterklammern (Größe entsprechend der Buchstabengröße) oder Kleber
- Vorlage 7_2_1_Buchstaben_gelocht oder 7_2_1_Buchstaben_ungelocht

Größe des Projekts

Häufig haben Buchstabengirlanden eine Höhe von 10,5 cm. Du kannst aber je nach Wunsch und Verwendung die Größe frei variieren.

Girlande erstellen

Überlege dir, aus welchen Wörtern deine Buchstabengirlande bestehen soll, und plotte deren Buchstaben entsprechend.

Wenn du keine Musterklammern zur Verfügung hast, dann nutze die ungelochte Vorlage, um die Buchstaben aneinanderzukleben.

Wenn du Musterklammern verwenden möchtest, nutze die gelochte Vorlage. Lege zwei Buchstaben aneinander, sodass die Löcher am oberen Balken der Buchstaben übereinanderliegen. Schiebe die Musterklammer durch beide Löcher und fixiere sie.

Variation

Formen einfügen

Um Worte in der Buchstabengirlande zu trennen, kannst du entweder den Balken ohne Buchstaben verwenden oder an den Balken noch eine Form anfügen, z.B. ein Herz oder einen Stern. Dabei sollte die Form die gleiche Breite wie deine Buchstaben haben. Richte Balken und Form mittig aus. Form und Balken müssen sich leicht überschneiden, damit du sie verschweißen kannst.

7.3 Serviettenringe

Zu einer Dinner-Party gehören auch Serviettenringe. Diese können schlicht oder auffällig sein. Sie können Tischkarten ersetzen oder die Gäste willkommen heißen.

7.3.1 Serviettenringe »Blätter« und »Ringe«

Schwierigkeit: leicht

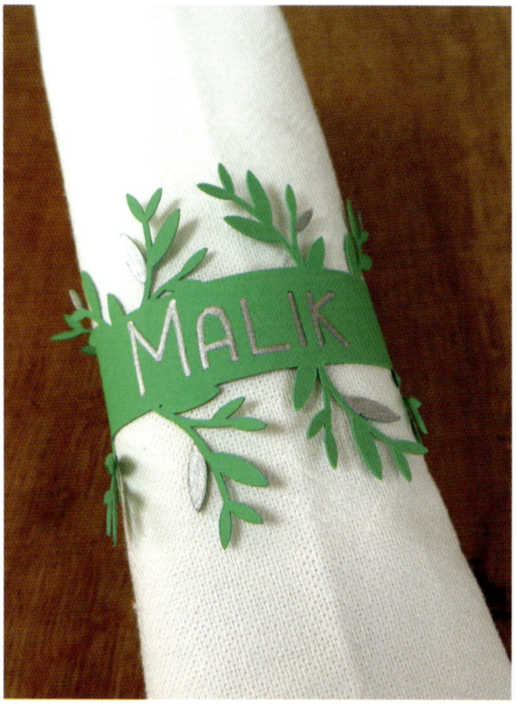

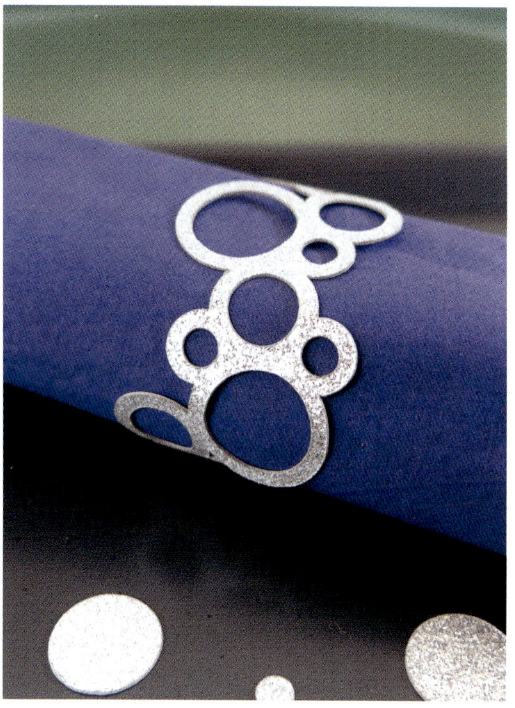

Material

- Tonpapier
- Vorlage 7_3_1_Ringe und Vorlage 7_3_1_Blätter

Größe des Projekts

Häufig haben Serviettenringe eine Länge von 13 cm. Du kannst die Größe aber je nach Serviette frei variieren.

Serviettenring erstellen

Beim Serviettenring »Blätter« kannst du die Aufschrift verändern und z.B. die Namen von Gästen oder ein Willkommen einfügen.

Nachdem du den Serviettenring hergestellt hast, lege ihn um die Serviette und klebe die Enden passend für deine Serviette aufeinander, sodass ein Ring entsteht.

Verwendete Schriftart: Serviettenring »Blätter« – Tihana

7.3.2 Serviettenring mit Blüte

Schwierigkeit: schwer

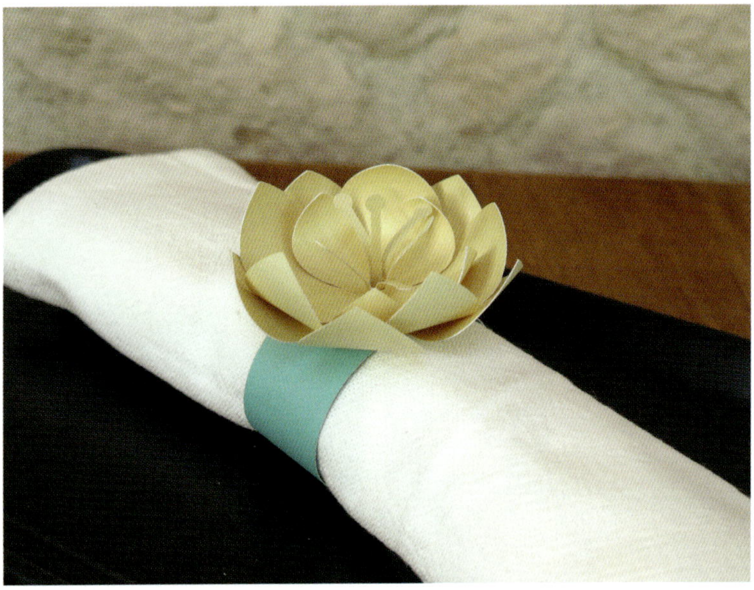

Material

- Tonpapier
- Lineal
- Kleber, Klebepunkte (doppelseitig) oder doppelseitiges Klebeband
- Vorlage 7_3_2_Ring_Bluete

Größe des Projekts

- Häufig haben Serviettenringe eine Länge von 13 cm. Du kannst die Größe je nach Serviette frei variieren.
- Die großen Blütenblätter mit einer Breite von 8 cm brauchst du zweimal.
- Die kleinen Blütenblätter mit einer Breite von 6 cm brauchst du einmal.
- Die Stabblätter mit einer Breite von 3,3 cm brauchst du einmal.

Serviettenring erstellen

Bringe zuerst die Blütenblätter in Form, indem du sie vorsichtig über ein sauberes Lineal ziehst. Halte dabei das entsprechende Blatt in der Mitte fest, damit es nicht abreißt. Die Blätter wellen sich nun nach oben.

Um die Blüte zusammenzusetzen, klebe zuerst die größeren Blütenblätterkränze versetzt aufeinander und anschließend die kleineren ebenfalls versetzt in die Mitte.

Die Staubblätter rollst du zuerst auf. Klebe sie dann in die Mitte der Blüte. Biege die Staubblätter danach vorsichtig etwas nach außen.

Anschließend legst du den Serviettenring um die Serviette und klebst die Enden passend aufeinander, sodass ein Ring entsteht. Platziere dann die Blüte auf dem Serviettenring und klebe sie fest.

Variation

Blüte als Dekoration

Die Blüte kannst du auch ohne den Serviettenring als Tischschmuck einsetzen. Verpackte Geschenke kannst du ebenfalls damit dekorieren.

7.4 Weinglas-Anhänger

Weinglas-Anhänger können als Tischkarte dienen oder verhindern, dass deine Gäste ihre Gläser verwechseln. Doch auch kleine Grüße oder Sprüche machen sich gut darauf.

Schwierigkeit: leicht

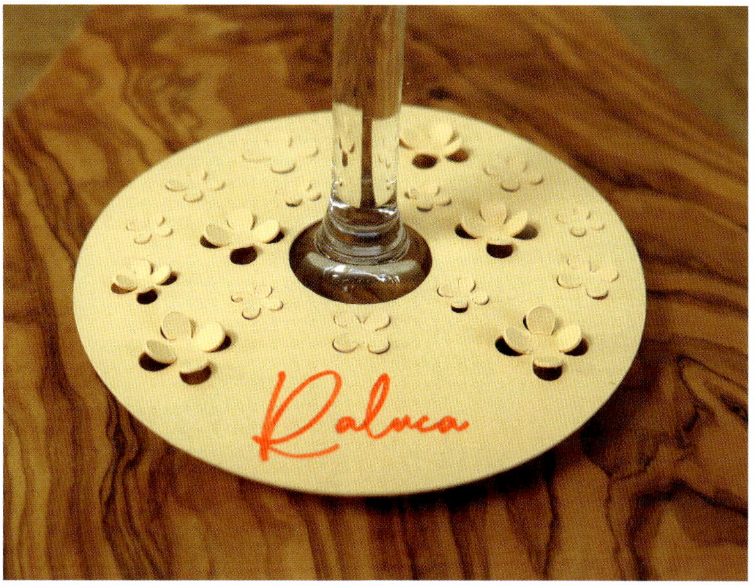

Material

- Tonpapier
- Ggf. Stift mit Universal-Stiftehalter
- Vorlage 7_4_1_Weinglas

Größe des Projekts

Die ideale Größe des Weinglas-Anhängers ist ein Durchmesser von 8,5 cm.

Weinglas-Anhänger individualisieren

Um Schrift vom Plotter schreiben oder schneiden zu lassen, benutze ein Textfeld für deinen Wunschtext.

Verwendete Schriftart: Summer Pisces

Variationen

Eigene Weinglas-Anhänger erstellen
Schwierigkeit: mittel
Projekt ohne Vorlage

1. Wähle eine Form, die sich als Weinglas-Anhänger eignet (z.B. ein Kreis, Stern oder Herz). Für das Beispiel nutze ein Sechseck (ZEICHENUTENSILIEN > REGELMÄSSIGES VIELECK). Drücke die `Alt`-Taste, während du die Form erstellst, damit diese gerade bleibt. Das Sechseck hat eine Höhe von 8,5 cm.
2. Erstelle einen Kreis mit einem Durchmesser von 2 cm. Markiere das Sechseck und den Kreis und klicke auf AUSRICHTEN > MITTE.

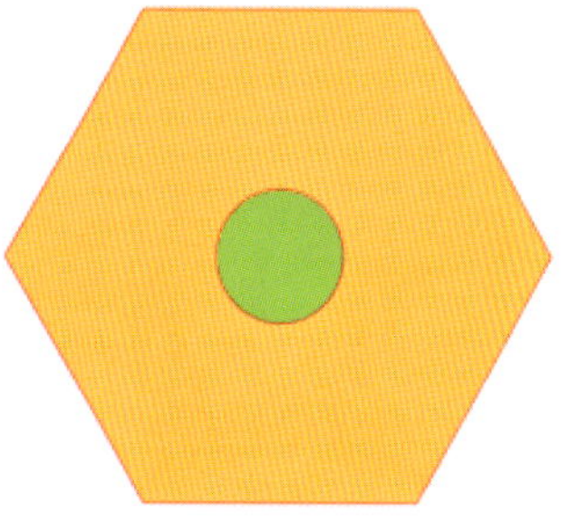

3. Klicke anschließend auf Modifizieren > Subtrahieren, um den Kreis aus dem Sechseck auszuschneiden.

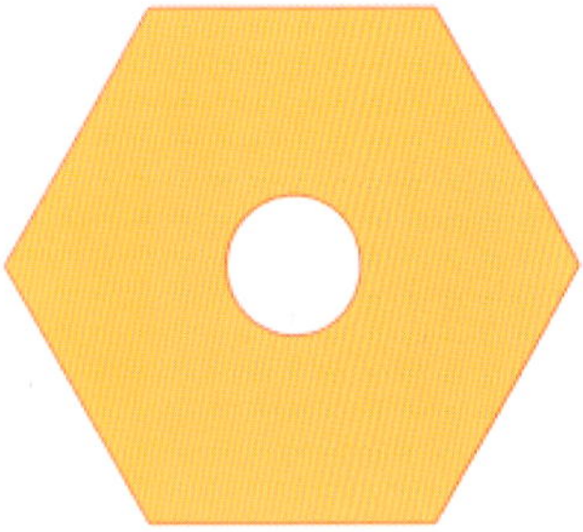

4. Erstelle nun ein Dreieck (Zeichenutensilien > regelmässiges Vieleck; `Alt`-Taste) mit einer Höhe von 4,5 und einer Breite von 1,5 cm. Positioniere das Dreieck auf der unteren Kante des Sechsecks.

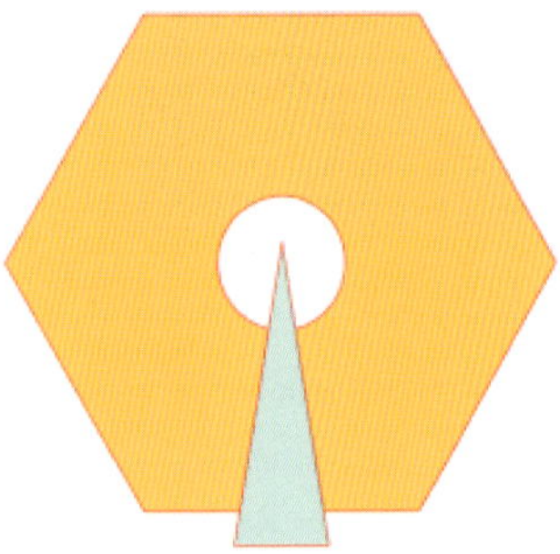

5. Markiere das Sechseck und das Dreieck. Klicke auf Ausrichten > Zentriert ausrichten und anschließend auf Modifizieren > Subtrahieren. Jetzt ist dein Weinglas-Anhänger fertig.

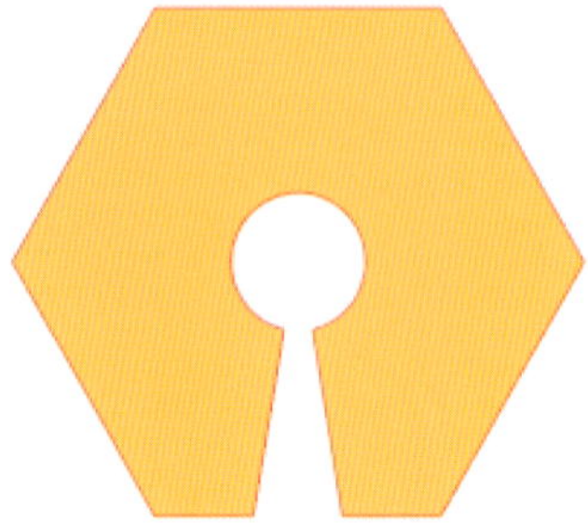

Tipp

Auf den Weinglas-Anhänger kannst du neben einem Textfeld (für Namen oder Anlässe) auch weitere Formen als Muster ausschneiden lassen (z.B. kleine Sechsecke oder Kreise).

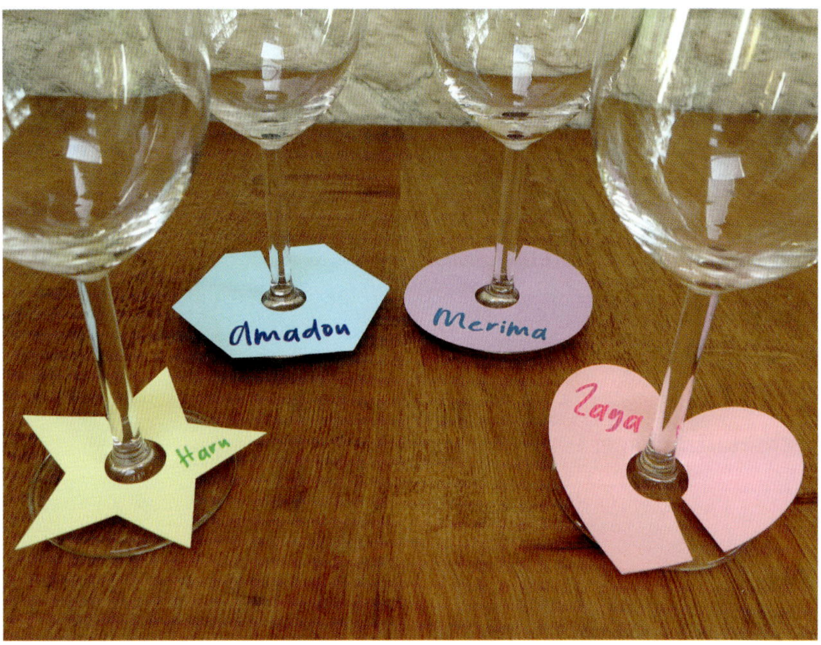

7.5 Tischkarten

Mit Tischkarten kannst du nicht nur die Sitzordnung bei Dinner-Partys festlegen, sondern auch kleine Grüße oder Zitate an deine Gäste richten. Bei einem Buffet können sie die Namen der Speisen anzeigen. Wenn du sie größer erstellst, kannst du sie als Menükarten verwenden.

Schwierigkeit: mittel

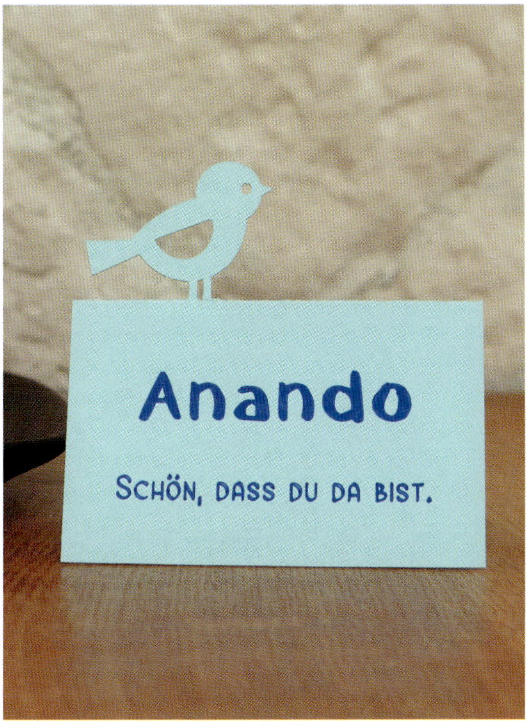

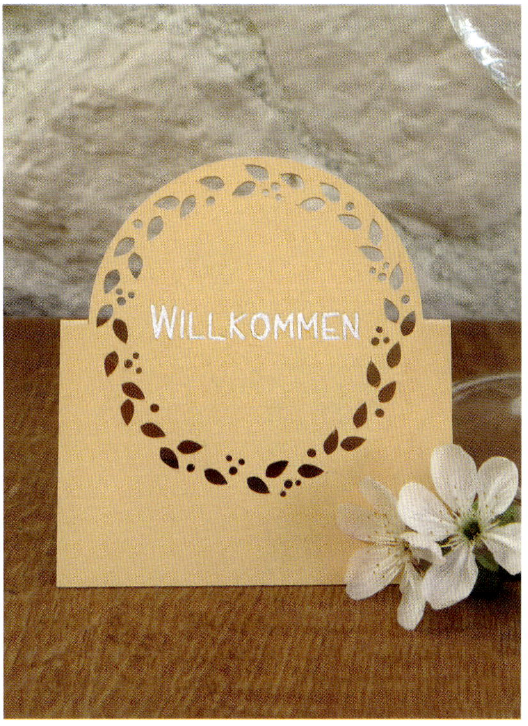

Material

- Tonpapier
- Ggf. Stift mit Universal-Stiftehalter
- Vorlage 7_5_1_Vogel; 7_5_1_Kranz

Größe des Projekts

Die Größe einer normalen Tischkarte ist meist 8,5 cm breit. Du kannst die Größe aber frei wählen.

Tischkarte erstellen

Um Schrift vom Stift schreiben oder schneiden zu lassen, benutze ein Textfeld für deinen Wunschtext.

Tischkarte Vogel: Falze nach dem Herstellen der Karte vorsichtig die Mitte und drücke den Vogel heraus.

Tischkarte Kranz: Falze nach dem Herstellen der Karte nur vorsichtig an den Seiten und drücke den Kranz heraus.

Verwendete Schriftart: Vogel – Nekoto; Kranz – Tihana

7.6 Muffin-Einstecker und -Manschetten

Kleine Einstecker auf Muffins sind nützlich, um verschiedene Sorten auseinanderzuhalten. Lustiger wird es mit kleinen Kommentaren oder Sprüchen. Um deine Muffins noch schöner zu machen, kannst du die Muffin-Manschetten einsetzen. Wenn du die Deko-Elemente etwas größer herstellst, kannst du damit auch Kuchen und Torten von bunt bis elegant dekorieren. Auch für Glückwünsche und Namen ist genug Platz.

Schwierigkeit: leicht

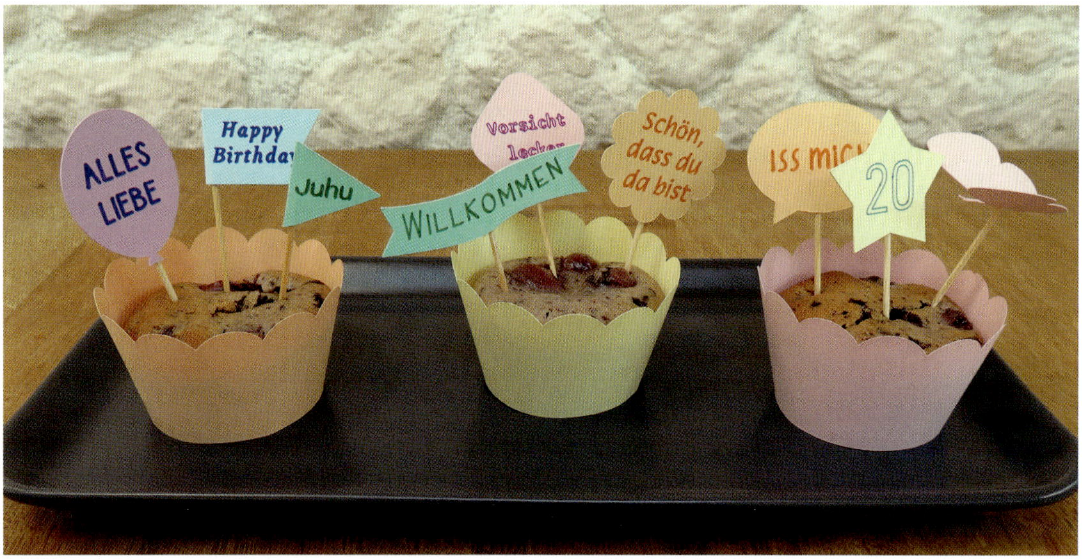

Material

- Tonpapier oder Fotokarton
- Stift mit Universal-Stiftehalter
- Zahnstocher oder Holzspieße
- Klebeband
- Vorlage 7_7_1_Muffin_Einstecker

Größe des Projekts

Du kannst die Größe je nach Größe des Muffins oder Kuchens frei bestimmen.

Muffin-Einstecker erstellen

Um Schrift vom Stift schreiben zu lassen, benutze ein Textfeld für deinen Wunschtext.

Klebe nach dem Herstellen die Zahnstocher oder Holzspieße auf der Rückseite der Einstecker mit Klebeband fest.

Muffin-Manschette erstellen

Material

- Fotokarton
- Lineal
- Vorlage 7_7_2_Bluete oder Vorlage 7_7_2_Halbkreis

Für die Manschette »Blüte«: Bringe zuerst die Blütenblätter in Form, indem du sie vorsichtig über ein sauberes Lineal ziehst. Halte dabei das entsprechende Blatt in der Mitte fest, damit es nicht abreißt. Die Blätter wellen sich nun nach außen und unten.

Nachdem du die Muffin-Manschette hergestellt hast, lege sie um den Muffin und stecke die Lasche am einen Ende in die Öffnung am anderen Ende, sodass ein Ring entsteht.

8 Dekoration für zu Hause

In diesem Kapitel findest du verschiedene Projekte, die du selbst zum Dekorieren verwenden oder auch verschenken kannst: Von Bilderrahmen und Kissen über Ornamente und Türanhänger bis hin zu Gute-Nacht-Wünschen für Gäste ist alles dabei.

8.1 Bilderrahmen

Um Fotos aufzustellen, aufzuhängen oder zu verschenken, eignen sich die Papier-Bilderrahmen. Du kannst sie einzeln aufstellen oder auch eine Foto-Girlande zusammenstellen. Besonders schön kann es wirken, wenn du den Rahmen in einer Farbe wählst, die auch im Foto enthalten ist.

Schwierigkeit: leicht

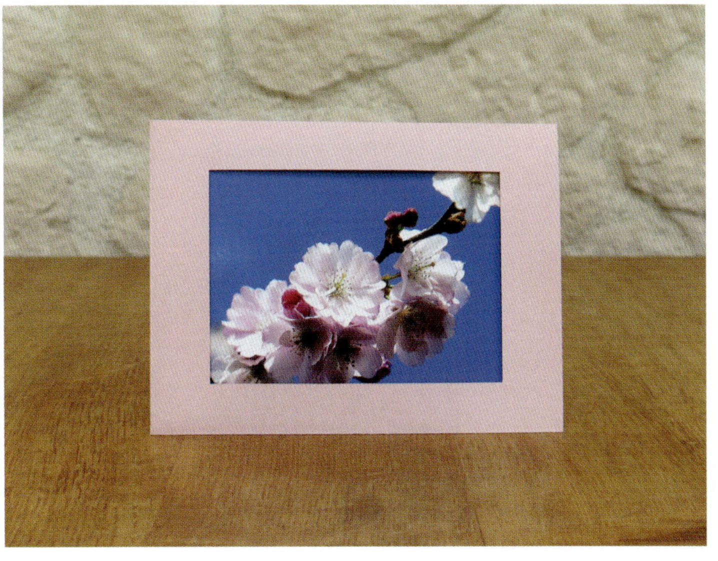

Material

- Tonpapier oder Fotokarton
- Kleber
- Vorlage 8_1_1_Bilderrahmen_flach

Größe des Projekts

Eine ideale Größe für ein Bild oder Foto im Format 10 cm x 15 cm ist in der Software eine Breite von 25 cm und eine entsprechende Höhe von 17,5 cm. Du kannst die Größe des Rahmens je nach Bild und Verwendung frei variieren.

Bilderrahmen erstellen

Falte die drei Laschen A nach innen und klebe sie an der Rückseite B fest. Nun kannst du ein Bild einstecken.

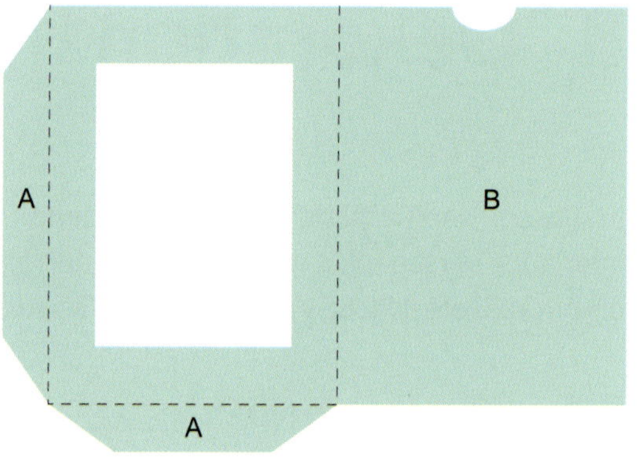

Variationen

Bildergirlande
Du kannst mit mehreren Bilderrahmen eine Bildergirlande basteln. Dazu benötigst du eine Schnur und Holz- oder Büroklammern, um die Bilderrahmen zu befestigen.

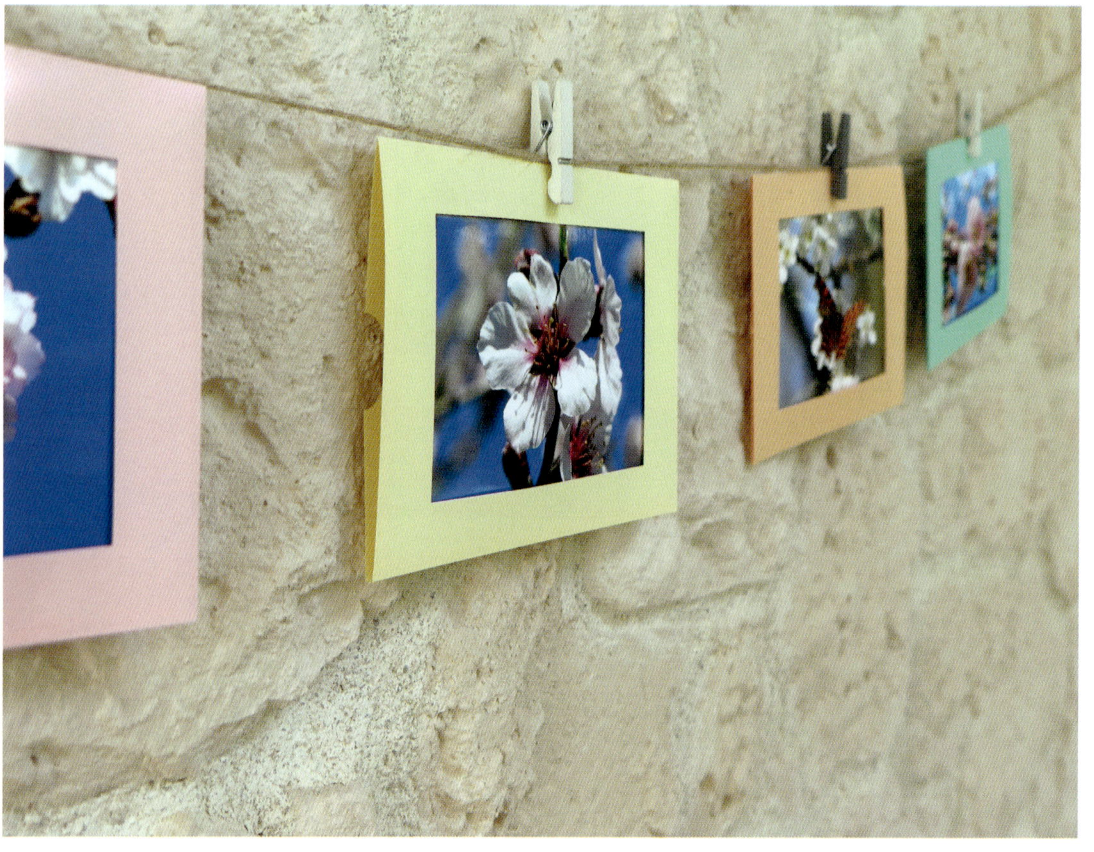

Polaroid-Rahmen

Schwierigkeit: einfach
Projekt ohne Vorlage

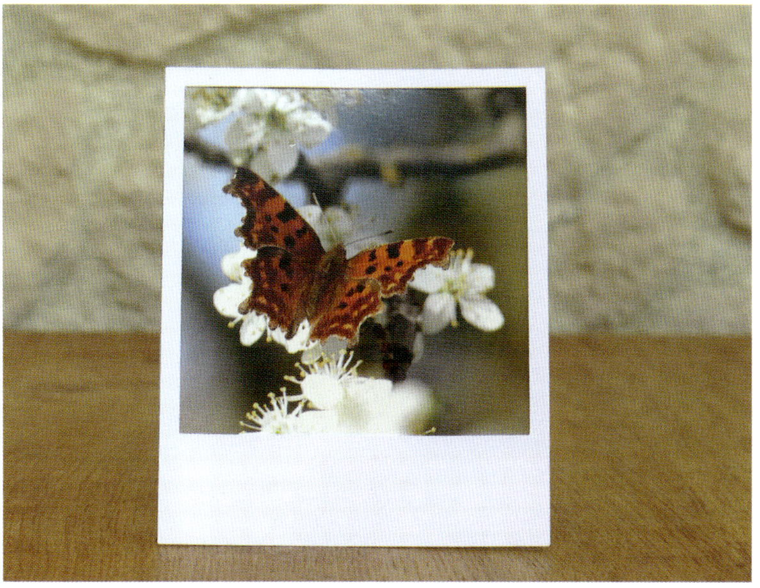

1. Wähle dir dein gewünschtes Polaroid-Format aus (Maße dazu findest du im Internet). Für dieses Beispiel nutze die Maße von Polaroid.
2. Dazu erstellst du ein Rechteck mit einer Höhe von 10,8 cm und einer Breite von 8,8 cm sowie ein Quadrat mit einer Seitenlänge von 7,9 cm.
3. Markiere das Rechteck und gib im oberen Menü eine glatte Y-Position ein (z.B. 2,00). Lege dann das Quadrat auf das Rechteck und verschiebe dessen Y-Position um 0,45 cm (z.B. 2,45).

4. Markiere Rechteck und Quadrat und klicke anschließend auf Ausrichten > Zentriert ausrichten.
5. Lass beide Formen markiert und klicke auf Modifizieren > Subtrahieren.

6. Wenn du möchtest, erstelle ein zusätzliches Rechteck für die Rückseite (Höhe 10,8 cm x Breite 8,8 cm).
7. Platziere dann dein Foto im Rahmen und klebe den Rahmen, das Foto und die Rückseite zusammen.

8.2 Türanhänger

Du kannst mit diesen Türanhängern Gäste willkommen heißen, anzeigen, dass du gerade im Garten bist oder nicht gestört werden möchtest. Vielleicht hast du aber auch eine ganz eigene Idee für einen Türanhänger, die du mit der Vorlage umsetzen kannst.

Schwierigkeit: leicht

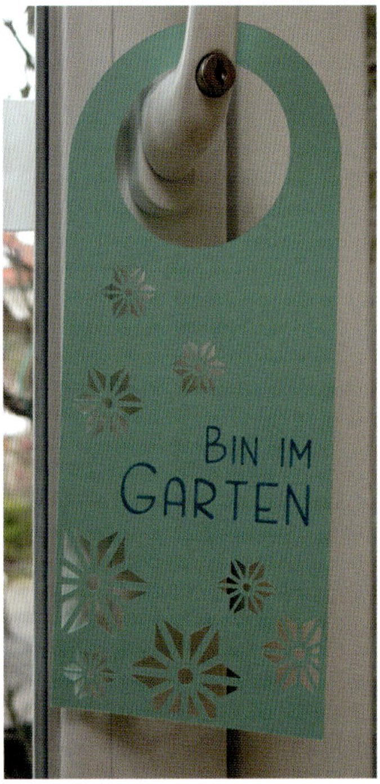

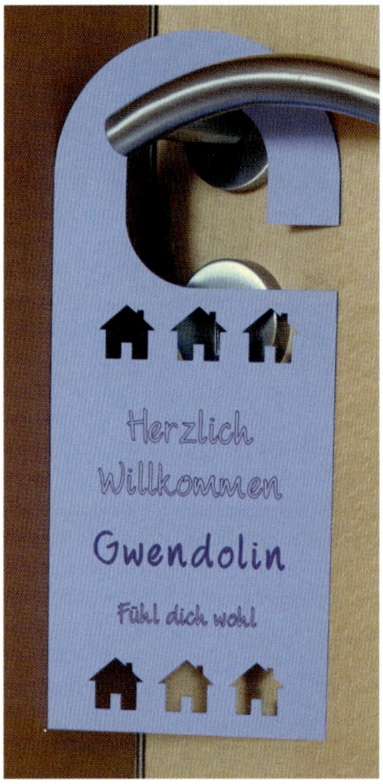

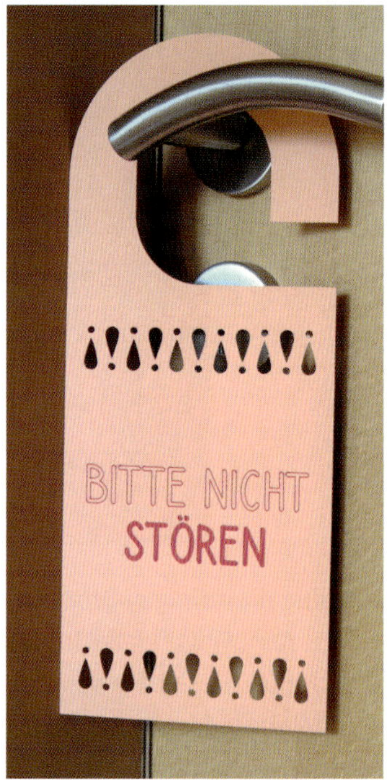

Material

- Tonpapier oder Fotokarton
- Stift mit Universal-Stiftehalter
- Vorlage 8_2_Garten oder 8_2_Willkommen oder 8_2_Stoeren

Größe des Projekts

Eine ideale Größe ist eine Höhe von 28 cm.

Türanhänger individualisieren

Du kannst nach eigenen Wünschen Schrift hinzufügen und diese zeichnen oder schneiden lassen.

Verwendete Schriftarten: Türanhänger »Garten« – Tihana; Türanhänger »Willkommen« – Campbell; Türanhänger »Stören« – Lumie

Variation

Eigene Türanhänger gestalten
Mit der Vorlage 8_2_Tuer_blanko kannst du den Türanhänger auch nach eigenen Wünschen frei gestalten, indem du Text oder Formen hinzufügst oder herausschneidest.

8.3 Ornamente

Ornamente eignen sich als Dekoration an Zweigen und Pflanzen oder am Fenster. Je nach Wahl von Papier und Farbe wirken sie elegant oder modern.

Schwierigkeit: einfach

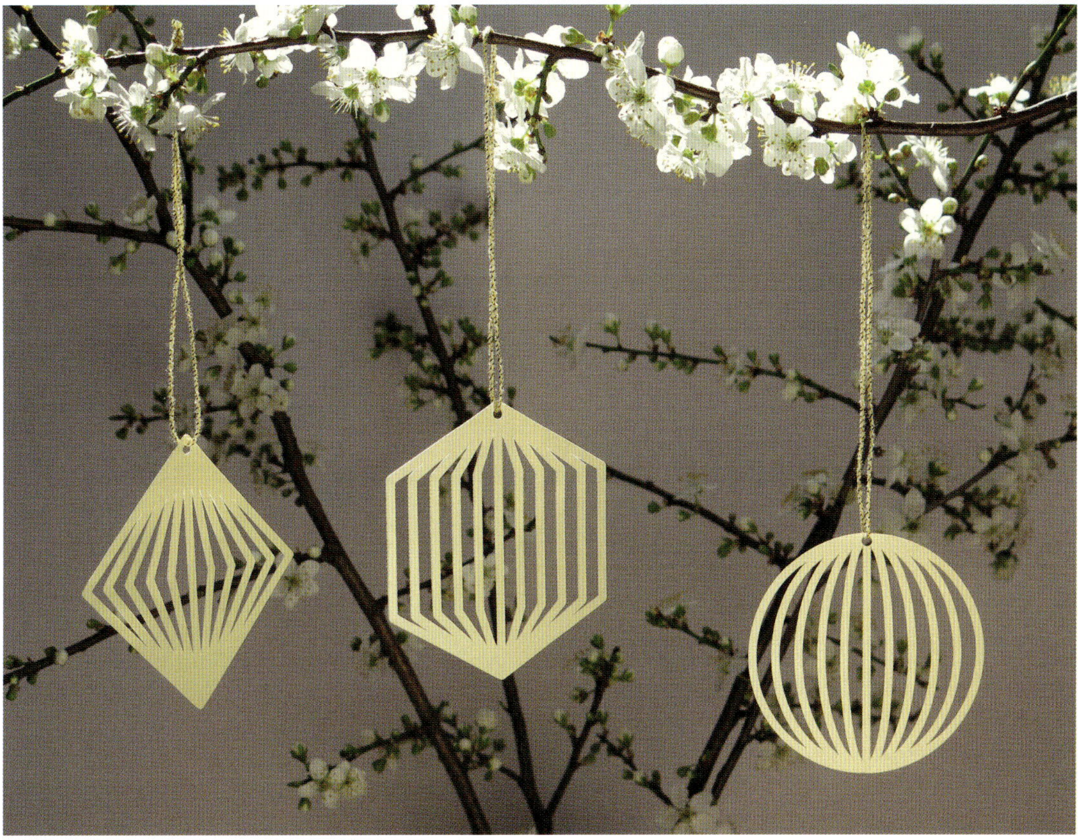

Material

- Fotokarton (z.B. mit Glanz)
- Band oder Schnur
- Vorlage 8_3_1_Set

Größe des Projekts

Du kannst die Größe der Ornamente frei wählen.

8.4 Kissen

Kissenhüllen kannst du individuell gestalten, z.B. um Gäste willkommen zu heißen oder dich an Reisen zu erinnern. Je nach verwendeter Bügelfolie erhältst du glatte oder auch samtige Motive.

Schwierigkeit: mittel

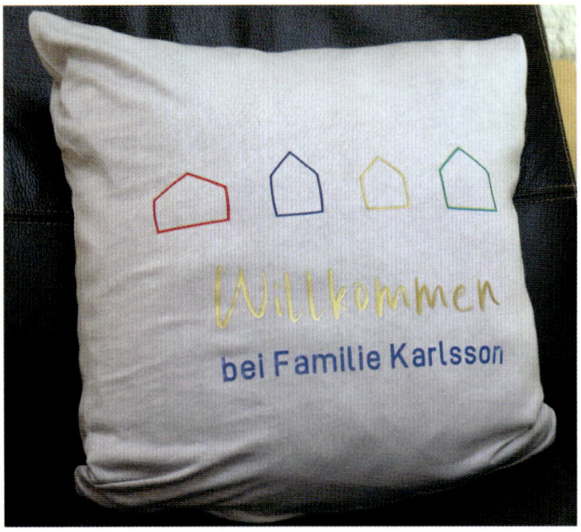

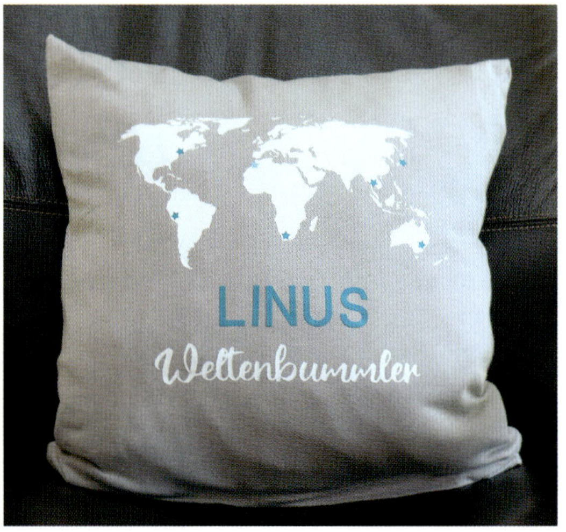

Material

- Kissenbezug, z.B. 40 x 40 cm
- Bügelfolie in verschiedenen Farben
- Zubehör zum Aufbügeln
- Vorlagen: 8_4_Willkommen oder 8_4_Weltenbummler

Größe des Projekts

Die Größe des Motivs ist abhängig von der Größe des Kissenbezugs, den du verwenden möchtest.

Kissen individualisieren

Du kannst die Schrift im Projekt nach deinen Wünschen anpassen und so passende Namen einsetzen und die Schriftart und -größe anpassen. Darüber hinaus kannst du auch die Farbe der Motive verändern. Beim Motiv »Weltenbummler« musst du natürlich auch die Reiseziele anpassen.

Verwendete Schriftarten: Kissen »Willkommen« – Summer Vibes und D-Din-Pro; Kissen »Weltenbummler« – Ontel und Arial

Für Gäste: Gute Nacht

Um Übernachtungsgästen einen kleinen Gruß aufs Kopfkissen zu legen, kannst du Wolken und Schäfchen verwenden. Lege gerne auch eine Kleinigkeit wie etwas Süßes oder eine Blüte dazu.

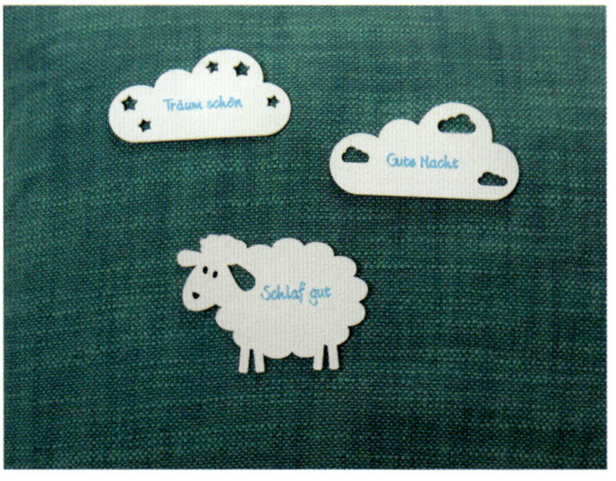

Material

- Tonpapier (z.B. mit Glanz)
- Ggf. Stift mit Universal-Stiftehalter
- Vorlage 8_5_Gaeste

9 Sticker

Sticker sind mehr als nur kleine bunte Bilder für Kinder. Zu Hause und im Alltag helfen sie beim Organisieren und Ordnen. Sie können deine eigenen Produkte, wie selbst gemachte Marmelade, verschönern. Mit Namen- oder Adress-Stickern versehen, kann nichts mehr verloren gehen. Sie können kleine Glückwünsche oder ein Dankeschön auf Geschenken überbringen. Doch auch bei Anlässen wie Geburten, Hochzeiten oder größere Feiern eignen sie sich für Karten oder als kleine Erinnerung für die Gäste.

Mit Vinyl zum Bekleben kannst du aber auch Geschenke oder Gegenstände zu Hause, wie Tassen, Notizbücher, Bilderrahmen oder Teelichthalter, verschönern oder individualisieren. Auch Wände und Tafeln kannst du damit dekorieren.

9.1 Allgemeines zu Stickern

In diesem Abschnitt lernst du die wichtigsten Grundlagen kennen, um selbst Sticker mit deinem Plotter zu erstellen. Du kannst Sticker aus bedruckbarem oder beschreibbarem Vinyl oder Papier-Etiketten herstellen.

9.1.1 Schriftzug als Sticker

Wie du einen Schriftzug als Sticker erstellen kannst, erfährst du in Abschnitt 5.5.

9.1.2 Sticker in einer Form: zeichnen und schneiden

Schwierigkeit: leicht
Projekt mit Vorlage

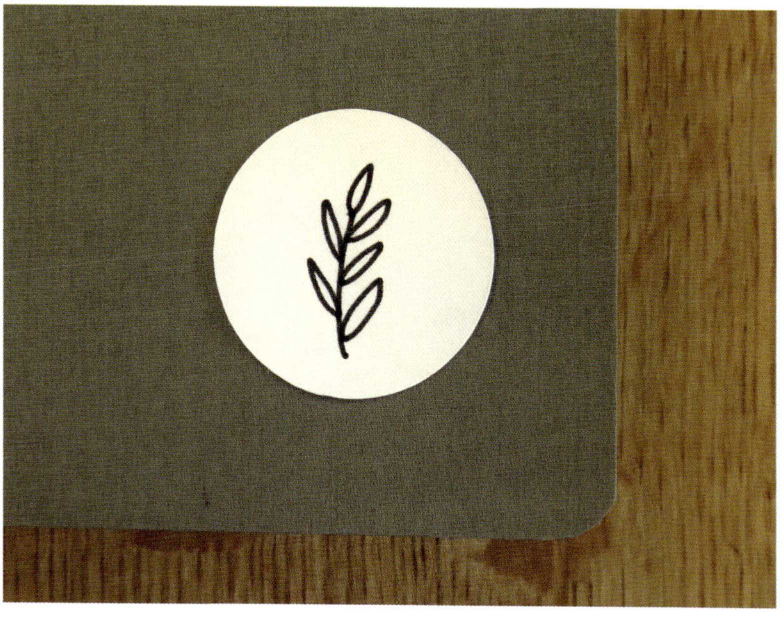

Hinweis

Für diese Art der Sticker brauchst du einen oder mehrere Stifte. Diese Sticker kannst du mit Papier-Etiketten oder beschreibbarem Vinyl umsetzen.

Material

- Beschreibbares Vinyl oder Papier-Etiketten
- Stift mit Universal-Stiftehalter
- Vorlage 9_1_2_Zweig

1. Wähle eine Form für deinen Sticker, z.B. einen Kreis oder ein Quadrat.
2. Nutze für das hier dargestellte Beispiel einen Kreis mit dem Durchmesser 2,5 cm.

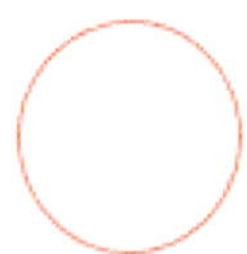

3. Wähle dann ein Motiv für deinen Sticker. In diesem Beispiel nutze die Vorlage 9_1_2_Zweig. Die Datei öffnet sich auf einer eigenen Matte. Markiere und gruppiere den Zweig und kopiere ihn auf die Matte mit deinem Kreis. Verändere die Höhe des Zweigs auf 2 cm..

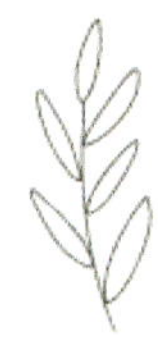

4. Markiere nun den Kreis und den Zweig. Klicke auf Ausrichten > Mitte. Jetzt kannst du den Zweig mit einem Stift zeichnen und den Kreis schneiden lassen.

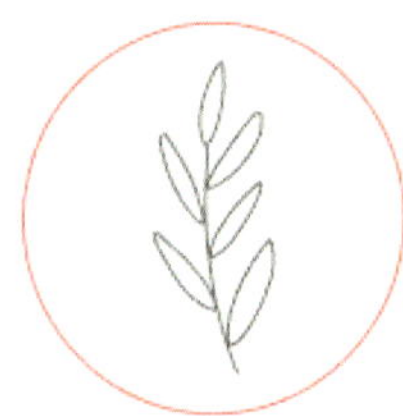

5. Klicke anschließend auf Senden und gib an, dass der Zweig mit dem Stift gezeichnet und der Kreis geschnitten werden soll.

9.1.3 Sticker in einer Form: Mit Print & Cut

Hinweis

Für diese Art von Stickern benötigst du neben dem Cameo 5 auch einen Drucker. Du kannst diese Sticker mit bedruckbaren Papier-Etiketten oder bedruckbarem Vinyl umsetzen.

Um einen Sticker mit Print & Cut herzustellen, benötigst du ein Objekt oder eine Schrift, die gedruckt werden soll. Dieses kann anschließend vom Cameo 5 an den Umrissen geschnitten werden. Alternativ kannst du ein Offset oder eine Form als Sticker-Hintergrund hinzufügen.

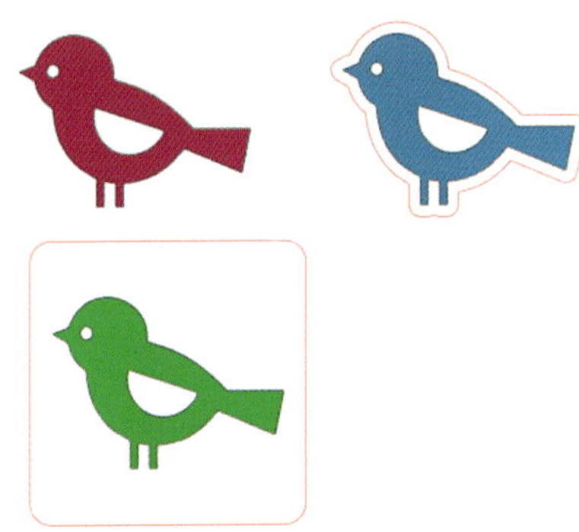

Tipp

Wie du Sticker-Labels erstellst, erfährst du in Abschnitt 5.7.

9.1.4 Sticker mit Offset

Schwierigkeit: mittel
Projekt ohne Vorlage

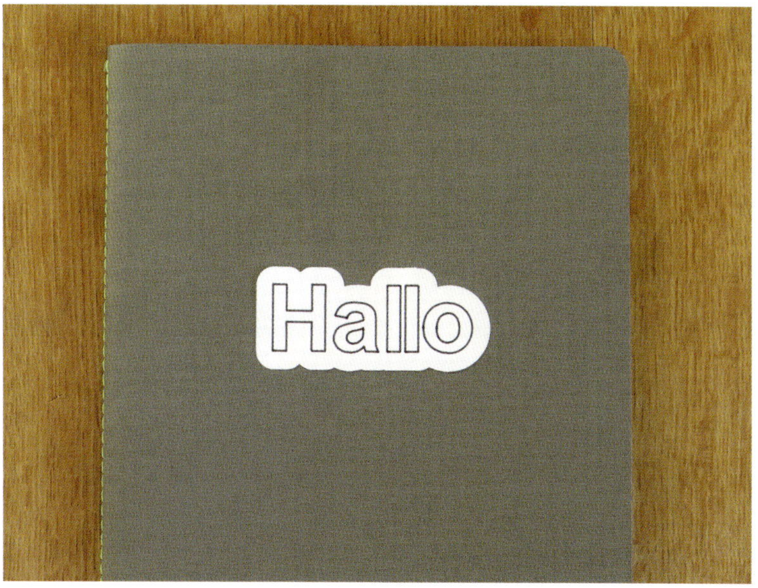

Material

Beschreibbares oder bedruckbares Vinyl oder Papier-Etiketten

1. Wähle ein Wort aus, das du zu einem Sticker machen möchtest. Für dieses Beispiel benutze das Wort »Hallo« (hier Schriftart: Arial, fett). Suche dir nun eine Schriftart aus und miss aus, wie groß der Schriftzug werden soll.
2. Um den Offset hinzuzufügen, markiere das Wort und klicke in der rechten Seitenleiste auf OFFSET. Daraufhin öffnet sich ein Menüfenster, in dem du einstellen kannst, wie breit der Offset sein soll und welche Form die Ecken haben sollen (hier: Distanz: 0,5 cm und Eckenform rund). Der Offset legt sich nun erst einmal um jeden einzelnen Buchstaben. Klicke anschließend auf HINZUFÜGEN.
3. Nun kannst du entscheiden, ob du das Wort »Hallo« mit Print & Cut oder mit einem Stift gezeichnet umsetzen möchtest.

Hier ist die Version mit Stift umgesetzt: Markiere das Wort »Hallo« und wähle unter SENDEN > AKTION SKIZZE aus. Markiere anschließend den Offset und klicke auf KEINE SKIZZENLINIE. Lass danach die Schneidematte im Plotter (nicht auswerfen). Stelle dann ein, dass nur der Offset geschnitten wird (und nicht die Schrift).

9.2 Beschriftungen und Organisation

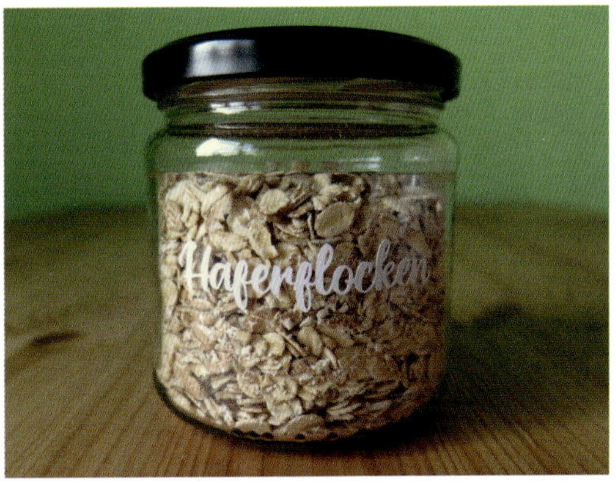

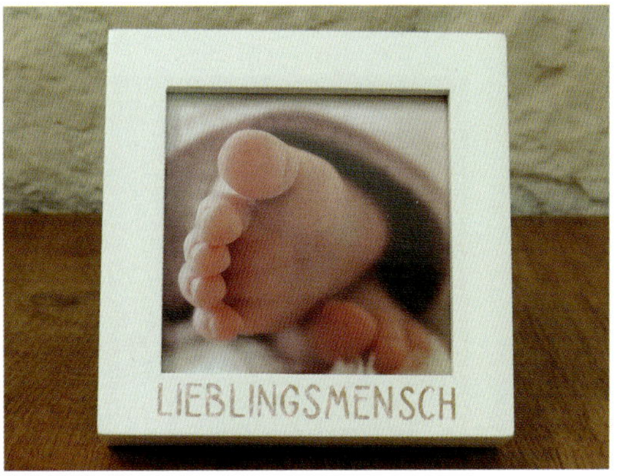

Mit den in Abschnitt 9.1 beschriebenen Sticker-Techniken lässt sich viel Nützliches und Schönes erstellen, z.B.:

- Beschriftung für Dosen, Gläser, Boxen und Kartons. So kannst du auch dein Zuhause besser organisieren.
- Upcycling von Gegenständen durch Überkleben von kleinen Beschädigungen oder unerwünschten Aufschriften
- Beschriftung von persönlichen Gegenständen, z.B. Büchern und Handy-Hüllen
- Personalisierte Geschenke, wie Teelichthalter oder Bilderrahmen
- Beschriftung von Selbstgemachtem, z.B. Marmelade, Öle, Gebäck

9.3 Tafeln

Bei der Organisation zu Hause helfen auch Tafeln bzw. Wandplaner. Hier findest du zwei Tafeln, mit denen du dein Essen oder die Termine für die gesamte Familie planen kannst.

Schwierigkeit: schwer

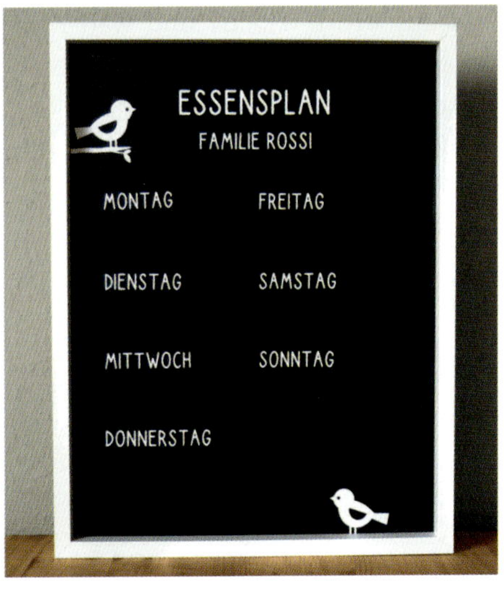

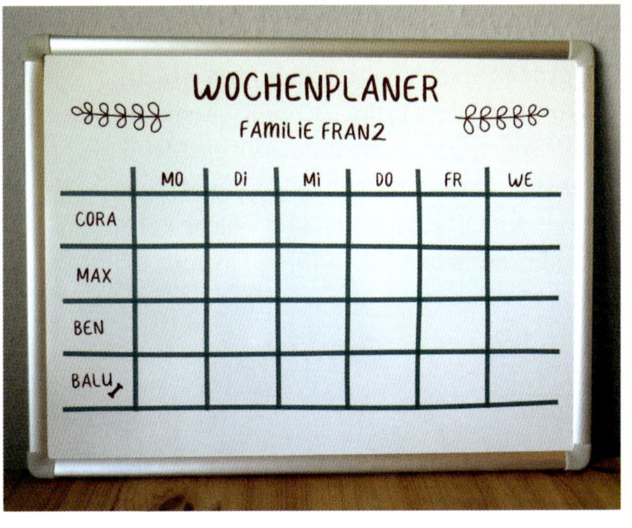

Material

- Vinyl
- Transferfolie
- Tafel, Tafelfolie, Whiteboard o. Ä.
- Entgitterhaken
- Rakel
- Ggf. Permanentmarker
- Kreidestift bzw. Boardmarker
- Vorlage 9_3_Essensplan oder 9_3_Wochenplan

Größe des Projekts

Bevor du mit dem Plotten beginnst, miss deine Tafel aus und überlege, wie viel Platz du für die einzelnen Abschnitte zur Verfügung hast. Entscheide danach, wie groß die Felder und die Schrift sein müssen. Passe die Vorlagen dann individuell an.

Tafel erstellen

Die Linien zur Unterteilung beim Wochenplan kannst du entweder aus Vinyl schneiden oder du bringst sie mit einem Permanentmarker oder einem geeigneten schmalen Vinyl-Tape auf die Tafel auf.

Die Schrift und Dekorationen, die dauerhaft zu sehen sein sollen, kannst du dann mit Vinyl plotten und aufbringen. Für alle Eintragungen, die sich z.B. wöchentlich verändern, nutze den Kreidestift bzw. Boardmarker, um sie später wieder wegwischen zu können.

Verwendete Schriftarten: »Essensplan« – Lumie; »Wochenplan« – Hey Guys! Demo

Variationen

Tafelfolie plotten

Aus dünner Tafelfolie kannst du natürlich Etiketten oder andere Formen ausschneiden, die du anschließend mit einem Kreidestift beschriftest. Das ist besonders nützlich, wenn die Beschriftung häufig verändert werden soll, z.B. als Türschild für ein Gästezimmer, bei dem du die Namen der Gäste einträgst.

9.4 Türsticker

Um Gästen die Orientierung in deinem Zuhause zu erleichtern, kannst du Vinyl-Sticker auch an Türen anbringen und so z.B. die Tür des Gäste-WCs beschriften.

Schwierigkeit: mittel

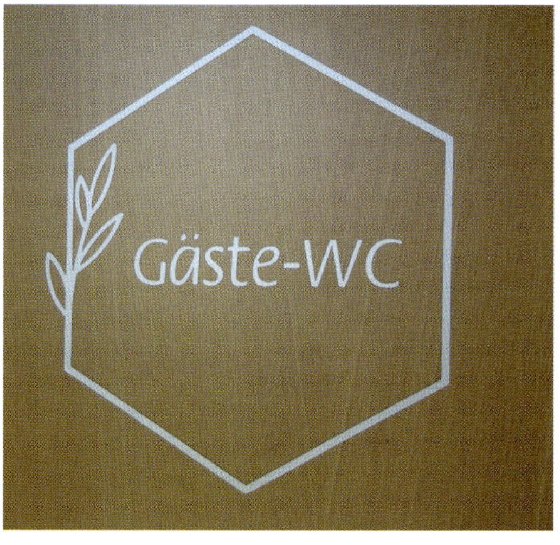

Material

- Vinyl
- Transferfolie
- 9_4_GaesteWC

Türsticker erstellen

Miss vorher aus, wie groß dein Türschild werden soll. Benutze am besten eine Wasserwaage, um das Schild gerade anzubringen.

Die Schrift im Türsticker kannst du mit einem neuen Textfeld individuell anpassen.

Schriftart im Projekt: QTFloraline

9.5 Tassen

Sticker eignen sich auch, um schöne Motive und Schrift auf Tassen, Gläsern oder Trinkflaschen zu bringen. Hier findest du ein Tassenmotiv und ein Projekt ohne Vorlage, um deine Tasse zu personalisieren oder einem lieben Menschen einen guten Morgen zu wünschen.

9.5.1 Tasse »Guten Morgen«

Schwierigkeit: mittel

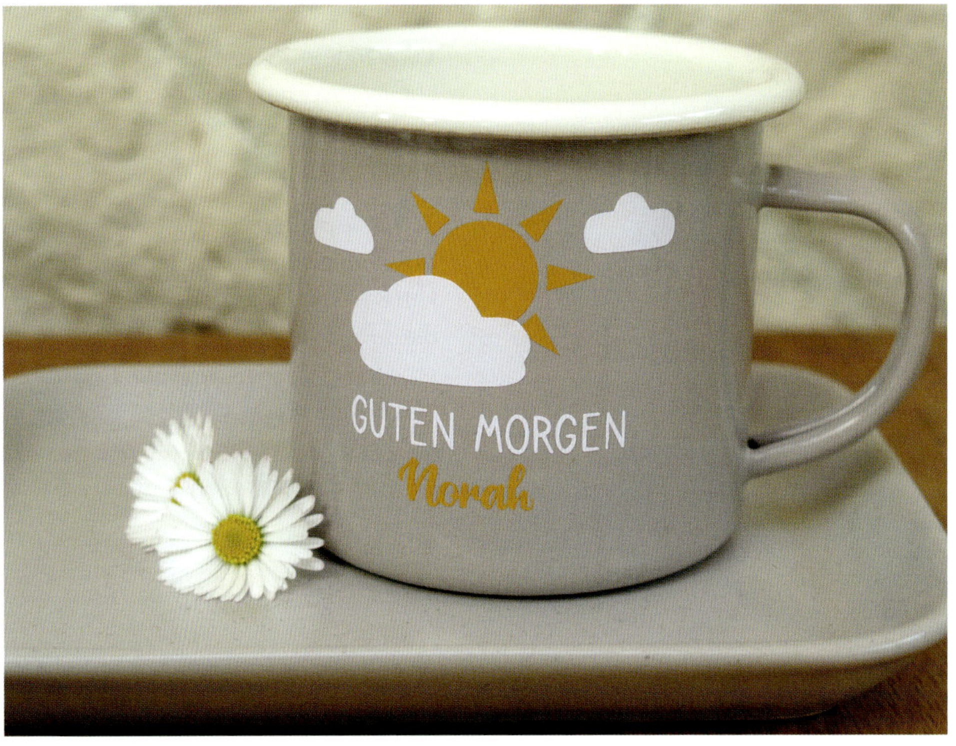

Material

- Vinyl in verschiedenen Farben
- Transferfolie
- Rakel
- Vorlage 9_5_Guten_Morgen

Tasse erstellen

Passe die Größe des Motivs deiner Tasse an. Du kannst bei allen Motiven Schriften und Farben nach deinen Wünschen verändern.

Verwendete Schriftarten: »Guten Morgen« – Lumie; Name – Ontel

9.5.2 Tasse »Monogramm«

Schwierigkeit: mittel
Projekt ohne Vorlage

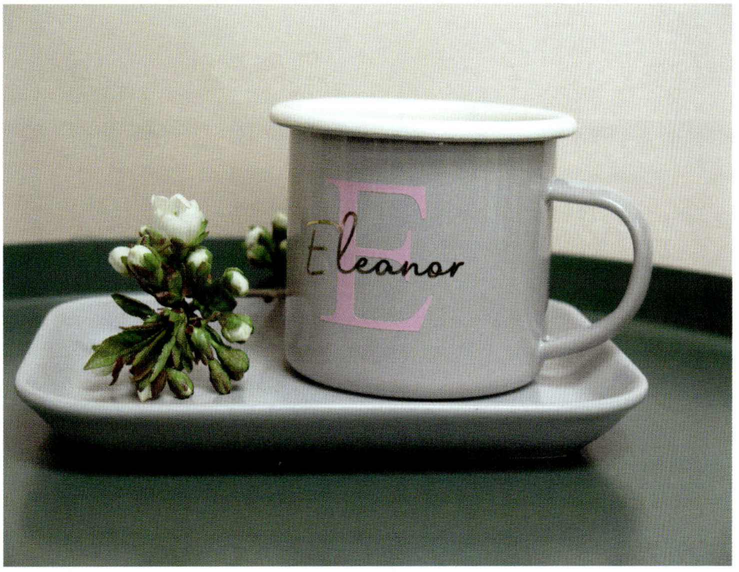

Material

- Vinyl in verschiedenen Farben
- Transferfolie
- Rakel

1. Miss deine Tasse aus und bestimme, wie groß dein Projekt werden soll.
2. Erstelle ein neues Textfeld und gib den gewünschten Anfangsbuchstaben als Großbuchstaben ein.
3. Wähle deine gewünschte Schriftart aus.
4. Verändere die Höhe des Buchstabens auf die passende Größe. Halte das Vorhängeschloss geschlossen, damit sich die Breite proportional mitverändert.
5. Erstelle ein weiteres Textfeld und gib den gewünschten Namen ein.
6. Wähle deine gewünschte Schriftart aus.
7. Verändere die Höhe des Namens auf die passende Größe. Halte das Vorhängeschloss geschlossen, damit sich die Breite proportional mitverändert.
8. Das Ausrichten von Monogramm und Name erfolgt beim Aufkleben des Vinyls auf die Tasse.

Hinweis

Um zu sehen, ob Monogramm und Name gut zusammenpassen, kannst du beide schon im Arbeitsbereich zueinander ausrichten. Markiere hierzu beide Textfelder und klicke auf AUSRICHTEN > MITTE.

Tipp

Besonders schön sieht es aus, wenn du für den Namen eine Schreibschrift wählst und für das Monogramm eine Serifen- oder serifenlose Schriftart.

Verwendete Schriftarten: »Buchstabe« – Times New Roman; »Name« – Celliad

9.6 Bullet-Journals

Bullet-Journals sind ja schon seit Jahren im Trend und helfen dabei, sich besser zu organisieren. Dabei geht es aber auch darum, dass eigene Bullet-Journal ansprechend und individuell zu gestalten.

Schwierigkeit: einfach

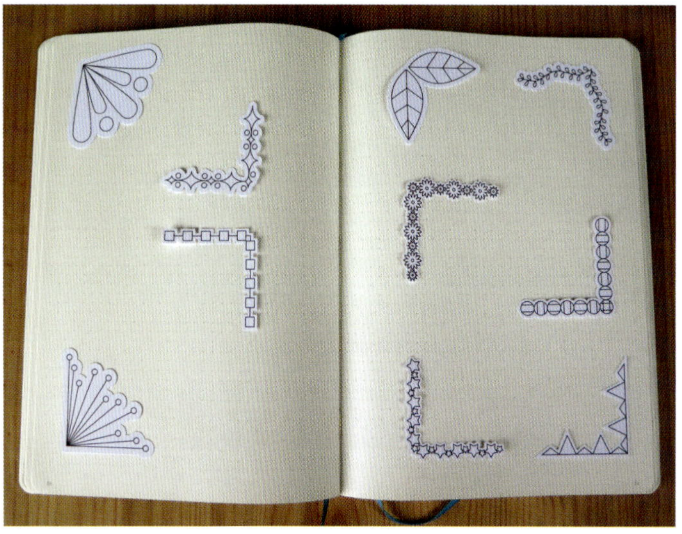

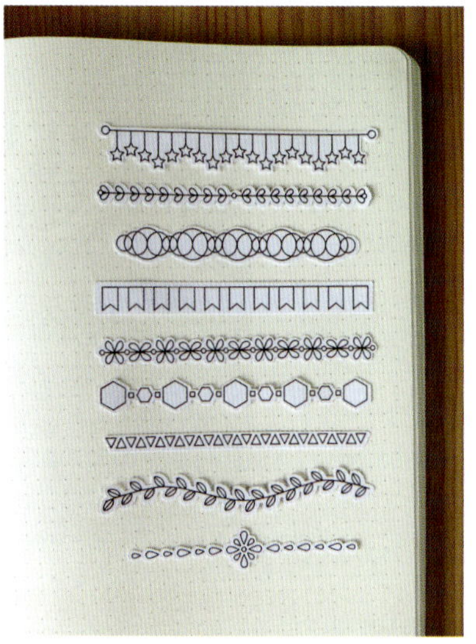

Material

- bedruckbares Vinyl oder Papier-Etiketten
- Drucker
- Vorlage 9_7_1_Bujo_Ecken; 9_7_1_Bujo_Raender

Sticker individualisieren

Du kannst die Größe der Sticker frei anpassen. Die Linienfarbe kannst du ebenfalls nach deinen Wünschen verändern, indem du den entsprechenden Stift auswählst.

Variation

Bullet-Journal-Sticker mit Schrift
Um Schrift auf Bullet-Journal-Sticker zu bringen, z.B. für Monats- oder Wochentage oder Seitenüberschriften, nutze die Hinweise aus Abschnitt 5.7 zum »Print & Cut« von Stickern. Anstatt eines Bildes kannst du auch Text und Formen zusammenbringen und dir so individuelle Sticker in allen Farben erstellen.

9.7 Sticker-Vorlagen

Hier findest du viele Sticker-Vorlagen, die du schnell individualisieren kannst – egal ob du dein Zuhause organisieren möchtest, Sticker mit deiner Adresse benötigst oder für Anlässe wie Geburt und Hochzeit den passenden Sticker suchst.

Schwierigkeit: einfach

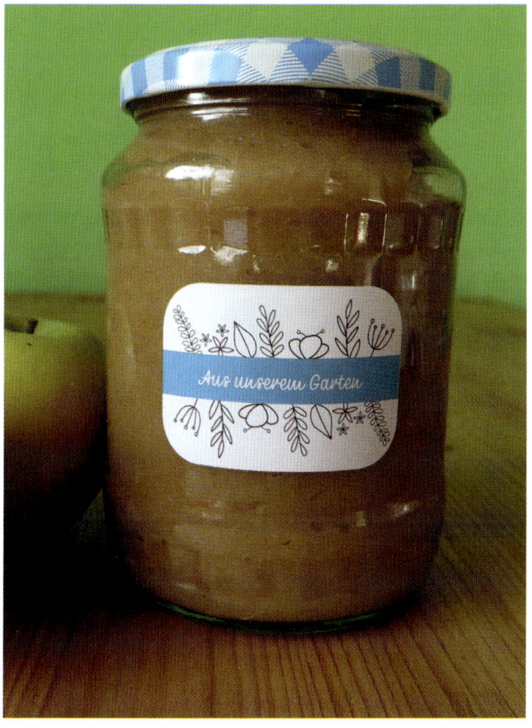

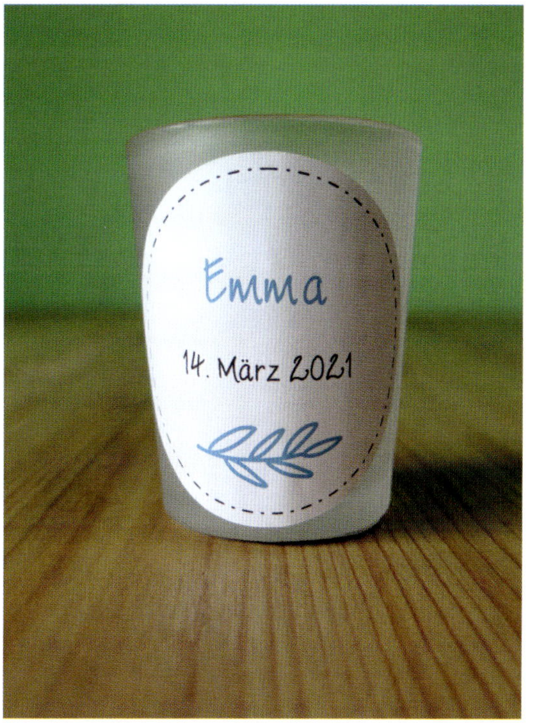

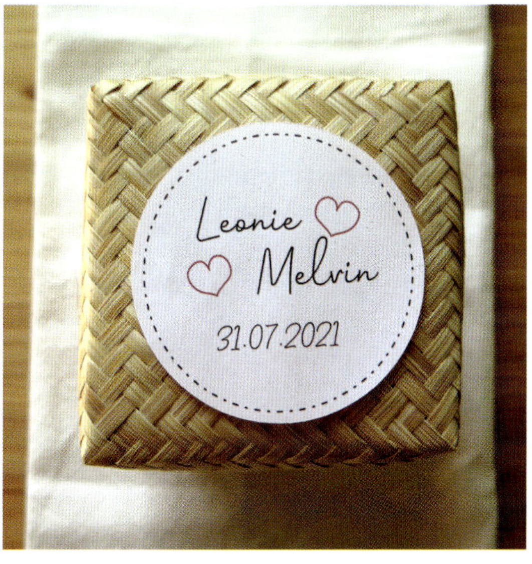

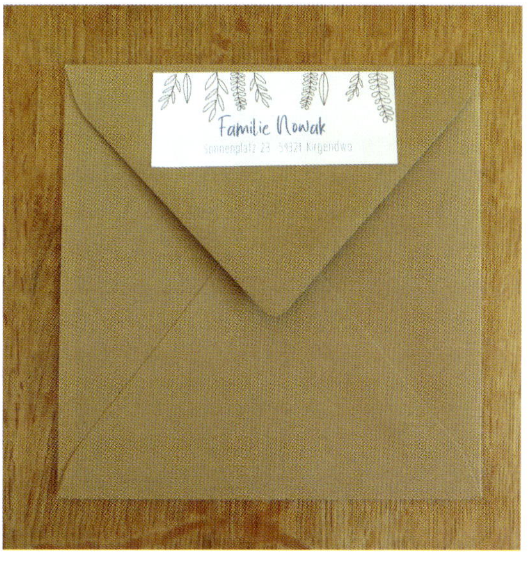

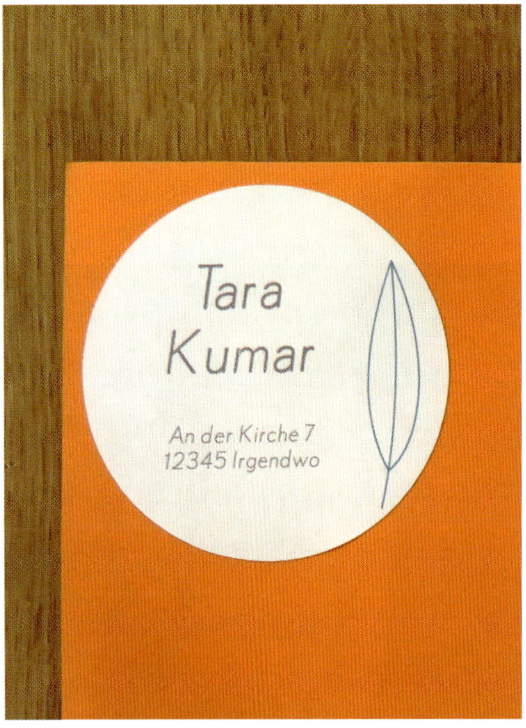

Material

- bedruckbares Vinyl oder Papier-Etiketten
- Drucker
- Vorlage 9_8_Labels; 9_8_Etiketten; 9_8_Adressen; 9_8_Anlässe

Sticker-Vorlagen verwenden

Du kannst die Größe, Texte und Schriftart der Sticker frei wählen. Füge Bezeichnungen, Namen, Adressen und Daten entsprechend ein.

Wenn du aus einer Datei nur einen Sticker mehrfach verwenden möchtest, dann lösche die übrigen Sticker aus deinem Projekt und kopiere bzw. dupliziere den gewünschten Sticker so oft wie nötig.

Sticker »Aus unserem Garten« – Havana; Adressen: Antique Nobel, Summer Vibes, Allegro; Sticker mit Zweig und Sticker mit Herzen: Campbell.

Tipp

Wie du Sticker-Labels erstellst, erfährst du in Abschnitt 5.7 Projekt 4: Label mit Print & Cut. Dieses Vorgehen kannst du auch auf alle anderen Sticker-Vorlagen anwenden.

9.8 Sticker-Bibliothek

Damit du auch eigene Sticker gestalten und erstellen kannst, findest du in den Vorlagen auch eine kleine Sticker-Bibliothek, die sowohl Hintergründe für Sticker als auch kleine Vektor-Elemente, wie z.B. Blätter und Blüten enthält (Vorlage 9_9_Sticker_Hintergrund, Vorlage 9_10_Sticker_Elemente). Wenn du diese dann mit deiner Wunschschriftart und -farben kombinierst, kannst du eigenständig wunderschöne Sticker für dich und andere erstellen.

10 Silhouette Studio Basic für Fortgeschrittene

In diesem Kapitel findest du weitere hilfreiche Funktionen und Hinweise, die bisher im Buch noch nicht besprochen wurden. Insbesondere die Arbeit mit Vektoren und die Funktion Nachzeichnen können hilfreich für dich sein, wenn du eigene kreative Ideen umsetzen möchtest.

10.1 Neuer Projekt-Assistent

Unter Datei findest du den Punkt Neuer Projekt-Assistent. Im dazugehörigen Menüfenster gibt es einige Vorlagen für neue Projekte (teilweise benötigst du dafür zusätzliches Spezialwerkzeug und -matten). Hilfreich sind z.B. die Funktion Karte oder Geschenkmarke (für Geschenkanhänger). Dabei erhältst du Vorlagen, die du anschließend noch individualisieren kannst.

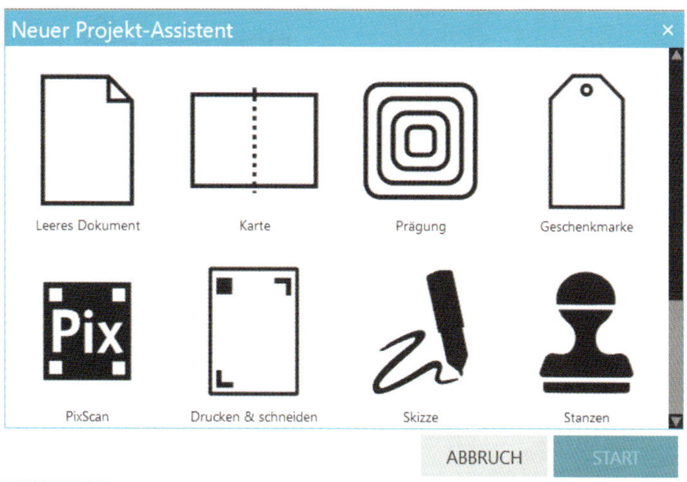

10.2 Replizieren

In der rechten Seitenleiste findest du die Schaltfläche Replizieren. Einige Funktionen zu diesem Funktionsbereich hast du bereits kennengelernt (z.B. Spiegeln oder Kopieren und Drehen).

Replizieren

Unter dem Reiter Replizieren kannst du Objekte oder Schrift in verschiedene Richtungen Duplizieren oder ganze Reihen und Spalten damit füllen. Die Objekte oder Schrift werden dabei ohne Abstand zueinander platziert.

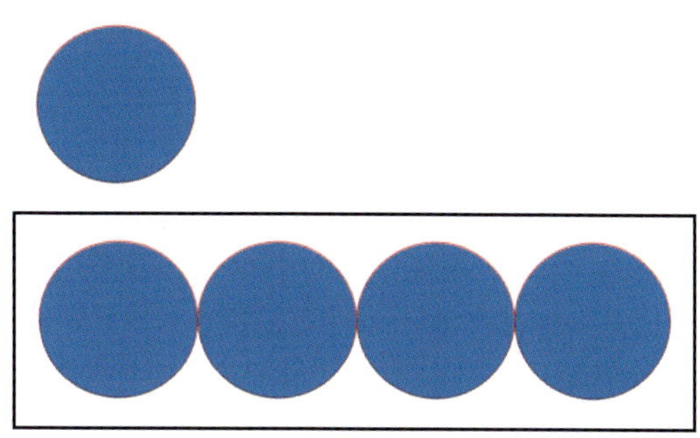

Wenn du Seite Füllen wählst, wird dein Objekt oder deine Schrift so oft wie möglich auf deiner Matte bzw. Mediengröße platziert. Das ist vor allem dann praktisch, wenn du etwas mehrmals herstellen und dabei dein Material gut nutzen möchtest (z.B. Sticker). Die Objekte werden dabei mit einem Abstand zueinander platziert.

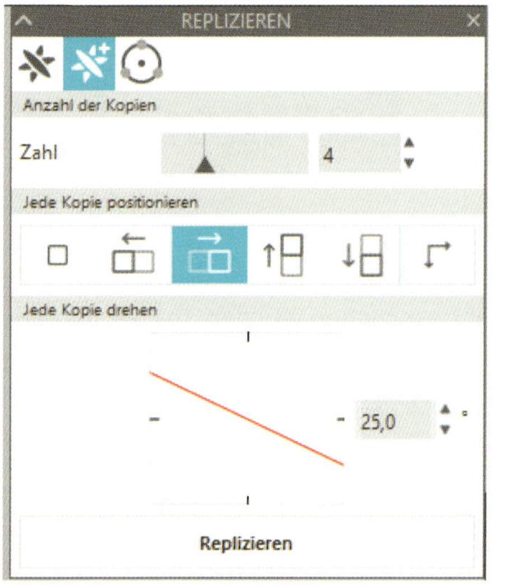

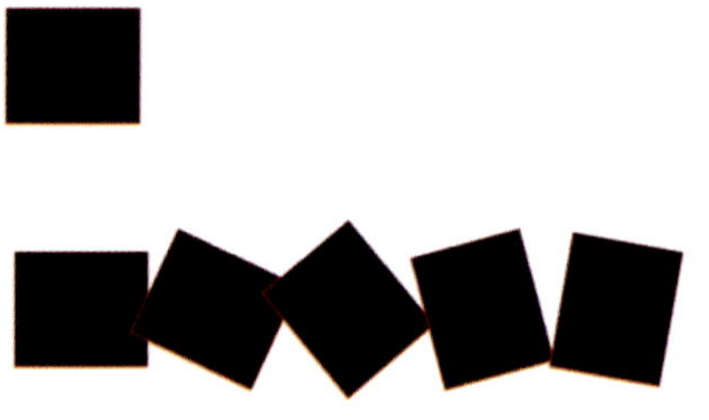

Erweiterte Wiederholungen

Unter dem Reiter Erweiterte Wiederholung kannst du bestimmen, wie oft und in welche Richtung ein Objekt oder eine Schrift repliziert werden soll und ob es nach jeder Wiederholung um eine bestimmte Gradzahl gedreht werden soll. Klicke auf Replizieren, nachdem du die Einstellungen vorgenommen hast.

Objekt auf Pfad

Im dritten Reiter Objekt auf Pfad kannst du Objekte entlang von Linien anordnen lassen, um gleichmäßige Muster zu erzeugen. Erstelle dazu ein Objekt und eine Linie (weiteres Objekt), an dem das Objekt angeordnet werden soll. Markiere dann das Objekt und klicke auf Auswahlwerkzeug einblenden. Dann erscheint das entsprechende Symbol im Objekt.

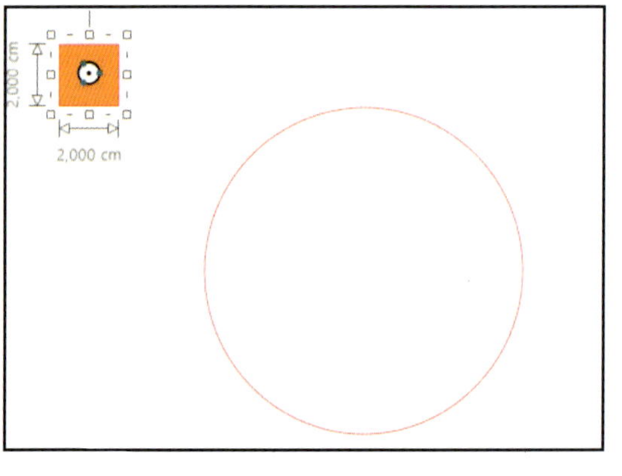

Ziehe dann das Objekt auf die Linie.

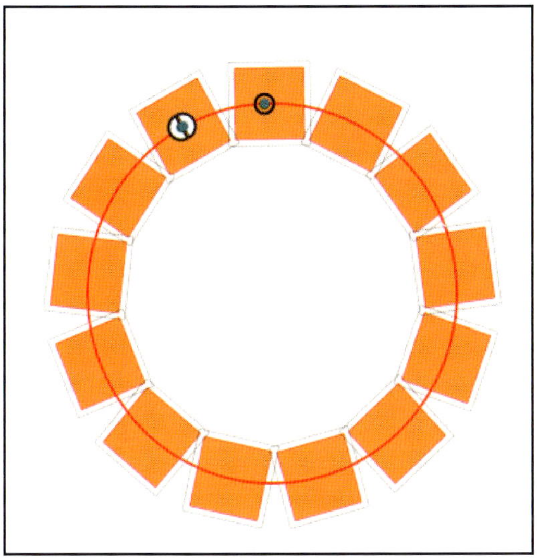

Du kannst du nun einstellen, wie häufig oder in welchem Abstand das Objekt entlang der Linie repliziert werden soll. Du kannst auch einen Start- und Endpunkt festlegen, wenn das Objekt nicht über die ganze Länge der Linie repliziert werden soll. Darüber hinaus kannst du den Winkel der replizierten Objekte bestimmen. Wenn du anschließend auf KOPIE FREIGEBEN klickst, kannst du jedes Objekt auf der Linie einzeln markieren.

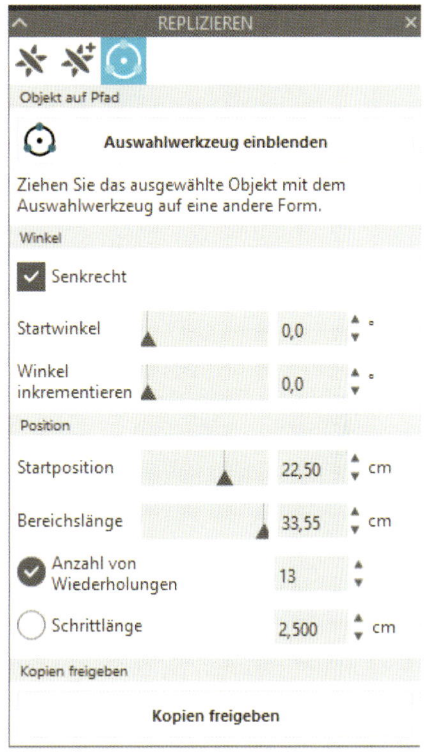

10.3 Pop-Up-Karte

Eine Pop-up-Karte besteht aus zwei Teilen: einer äußeren und einer inneren Karte, aus der das Objekt herauspoppt, wenn du die Karte öffnest. Der äußere Teil der Klappkarte hat eine Größe von 14 cm x 20 cm. Diesen kannst du gestalten, wie du möchtest. Der innere Teil der Karte ist etwas kleiner, damit er gut in die äußere Karte passt.

Innerer Teil der Pop-up-Karte:

1. Erstelle ein Rechteck (ZEICHENUTENSILIEN > RECHTECK) mit einer Breite (W) von 13 cm und einer Höhe (H) von 19 cm.
2. Erstelle eine waagerechte Hilfslinie (LINIENWERKZEUG > LINIE), die die Mitte der Karte kennzeichnet. Nutze SMART SNAPPING (SEITENEINSTELLUNGEN > RASTER-EINSTELLUNGEN), um die Linie auszurichten. Gib der Linie eine auffällige Farbe, damit du später nicht vergisst, sie wieder zu löschen. Alternativ kannst du auch mit dem Rasterhintergrund arbeiten.

3. Schreibe dann deinen Wunschtext für die Karte. Achte darauf, eine fettere Schriftart zu wählen (hier: Arial, fett). Markiere das Wort und platziere es in der Mitte der Karte.

4. Klicke in der rechten Seitenleiste auf die Schaltfläche Pop Up, markiere das Wort und wähle im Menüfenster Pop Up > Ein aus. Nun erscheinen alle notwenigen Schnitt- und Perforationslinien für dein Wort. Zusätzlich erscheint eine waagerecht Perforationslinie mit zwei roten runden Endpunkten. Ziehe diese auf die erstellte Hilfslinie. So kannst du sicher sein, dass deine Karte genau in der Mitte perforiert wird.

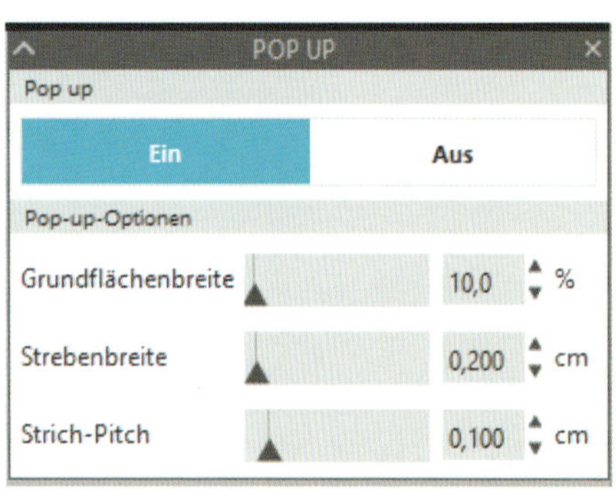

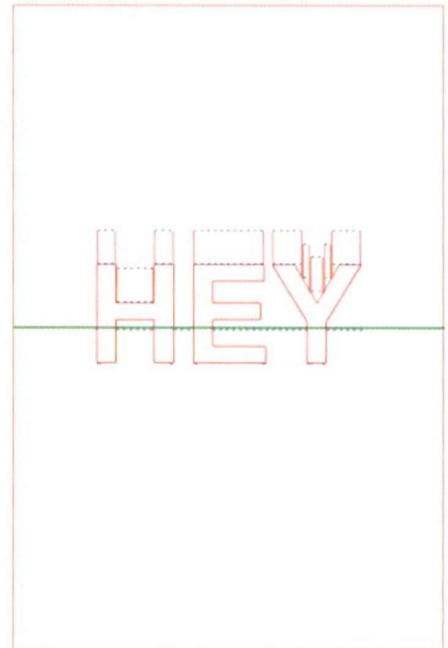

5. Ziehe die roten runden Endpunkte der waagerechten Linie dabei bis zu den Rändern der Karte. Lösche danach deine Hilfslinie wieder.

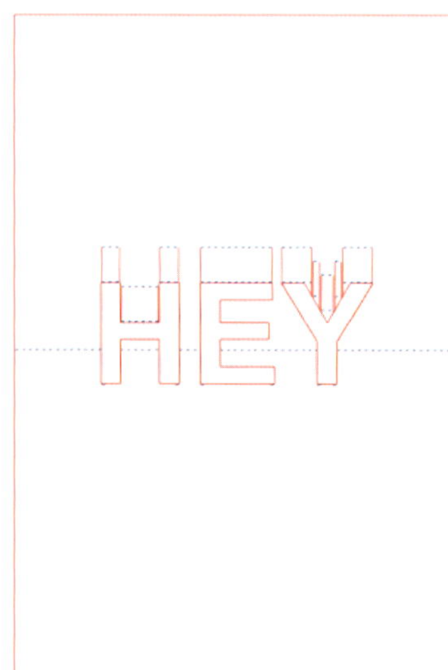

6. Du kannst noch weitere Anpassungen zum Pop Up vornehmen. Mit den Funktionen Grundflächenbreite (wie weit das Wort aus der Karte hervortreten soll), Strebenbreite (wie breit die Verbindungen des Wortes zum Hintergrund sein sollen), Strich-Pitch (Strichlänge der Perforierungslinie) und

den Ziehpunkten auf der Karte kannst du deine Karte weiter gestalten. Zusätzlich kannst du deiner Karte weiteren Text oder Objekte hinzufügen, die nicht mit der Pop Up-Funktion umgesetzt werden. Alle Elemente der Karte kannst du entweder mit einem Stift zeichnen lassen oder mit Print & Cut umsetzen.

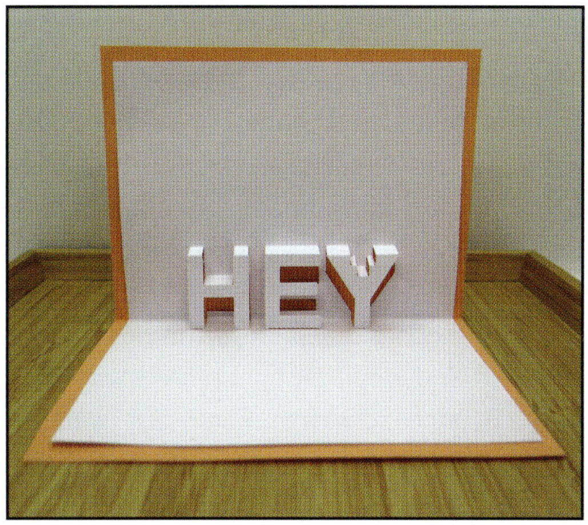

10.4 Kornraster

Mit der Funktion KONRASTER tüpfelt der Plotter mit einem Stift – daraus können Muster(füllungen) oder auch Bilder entstehen. Du hast dabei die Möglichkeit, Objekte oder Schrift mit Kornraster zu füllen oder Bilddateien in ein Kornraster umzuwandeln und dann vom Plotter tüpfeln zu lassen.

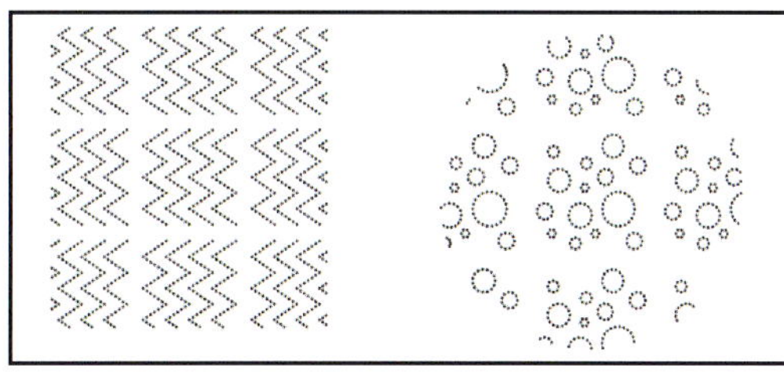

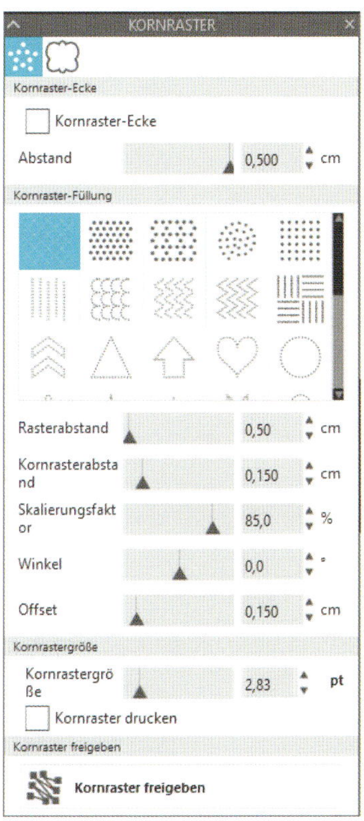

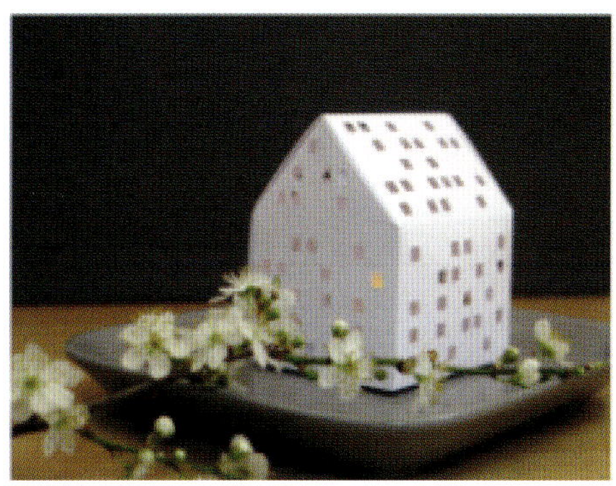

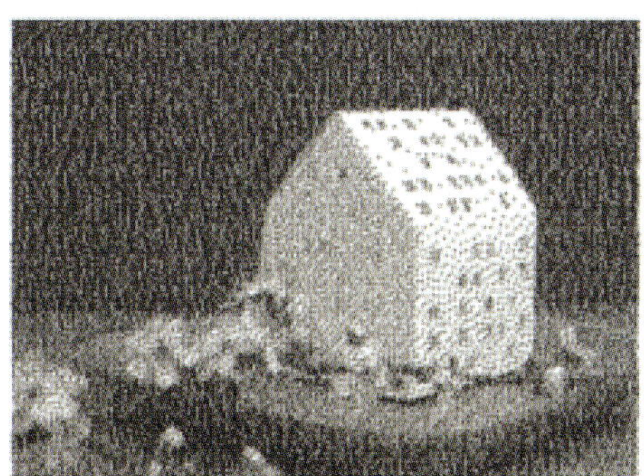

10.5 Nachzeichnen

Mit der Funktion Nachzeichnen, die du in der rechten Seitenleiste findest, kannst du Objekte oder Schrift aus Bilddateien (Pixelgrafiken) nachzeichnen lassen, um sie anschließend in deinem Design weiter zu bearbeiten oder plotten zu lassen. (Beachte dabei auch die Lizenzrechte des Bildes.) Am besten eignen sich Bilder mit einem starken Kontrast, wie z.B. eine schwarze Figur auf weißem Grund.

Lade zum Nachzeichnen dein Bild in das *Silhouette Studio*, klicke dann auf Nachzeichnen > Bereich zum Nachzeichnen auswählen und wähle den entsprechenden Bereich in deiner Bilddatei aus.

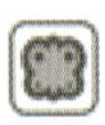

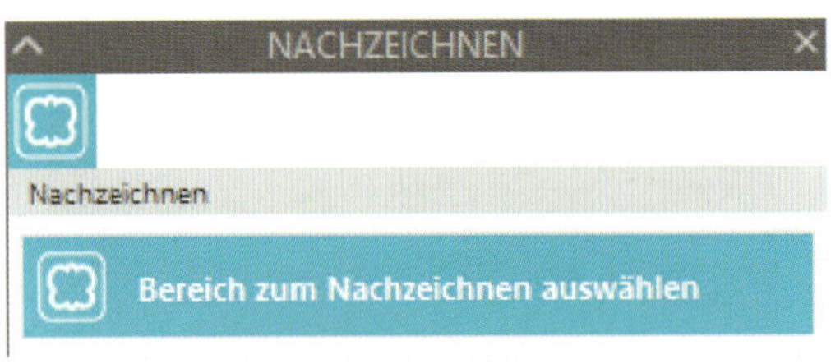

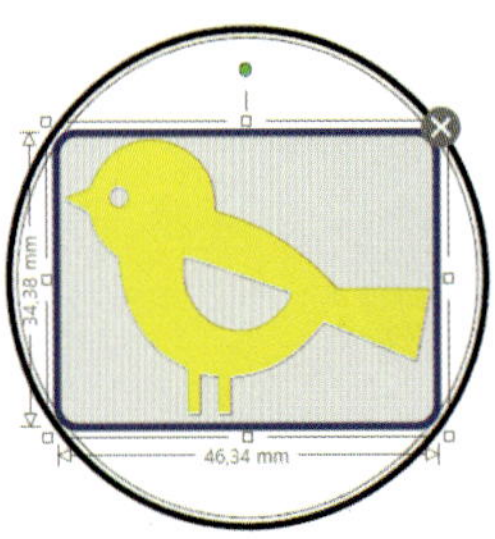

Anschließend kannst du verschiedene Einstellungen vornehmen, um das Nachzeichnen zu verbessern:

- Schwellwert
- Despeckle-Schwellenwert
- Filter-Wert (Hochpassfilter)
- Filter: niedriger Durchgang (Tiefpassfilter)
- Skalieren

Nachdem du die Einstellungen beendet hast, kannst du jetzt wählen, was du mit dem Objekt oder der Schrift tun möchtest:

- Nachzeichnen
- Außenrand nachzeichnen (nur Umrisse)
- Nachzeichnen und Ablösen (Objekt oder Schrift wird aus dem Bild herausgelöst)

Das nachgezeichnete Objekt ist eine Vektorgrafik, die du weiter bearbeiten kannst.

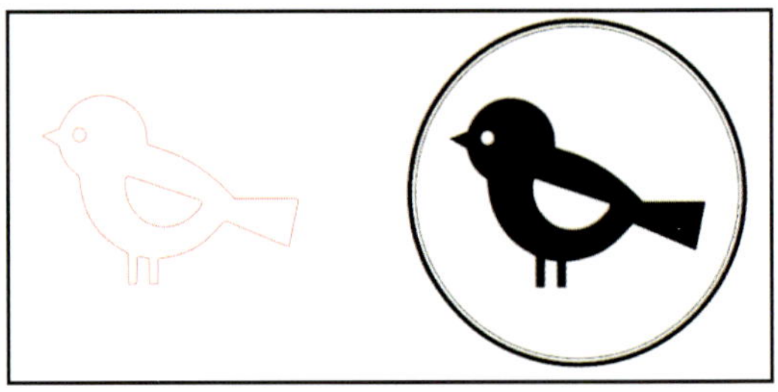

Tipp

Sollten beim Nachzeichen Elemente nachgezeichnet worden sein, die du entfernen möchtest, hast du zwei Möglichkeiten: Du kannst diese mit dem Radierer-Werkzeug entfernen. Alternativ kannst du auch alle Objekte, die durch das Nachzeichnen entstanden sind, markieren. Klicke dann mit der rechten Maustaste auf das Objekt und wähle im Menü Verknüpfte Pfade lösen. Jetzt kannst du einzelne störende Elemente anklicken und entfernen. Markiere anschließend alle Elemente, die du behalten möchtest, klicke erneut auf die rechte Maustasche und wähle Verknüpfte Pfade erstellen.

Tipp

Die Funktion Nachzeichnen kannst du auch wunderbar nutzen, wenn du Bastelbücher-Vorlagen (aus Papier) mit dem Plotter umsetzen möchtest. Fotografiere oder scanne die Vorlage einfach ab und lade das Bild in *Silhouette Studio*, um es dort entsprechend als Vorlage weiterzubearbeiten.

10.6 Arbeit mit Vektoren

Vektorgrafiken eigenen sich besser als Rastergrafiken, um sie vom Plotter bearbeiten zu lassen (siehe Abschnitt 1.5). Bisher hast du in diesem Buch gelernt, mit Vorlagen zu arbeiten und einige DIY-Projekte ohne Vorlage selbst zu erstellen. Das *Silhouette Studio Basic* bietet dir aber auch die Möglichkeit, Vektorgrafiken selbst zu erstellen. Du kannst Pixelgrafiken vom *Silhouette Studio Basic* nachzeichnen lassen (Abschnitt 10.5) oder diese selbst nachzeichnen (Abschnitt 10.7).

Vektorgrafiken bestehen aus Linien (genannt Pfade) und Punkten (genannt Knotenpunkte) und können problemlos vergrößert oder verkleinert werden – ohne dass sie wie Rastergrafiken unscharf werden oder verpixeln. In der linken Seitenleiste im *Silhouette Studio* findest du einige Werkzeuge, um Vektorgrafiken zu erstellen und zu bearbeiten:

- Punkte bearbeiten
- Linienwerkzeuge
- Zeichenutensilien
- Freihandwerkzeuge
- Text
- Radierer
- Messer

DIY-Projekt: Welle

1. Erstelle ein Rechteck. Klicke dazu in der linken Seitenleiste auf Zeichenutensilien > Rechteck (z.B. Breite (W): 15 cm und Höhe (H): 5 cm).

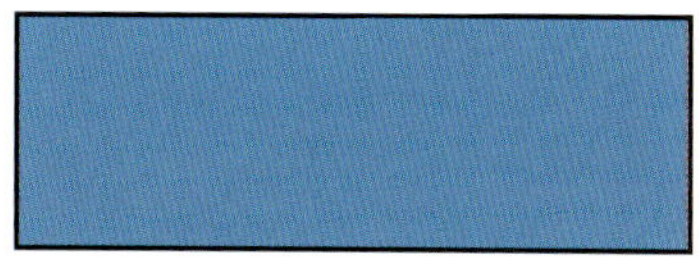

2. Klicke auf Punkte bearbeiten anschließend auf das Rechteck. Dieses besteht nun aus vier Linien und vier Knotenpunkten an den Ecken. In dieser Ansicht kannst du das Rechteck nun nicht mehr nur in seiner Größe verändern, sondern auch frei verformen.

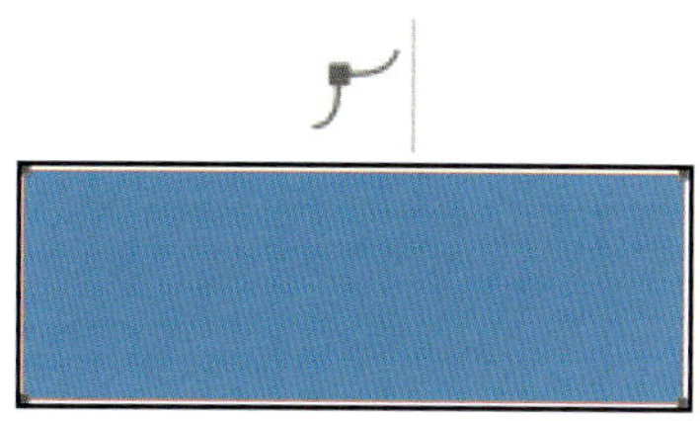

3. Klicke mit der Maus an zwei Stellen auf der oberen Kante des Rechtecks. Dabei entstehen zwei neue Knotenpunkte.

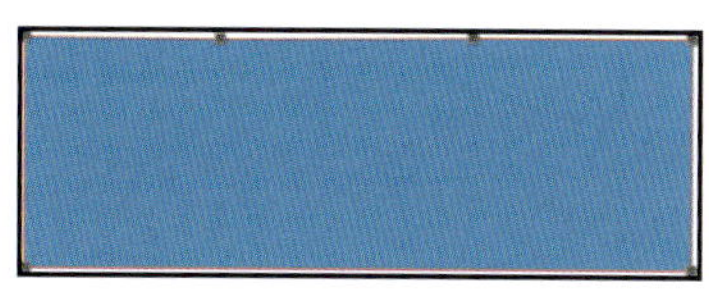

4. Klicke auf den ersten der beiden erstellten Knotenpunkte. Dabei ändert dieser seine Farbe von Grau zu Weiß. Ziehe den Knotenpunkt mit der Maus nach oben. Dabei entsteht eine Spitze.

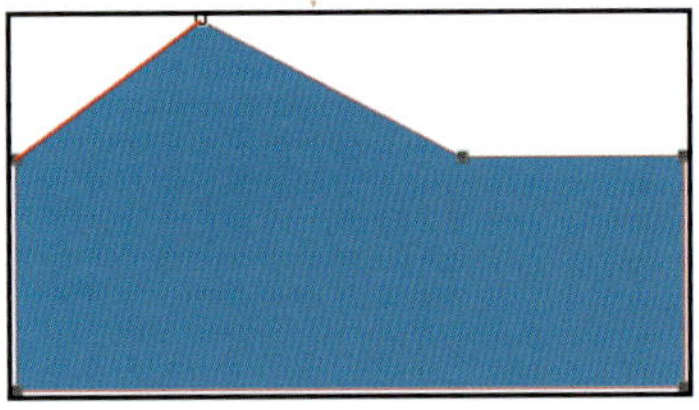

5. Klicke anschließend den zweiten erstellten Knotenpunkt an und ziehe diesen nach unten.

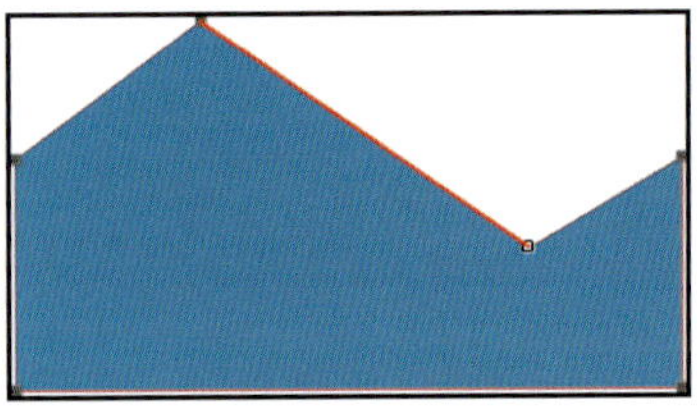

6. Markiere den ersten erstellten Knotenpunkt erneut. Klicke im oberen Menü auf PANEL ANZEIGEN und anschließend im Menüfenster PUNKTE BEARBEITEN auf GLÄTTEN und KURVE ERSTELLEN. Dabei wird die Spitze zur Kurve. Der Knotenpunkt erhält zwei Anfasser, mit denen du die Kurve verändern kannst. Du kannst sowohl die Länge als auch den Winkel der Anfasser verändern.

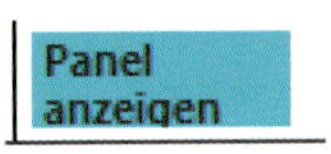

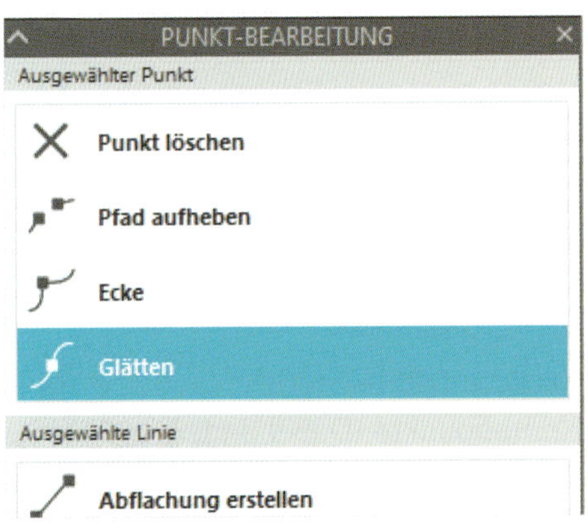

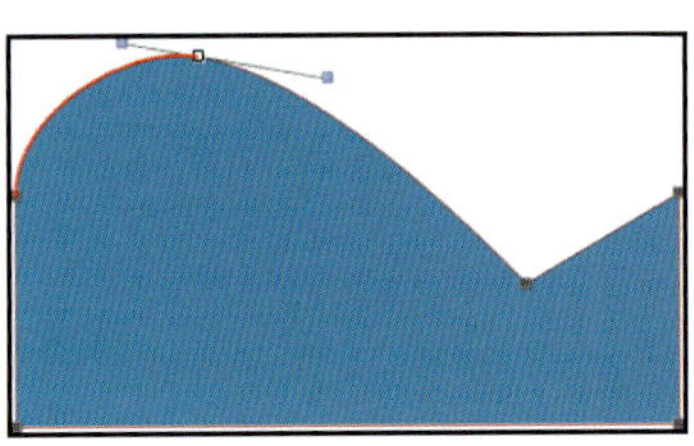

7. Wiederhole den Arbeitsschritt auch mit dem zweiten erstellten Knotenpunkt.
8. Du kannst die Form der Welle nun individuell verändern, indem du die erstellten Knotenpunkte oder deren Anfasser veränderst.

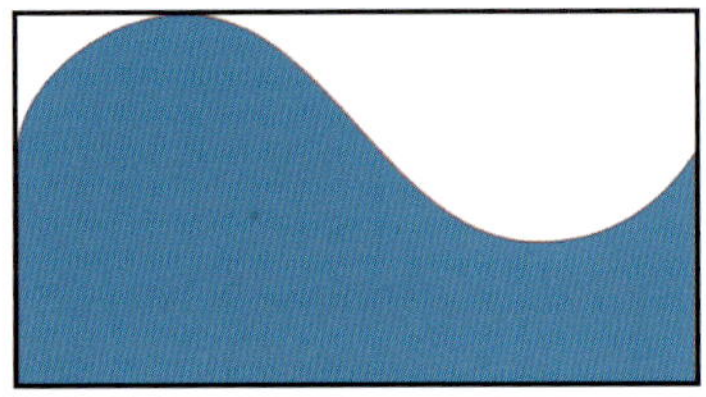

Tipp

Schrift kannst du ebenfalls mit den Vektorenwerkzeugen bearbeiten. Schreibe dazu ein Wort, markiere dieses und klicke auf GRUPPIERUNG AUFHEBEN. Jetzt kannst du jeden Buchstaben des Wortes einzeln markieren, verschieben, in der Größe verändern und dessen Knotenpunkte und Pfade bearbeiten.

DIY-Projekt: Herz

1. Erstelle mit dem LINIENWERKZEUG in der linken Seitenleiste eine senkrechte LINIE (z.B. HÖHE (H) 10 cm). Wenn du beim Zeichnen der Linie die `Umschalt`-Taste gedrückt hältst, ist die Linie genau senkrecht. Platziere die Linie in der Mitte der Schneidematte.

2. Klicke in der linken Seitenleiste auf PUNKTE BEARBEITEN und anschließend auf die Linie.

3. Klicke im oberen Bereich der Linie auf die Linie, sodass ein neuer Punkt entsteht. Ziehe den neuen Punkt nach links oben. Klicke anschließend im Menü oben auf Panel anzeigen und im Menüfenster Punkte-Bearbeitung auf Glätten und Kurve erstellen. Dabei erhält der Punkt zwei Anfasser, mit denen du die Herzhälfte formen kannst.

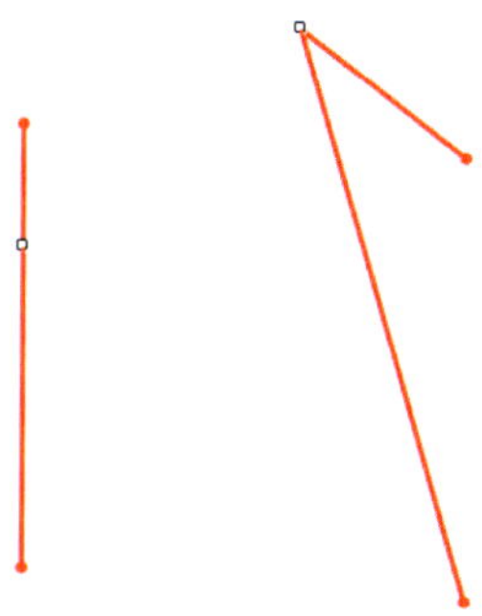

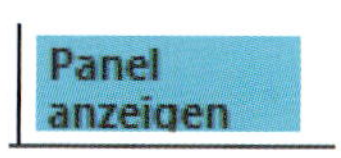

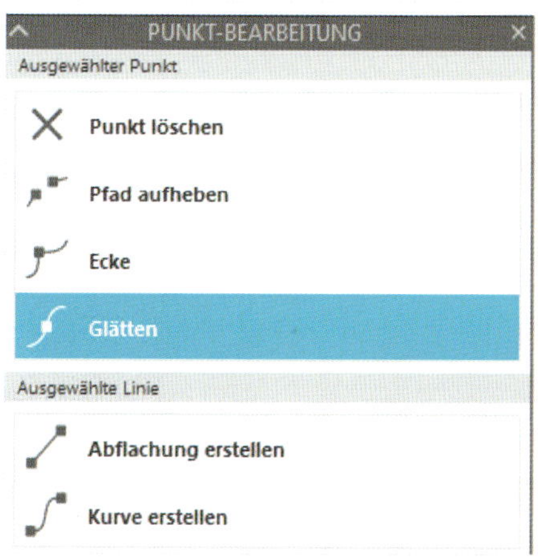

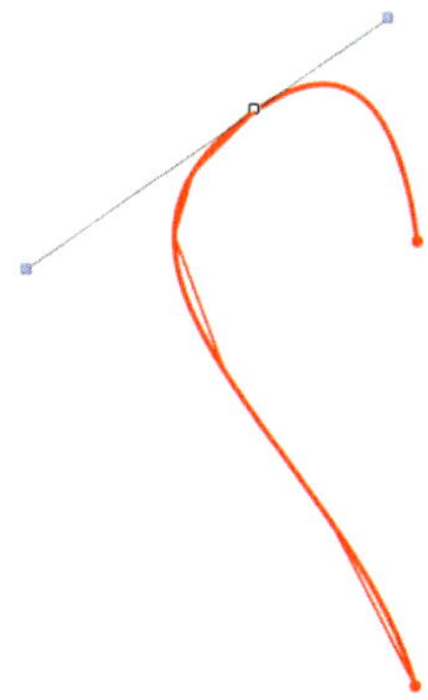

4. Klicke mit der rechten Maustaste auf die Linie und wähle im Menü Duplizieren aus. Markiere anschließend die zweite Linie mit der rechten Maustaste und klicke auf Horizontal wenden, um diese zu spiegeln.

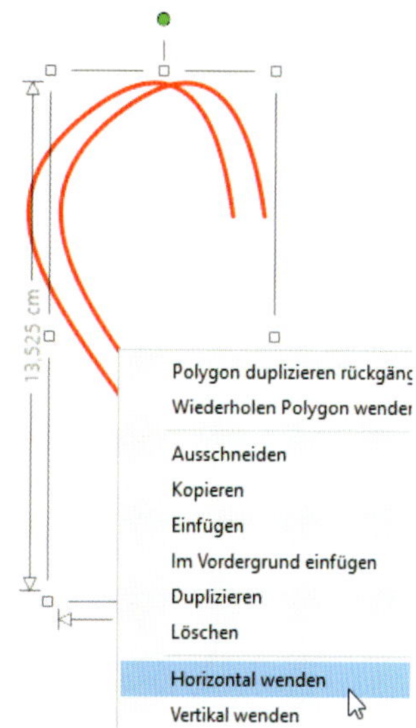

5. Bringe nun beide Herzhälften möglichst nah zueinander und markiere beide. Klicke dann mit der rechten Maustaste in einen der beiden Markierungsrahmen und anschließend im Menü auf Verknüpfte Pfade erstellen. Jetzt haben beide Herzhälften einen gemeinsamen Markierungsrahmen.

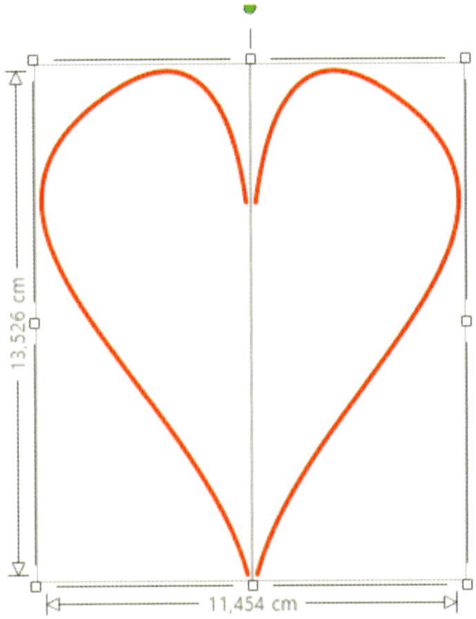

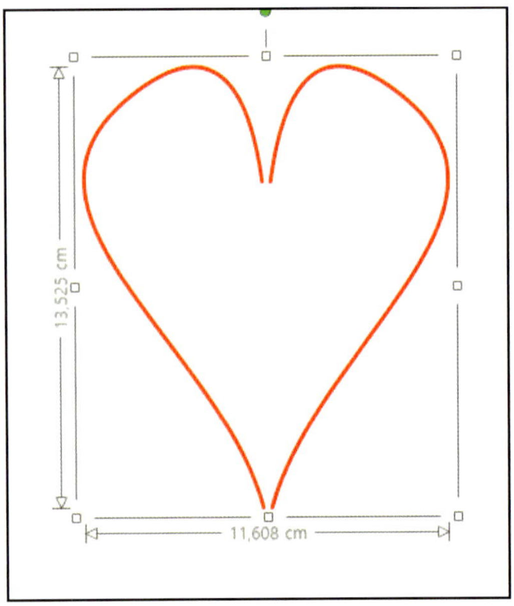

6. Klicke in der linken Seitenleiste auf PUNKTE BEARBEITEN. Die beiden Herzhälften haben jeweils zwei rote Knotenpunkte. Klicke einen der roten Knotenpunkte an und schiebe ihn über den entsprechenden roten Knotenpunkt der gegenüberliegenden Herzhälfte. Dabei verändert der Knotenpunkt sein Aussehen: von rot und rund zu grau und quadratisch. Wiederhole den Arbeitsschritt mit dem zweiten roten Knotenpunkt.

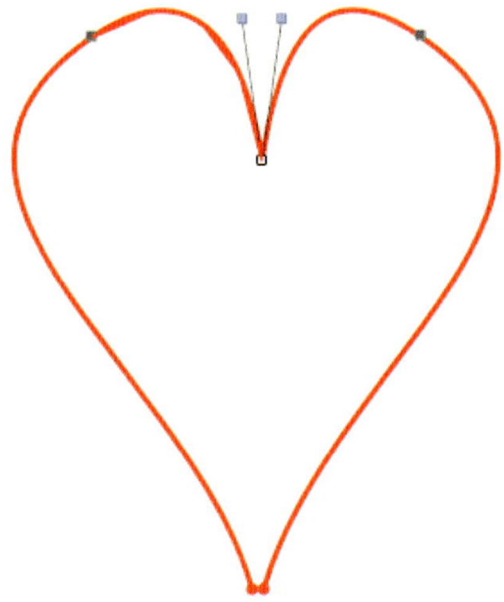

7. Das Herz ist nun eine Form und du kannst die Größe, die Knotenpunkte und die Anfasser individuell anpassen.

Tipp

Um bei einem Objekt den Pfad zu öffnen, klicke auf PUNKTE BEARBEITEN und markiere das Objekt. Klicke dann auf den Knotenpunkt, den du öffnen möchtest, und klicke oben im Menüfenster PUNKT-BEARBEITUNG auf PFAD AUFHEBEN. Dabei verändert sich der Knotenpunkt von quadratisch grau zu rund und rot. Jetzt kannst du den Pfad an dieser Stelle öffnen.

Alternativ kannst du auch mit dem Radierer an einer Stelle, die du öffnen möchtest, über den Pfad fahren. Wenn du anschließend auf die Schaltfläche PFAD BEARBEITEN klickst, siehst du, dass die Kurve an dieser Stelle geöffnet wurde.

Um einen Pfad zu schließen (Anfang und Ende des gleichen Pfades), musst du die roten runden Enden nur übereinanderlegen. Wie du Konten aus zwei verschiedenen Pfaden verbindest, lernst du im DIY-Projekt Herz.

DIY-Projekt: Halbkreise und Eierschale

1. Klicke in der linken Seitenleiste auf Zeichenutensilien > Ellipse. Drücke beim Erstellen des Kreises die Umschalt-Taste, damit eine Kreisform entsteht (z.B. Durchmesser 8 cm).

2. Klicke in der linken Seitenleiste auf das Messer. Ziehe damit eine waagerechte Linie durch den Kreis (und an beiden Seiten leicht darüber hinaus) und drücke dabei die `Umschalt`-Taste. Klicke anschließend die `Esc`-Taste.

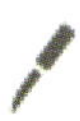

3. Klicke in der rechten Seitenleiste unter Seiteneinstellungen > Raster-Einstellungen und aktiviere dort Smart Snapping Aktivieren. Die Toleranz des Smart-Snappings sollte dabei größer als 0 sein.

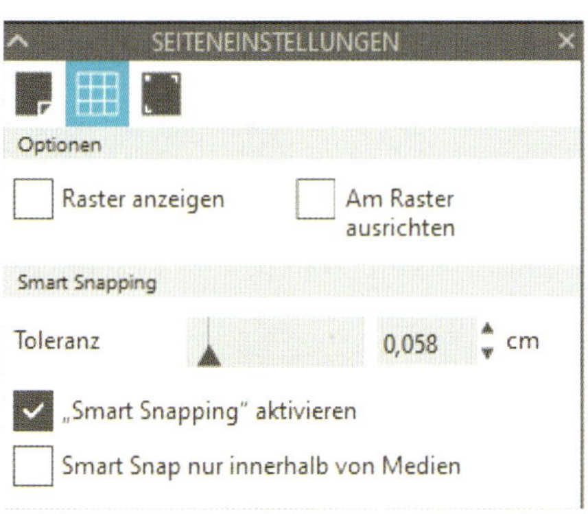

4. Klicke nun auf das Auswahlwerkzeug und markiere die Schnittlinie. Verschiebe diese in die Mitte des Kreises. Dabei hilft dir die blaue Smart-Snapping-Linie, die erscheint, wenn du die Linie in der Mitte des Kreises positionierst.

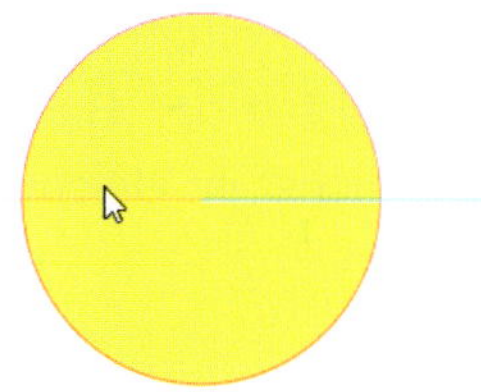

5. Markiere nun Kreis und Schneidelinie und klicke im oberen Menü auf Übernehmen. Dabei verändert sich das Aussehen der Schneidelinie. Diese ist nun nur noch so lang wie der Kreis. Der Kreis ist nun durchgeschnitten und du hast zwei Hälften erhalten.

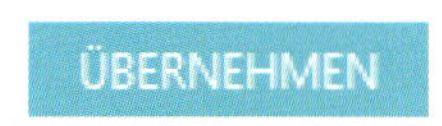

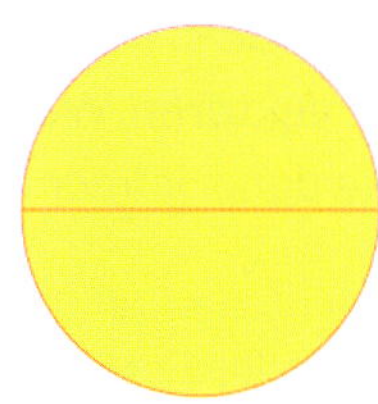

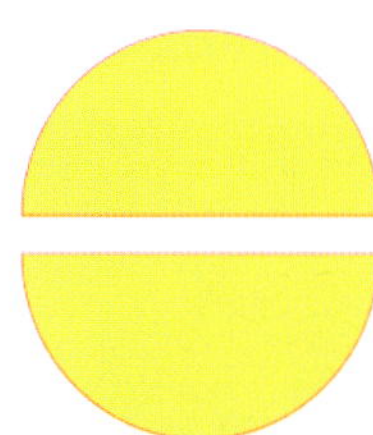

Eierschale

1. Lösche die obere Kreishälfte, indem du sie markierst und auf `Entf`-Taste auf der Tastatur klickst. Wähle in der linken Seitenleiste auf Punkte bearbeiten und markiere anschließend die untere Kreishälfte,

sodass Pfade und Knotenpunkte sichtbar sind.

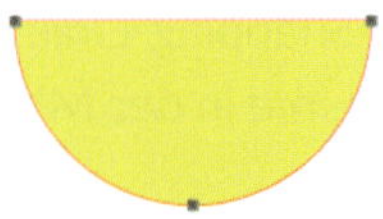

2. Setzt nun fünf weitere Knotenpunkte auf den oberen Pfad des Halbkreises. Diese sollten möglichst im gleichen Abstand zueinander sein.

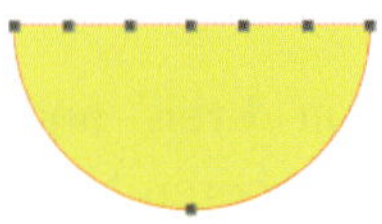

3. Ziehe nun jeden zweiten Knotenpunkt nach unten, sodass eine Zickzack-Linie entsteht.

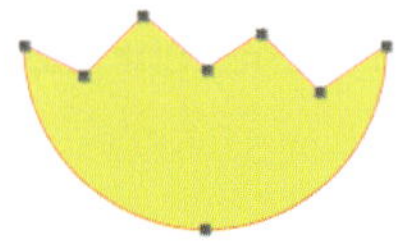

Hinweis

Wenn du eine Bilddatei in das *Silhouette Studio* lädst, diese mit PUNKTE BEARBEITEN markierst und anschließend mithilfe der Knotenpunkte an den Ecken vergrößerst, wird das Bild als Musterfüllung immer wieder wiederholt.

10.7 Objekte aus Bild freistellen

Wenn du ein Objekt aus einem Bild oder Foto freistellen bzw. ausschneiden möchtest (und du mit der NACHZEICHNEN-Funktion nicht zum erwünschten Ergebnis kommst), kannst du dieses auch mit Vektoren-Werkzeugen bearbeiten. (Beachte dabei immer die Lizenzrechte des Bildes).

1. Lade dein Bild oder Foto in deinen Designbereich.

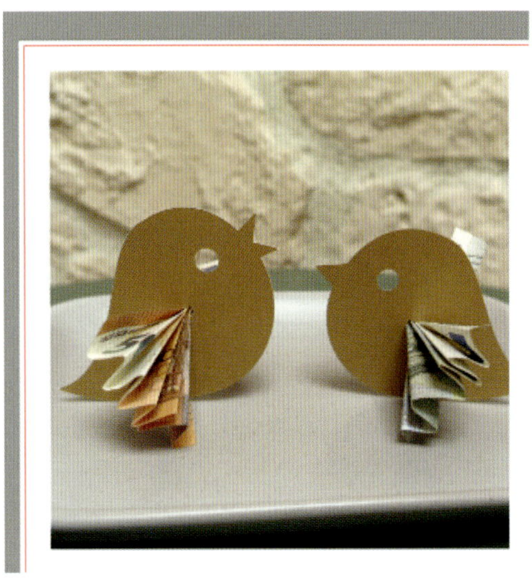

2. Wähle aus der linken Seitenleiste unter Schaltfläche LINIENWERKZEUGE ein passendes Linienwerkzeug (je nachdem, ob das Objekt, das du freistellen möchtest, eher aus geraden Linien (wähle EIN POLYGON ZEICHNEN) oder aus Kurven (wähle EINEN KURVENVERLAUF ZEICHNEN) besteht. Alternativ kannst du auch das FREIHANDWERKZEUG nutzen.

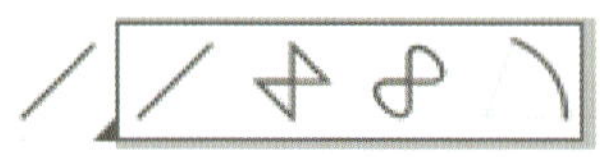

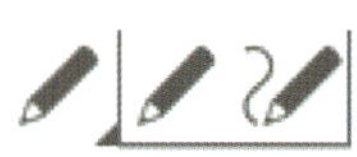

3. Erstelle mit dem Linienwerkzeug einen Pfad um das Objekt. Diesen Pfad kannst du anschließend noch weiterbearbeiten. Anfangs- und Endknoten sollten wieder aufeinanderliegen, damit ein geschlossenes Objekt entsteht.

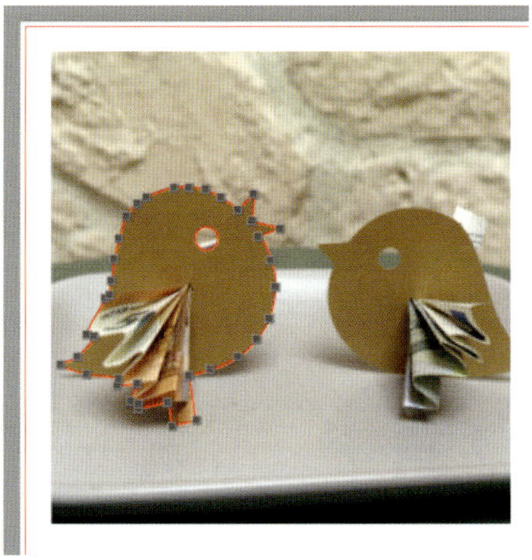

4. Die Knotenpunkte des Pfades kannst du noch weiter verändern und anpassen, z.B. indem du einen Knotenpunkt im Menü Punkt-Bearbeitung veränderst. Das Ziel ist es, dass du das Objekt, das du freistellen möchtest, mit dem Pfad möglichst gut nachbildest.

5. Markiere anschließend das Bild und deinen Pfad und klicke in der rechten Seitenleiste auf Modifizieren > Abschneiden. Dabei bleibt nur der Bildausschnitt innerhalb deines Pfades enthalten. Diesen kannst du nun mit Print & Cut drucken und anschließend vom Cameo 5 schneiden lassen oder in andere Projekte einbauen. Beachte auch hier, dass dein Bildausschnitt eine Rastergrafik ist, deren Größe und Bildauflösung du beachten solltest.

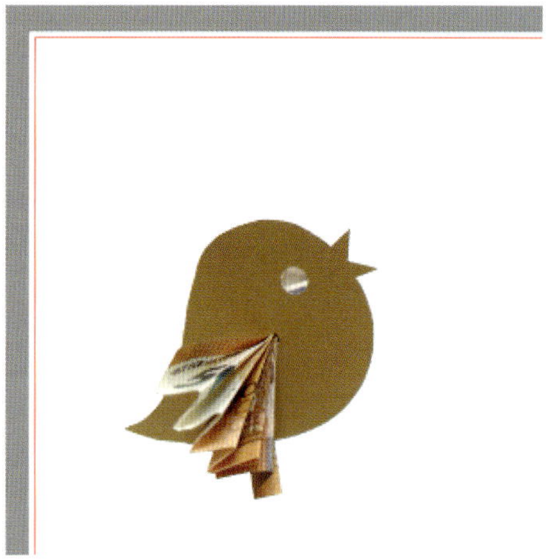

6. Wenn du nur die Kontur der Abbildung nutzen möchtest, klicke auf Modifizieren > Lösen.

Hinweis

Du kannst auch Zeichenutensilien bzw. Formen nutzen und anpassen, um Objekte freizustellen.

Tipp

Das genaue Nachzeichnen von Objekten braucht etwas Übung und Geduld.

10.8 Mit Musterfüllungen und Farbverläufen arbeiten

In der rechten Seitenleiste kannst du Objekten und Schrift unter dem Punkt Füllfarben Farbverläufe und Muster hinzufügen. Nutze dazu die entsprechenden Reiter Füllfarbverlauf oder Füllmuster. Diese Füllungen lassen sich in Kombination mit Print & Cut gut umsetzen.

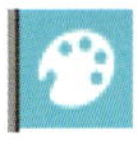

Die Füllfarbverläufe kannst du aus Vorlagen auswählen und diese mit dem dazugehörigen Menü selbst anpassen und gestalten.

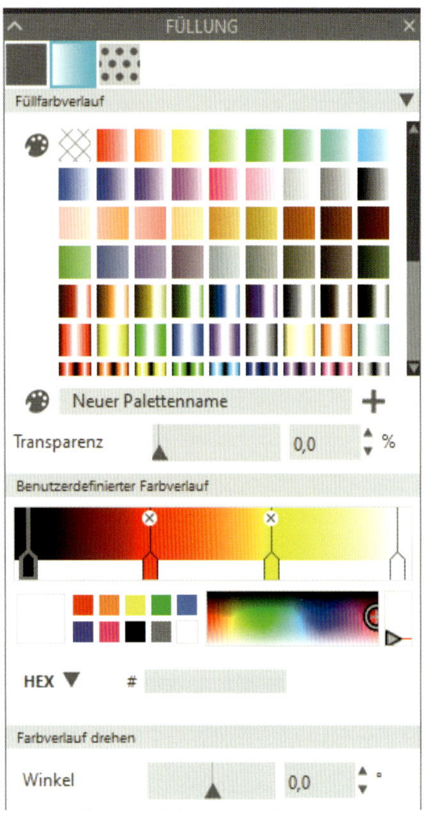

Die Füllmuster kannst du ebenfalls aus den Vorlagen auswählen und in Transparenz, Größe und Ausrichtung anpassen. Beachte hierbei, dass du mit einer Rastergrafik arbeitest, die du je nach Auflösung des Bildes nicht zu stark vergrößern solltest.

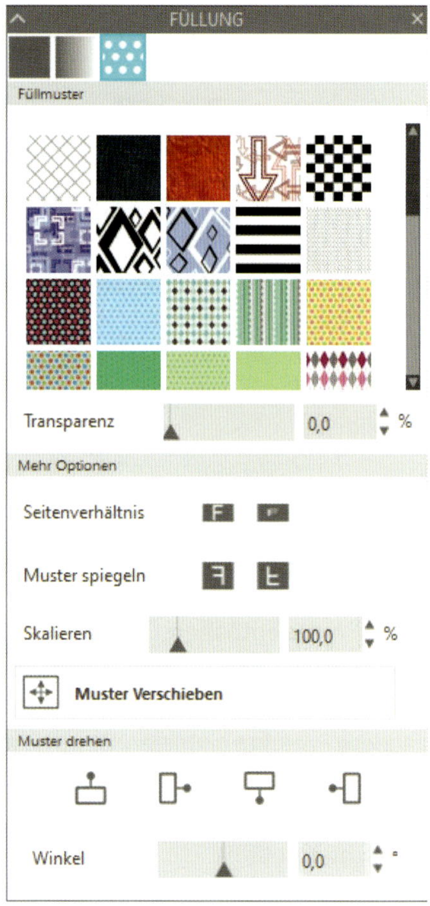

10.9 Bilddateien als Musterfüllung nutzen

1. Wenn Du ein Objekt oder Schrift mit einer Bilddatei füllen möchtest, wähle zuerst ein Objekt oder Schrift aus und anschließend eine Bilddatei, die als Füllung dienen soll.

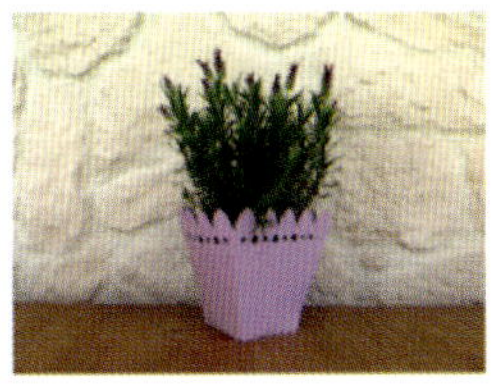

2. Bringe die Bilddatei hinter das Objekt oder die Schrift (In den Hintergrund) und richte sie so aus, wie es gut zu deinem Objekt oder der Schrift passt.

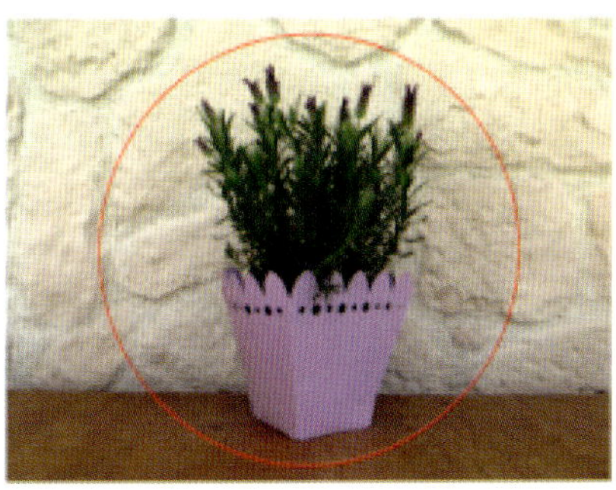

3. Markiere alles und klicke auf Modifizieren > Abschneiden. Jetzt ist die Bilddatei nur noch innerhalb des Objekts oder der Schrift zu sehen. (Sollten dabei Teile des Objekts verloren gehen, markiere das Objekt allein und klicke mit der rechten Maustaste, sodass sich ein Menü öffnet. Wähle daraus Verknüpfte Pfade erstellen.)

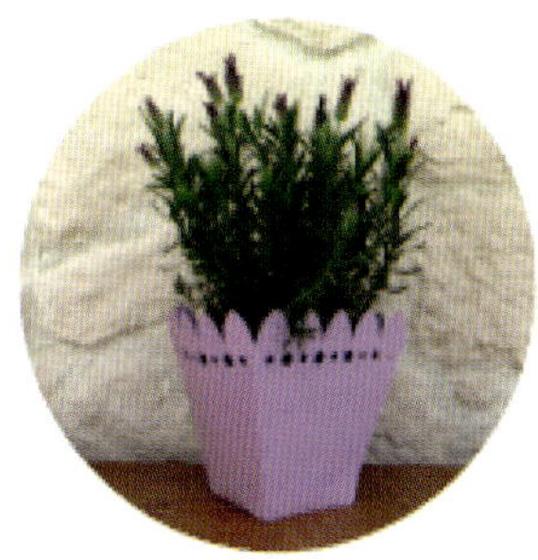

Wenn du das Bild anschließend in deine Projekte einbeziehst, solltest du darauf achten, es nicht zu groß zu skalieren, damit es nicht verpixelt wirkt bzw. die einzelnen Bildpunkte zu sehen sind. Die Füllungen lassen sich in Kombination mit Print & Cut gut umsetzen.

10.10 Herstellen nach Linienfarbe und Füllfarbe

Nachdem du im *Silhouette Studio* auf Senden geklickt hast und die Schneideeinstellungen vornimmst, kannst du dort zwischen den Reitern Einfach, Linie und Füllung auswählen. Die Einstellung unter dem Reiter Einfach hast du bereits in Kapitel 5 kennengelernt.

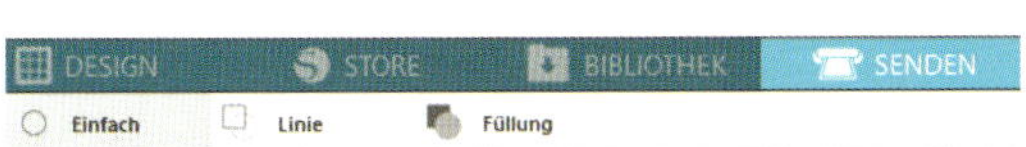

Nach Linienfarbe plotten

Du kannst einem Projekt verschiedene Linienfarben zuweisen und diese später Aktionen und Schlitten bzw. Werkzeugen sowie Material zuordnen. So kannst du z.B. bei einer Karte alle Schneidelinien schwarz, die Linien zu Ritzen blau und die Linien zum Zeichen bzw. Skizzieren rot einfärben. (Dabei kannst du Farben und Funktionszuordnungen frei wählen.)

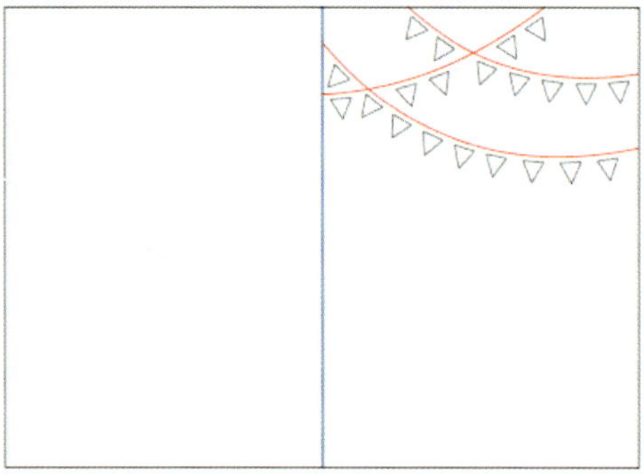

In der Senden-Übersicht im Reiter LINIEN siehst du die Farben Schwarz, Blau und Rot aufgelistet. Du kannst alle Linien einer Farbe:

- einem Werkzeug-Schlitten zuordnen (1 oder 2; ausgewählter Schlitten wird blau angezeigt)
- Ein-/Ausschalten
- Verschweißen (nur Außenkontur bearbeiten)
- einem Material zuordnen
- einer Aktion zuordnen
- einem Werkzeug zuordnen

Diese Zuordnung kannst du entweder in der Tabelle oben oder im unteren Menübereich vornehmen (wenn du vorher die entsprechende Farbe ausgewählt hast).

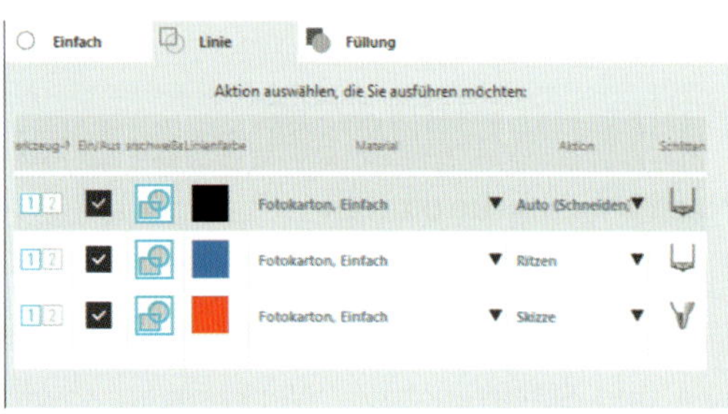

So kannst du verschiedene Funktionen nacheinander bearbeiten lassen, z.B. Schneiden und anschließend Ritzen (oder auch Zeichnen mit einem Stiftehalter für den Werkzeugschlitten 2). Solltest du zwischen verschiedenen Arbeitsschritten ein Werkzeug wechseln müssen, z.B. Schneiden und anschließend Zeichnen mit einem Stiftehalter in Werkzeugschlitten 1, kannst du dem Bearbeitungsprozess eine Pause hinzufügen, um das Werkzeug zu wechseln. Um die Pause hinzuzufügen, klicke auf die Linienfarbe, nach der die Pause eingefügt werden soll, und danach auf PAUSE HINZUFÜGEN. Die Pause hat keine bestimmte Dauer und du kannst dein Werkzeug in Ruhe wechseln. Klicke anschließend im *Silhouette Studio* auf FORTSETZEN.

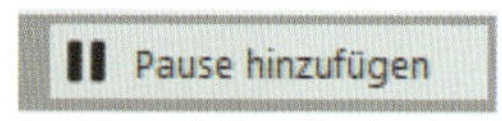

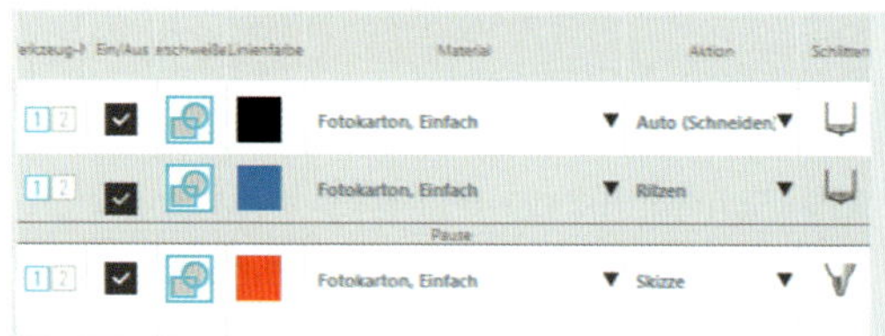

Nach Füllung plotten

Die Arbeit mit Füllfarben funktioniert genauso wie die Arbeit mit den Linienfarben. Wähle dazu den Reiter FÜLLUNG aus. Du weist deinen Objekten oder Schriften verschiedene Füllfarben zu und kannst diesen je nach Füllfarbe eine Aktion und die entsprechenden Werkzeuge zuweisen.

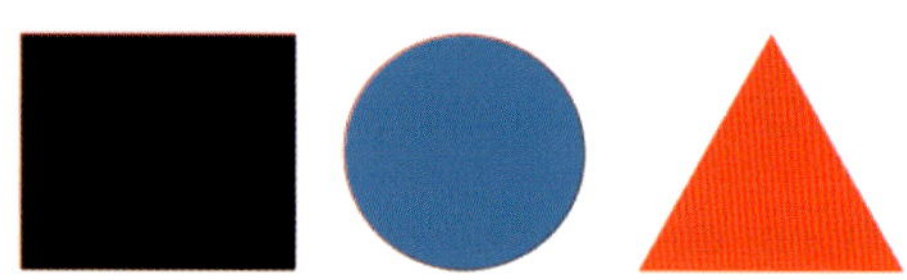

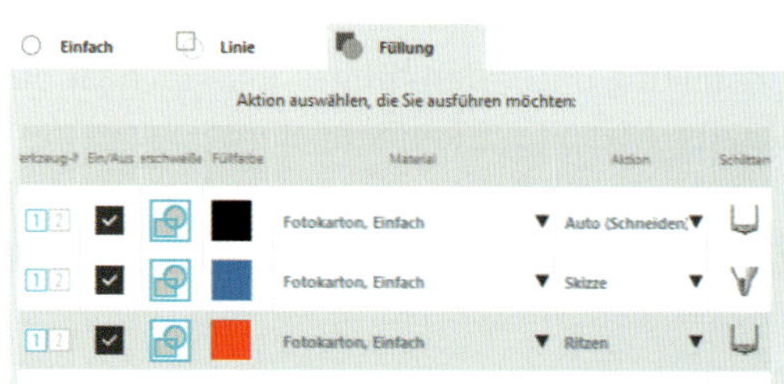

10.11 Mit Tastenkombinationen arbeiten

Wenn du im *Silhouette Studio* gern mit Tastenkombination arbeiten möchtest, findest du eine hilfreiche Übersicht am Ende des *Silhouette Studio*-Handbuchs:

https://www.silhcdn.com/m/d/software-guides/ss-de.pdf

10.12 Silhouette Studio anpassen

Mithilfe des Zahnrads in der rechten Seitenleiste kannst du das *Silhouette Studio* weiter deinen Bedürfnissen anpassen. Dort kannst du u.a. die Menü-Sprache, Standard-Speicherorte, Maßeinheiten, Druckauflösungen, Vorgabewerte, Anzeigegröße der Schaltflächen, Aktionen nach Werkzeugansatz und Häufigkeit der Updates einstellen.

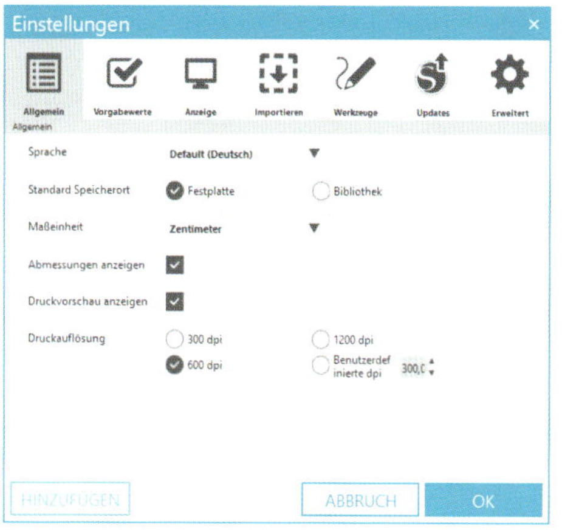

10.13 Spezialwerkzeuge und weitere Funktionen

In der rechten Seitenleiste hast du unter der Schaltfläche SPEZIALWERKZEUGE die Möglichkeit, verschiedene zusätzliche Werkezeuge einzustellen. Beachte jedoch, dass nicht alle mit dem Cameo 5 kompatibel sind. Ein (englischsprachige) Übersicht, welche Spezialwerkzeuge im Cameo 5 einsetzbar sind, findest du hier: *https://www.silhouetteamerica.com/tools*. Hier kannst du Einstellungen für das Präge-Werkzeug (Embossing) und das Heißfolien-Werkzeug vornehmen.

Prägen (Embossing)

Um Papier zu prägen, benötigst du ein Spezialwerkzeug (Präge-Werkzeug) und eine spezielle Präge-Matte. Du hast dabei die Möglichkeit zu prägen und negativ zu prägen, je nachdem, in welche Richtung dein Material geprägt werden soll.

Heißfolien-Werkzeug

Bei dieser Funktion wird Glanzfolie mit Wärme auf dein Material übertragen. Um Heißfolie aufzutragen, brauchst du das Spezialwerkzeug Stift für Heißtransfer (Heat Pen Set) für deinen Cameo 5. Das Werkzeug musst du in den Werkzeugschlitten 2 einsetzen. Das Werkzeug erhitzt sich im Cameo 5 (du benötigst keine weiteren Anschlüsse).

PixScan

Mit der Funktion PIXSCAN kannst du Abbildungen (Objekte oder Schrift) , die du vorher nicht im *Silhouette Studio* erstellt hast, vom Cameo 5 schneiden lassen. Das können Abbildungen sein, die du z.B. gestempelt oder von Hand gezeichnet hast, oder Abbildungen von Postkarten oder Zeitschriften, deren Umrisse du nun vom Plotter schneiden lassen möchtest. Für die Funktion PIXSCAN brauchst du die entsprechende PixScan-Matte für den Cameo 5.

Hinweis

Verwechsle die Funktion PIXSCAN nicht mit Print & Cut.

Print & Cut: Du erstellst ein Objekt oder eine Schrift oder lädst eine Datei ins *Silhouette Studio*, fügst Passermarken hinzu, lässt diese dann drucken und anschließend vom Plotter schneiden.

PIXSCAN: Du legst deine Abbildung auf die PIXSCAN-Matte, fotografierst die Matte ab, lädst das Bild ins *Silhouette Studio* und gibst dann an, was auf der Abbildung vom Cameo 5 geschnitten oder gezeichnet werden soll.

11 Eigene Ideen umsetzen

Wenn du nach diesem Buch ausreichend inspiriert bist und nun eigene Ideen entwickelt hast, die du gerne umsetzen möchtest, erhältst du hier Tipps zum Weiterplotten.

11.1 Eigene Vorlagen erstellen mit Grafiksoftware

Um ganz frei eigene Ideen für deinen Cameo 5 umzusetzen, kannst du Grafiksoftware nutzen und die Projekte dann im passenden Dateiformat (z.B. .dxf) exportieren. Um diese Programme nutzen zu können, solltest du dich genauer mit der Arbeit mit Vektorgrafiken beschäftigen.

Die am meisten verbreiteten Vektorgrafik-Programme sind:

- Inkscape (kostenfreies Programm) – exportiert unter anderem .dxf
- Affinity Designer (niedrige Kosten) – exportiert unter anderem .dxf
- Adobe Illustrator (höhere Kosten) – exportiert unter anderem .dxf

Hinweis

Weitere Möglichkeiten, um eigene Ideen umzusetzen, erhältst du auch, wenn du dein *Silhoutte Studio* kostenpflichtig upgradest. Eine englischsprachige Übersicht über Kosten und Funktionen findest du hier:

https://www.silhouetteamerica.com/software/chart

11.2 Ideen aus anderen Kreativbereichen nutzen

Natürlich kannst du auch andere kreative Interessen mit deinem Plotter zusammenbringen, um schöne und individuelle Projekte zu gestalten, z.B.

- Handlettering, Brushlettering und Kalligrafie für tolle Schrift und Sticker,
- Sketchnotes für Sticker mit Symbolen im Bullet-Journal,
- Watercolor und Aquarell, um Bilder für Sticker oder Geschenkanhänger sowie interessante Hintergründe oder Motivpapier für Projekte zu gestalten.

11.3 Quellen für weitere Plotter-Vorlagen

Hier findest du Internet-Quellen, bei denen du kostenfrei und ohne Anmeldung Bilder, Icons und Grafikdateien herunterladen kannst. Diese kannst du je nach Format mit *Silhouette Studio* oder einer Grafiksoftware bearbeiten. Achte dabei immer auf die Lizenzbestimmungen, bevor du die Materialien verwendest.

- Freepik
- Vecteezy
- Flaticon
- Freevektor

Index

A
Andrückrollen 18
An Form ausrichten 88
Aufbügeln 26
Ausrichten 46, 85
Auswahlwerkzeuge 30
Automatikmesser 18

B
Bild-Dateien 15
Bügelfolie 25

D
Dateiformate 14, 15
Dokumentenverwaltung 30
Drehen 85
Duplizieren 65

E
Embossing 155
Entgittern 24, 26

F
Farbverlauf 152
Flexiform 70, 87
Freistellen 150
Füllfarbe 64, 84

G
Grafiksoftware 157
Gruppieren 36

H
Handbuch 30
Heißfolie 155
Heißpresse 25

I
In den Hintergrund 77
In den Vordergrund 79
Infusible Ink 26

K
Knotenpunkt 145
Kornraster 143

L
Linienfarbe 84
Linienstil 87
Linientypen 23
- Schneidelinien 23
- Zeichenlinien 23

M
Messerreiniger 19
Musterfüllung 152

N
Nach Füllung plotten 154
Nach Linienfarbe plotten 153
Nachzeichnen 144
Notizen 83

O
Objekt auf Pfad 140
Offset 72, 86, 131

P
Passermarkierungen 87
Pause 154
Pfad 145
PixScan 155
Pop-Up 141
Prägen 155
Print & Cut 156

R
Radierer 88
Rastereinstellungen 86
Rastergrafik 14
Replizieren 139
Ritzen 89
Rollenhalter 17

S
Schrift 16
- schneiden 24
- Schriftarten 16
- Schriftarten installieren 16
Schriftarten installieren 16
Silhouette-Bibliothek 31

Silhouette Studio 14
Silhouette Studio Basic 29
Skalieren 85
Skizzenfüllung 83
Software 14
Software Silhouette Studio 14
Spiegeln 52
Standardwerkzeuge 30
»Stencil«-Schriftarten 16
Stencil-Schriftarten 16
Stiftehalter Typ C 43
studio3 15
Subtrahieren 77
Systemanforderungen 13

T
Tastenkombinationen 155
Test 40
Textfelder
    ausrichten 46
Transferfolie 24, 49
Transformieren 84

U
Universal-Stiftehalter 19

V
Vektoren 145
Vektorgrafik 14, 15
Verschieben 79, 85
Verschweißen 80
Vinyl 24
Vorhängeschloss-Symbol 37
Vorlagen
    downloaden 27

W
Werkzeuge
    einstellen 20
Werkzeughalter 20

Z
Zoom-Werkzeuge 30